叢書主編：蕭新煌教授

叢書策劃：臺灣第三部門學會

本書由臺灣第三部門學會、政治大學第三部門研究中心及巨流圖書公司共同策劃出版

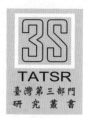

3S
TATSR
臺灣第三部門
研究叢書

社會企業的治理

臺灣與香港的比較

—— 官有垣 陳錦棠 王仕圖 主編

巨流圖書公司印行

社會企業的治理
臺灣與香港的比較

國家圖書館出版品預行編目（CIP）資料

社會企業的治理：臺灣與香港的比較 / 官有垣, 陳錦
棠, 王仕圖主編. -- 初版. -- 高雄市：巨流, 2016.08
面；　公分

ISBN 978-957-732-525-9（平裝）

1.社會企業 2.比較研究 3.臺灣 4.香港特別行政區

547.9   105013027

主　　　　編　官有垣、陳錦棠、王仕圖
責 任 編 輯　張如芷
封 面 設 計　謝欣恬

發　行　人　楊曉華
總　編　輯　蔡國彬

出　　　版　巨流圖書股份有限公司
　　　　　　80252 高雄市苓雅區五福一路 57 號 2 樓之 2
　　　　　　電話：07-2265267
　　　　　　傳真：07-2264697
　　　　　　e-mail：chuliu@liwen. com. tw
　　　　　　網址：http://www.liwen.com.tw

編　輯　部　23445 新北市永和區秀朗路一段 41 號
　　　　　　電話：02-29229075
　　　　　　傳真：02-29220464

劃 撥 帳 號　01002323 巨流圖書股份有限公司
購 書 專 線　07-2265267 轉 236

法 律 顧 問　林廷隆律師
　　　　　　電話：02-29658212

出 版 登 記 證　局版臺業字第 1045 號

ISBN 978-957-732-525-9（平裝）
初版一刷・2016 年 8 月

定價：480元

作者簡介（按姓氏筆畫順序）

王仕圖｜國立中正大學社會福利學博士
國立屏東科技大學社會工作系教授

杜承嶸｜國立中正大學社會福利學博士
長榮大學社會工作學系助理教授

官有垣｜美國密蘇里大學（University of Missouri-St. Louis）政治學博士
國立中正大學社會福利學系教授

陳錦棠｜英國布魯內爾大學（Brunel University）行政哲學博士
香港理工大學應用社會科學系副教授、第三部門研究中心主任

黃柏睿｜國立中正大學社會福利學系博士班研究生

黎家偉｜香港理工大學應用社會科學系博士班研究生

韓意慈｜美國凱斯西儲大學（Case Western Reserve University）社會福利博士
文化大學社會福利學系副教授

Benjamin Huybrechts｜比利時列日大學（University of Liege）社會經濟研究中心與管理學院助理教授

Sybille Mertens｜比利時列日大學（University of Liege）社會經濟研究中心與管理學院副教授

Julie Rijpens｜比利時列日大學（University of Liege）社會經濟研究中心研究員

目次

「社會目標」和「營利取向」孰重孰輕──代序 ⋯⋯⋯ 蕭新煌　　i
開啟瞭解「社會企業」的一扇門⋯⋯⋯⋯⋯⋯⋯⋯⋯⋯ 徐世榮　　iii

導論 ⋯⋯⋯⋯⋯⋯⋯⋯⋯⋯⋯⋯⋯⋯⋯⋯⋯⋯⋯ 官有垣　　1

第一篇　社會企業治理的理論概念
第一章　社會企業的治理──理論概念
　　　　⋯⋯⋯⋯⋯⋯⋯⋯ 官有垣、陳錦棠、王仕圖　　23
第二章　解釋利益關係人如何經由資源與合法正當性參與
　　　　社會企業的治理
　　　　⋯⋯⋯⋯⋯⋯ B. Huybrechts, S. Mertens, and J. Rijpens
　　　　⋯⋯⋯⋯⋯⋯⋯⋯⋯⋯⋯⋯（杜承嶸、黃柏睿譯）　　37

第二篇：臺灣與香港的社會企業治理── 2006-2013 年的實證資料分析
第三章　社會企業治理的實證研究──臺灣與香港的比較
　　　　⋯⋯⋯⋯⋯⋯⋯⋯ 官有垣、陳錦棠、王仕圖　　63
第四章　臺灣社會企業的組織特質與經營管理
　　　　⋯⋯⋯⋯⋯⋯⋯⋯ 官有垣、王仕圖、杜承嶸　　83
第五章　臺灣社區型社會企業的資源動員
　　　　⋯⋯⋯⋯⋯⋯⋯⋯ 王仕圖、官有垣、陳錦棠　　111
第六章　社會企業的跨界治理──臺灣社會企業與營利部門之
　　　　互動合作關係
　　　　⋯⋯⋯⋯⋯⋯⋯⋯⋯⋯⋯ 官有垣、王仕圖　　133

第七章　社會企業的跨界治理——香港社會企業與營利部門之
　　　　互動合作關係
　　　　　　　　　　　　　　　　　　陳錦棠、黎家偉　155

第八章　臺灣社會企業的治理與社會影響
　　　　　　　　　　　　　　　　　　　官有垣、王仕圖　173

第九章　香港社會企業的治理與社會影響
　　　　　　　　　　　　　　　　　　陳錦棠、黎家偉　195

第三篇：臺灣與香港社會企業治理的個案分析

第十章　　臺灣工作整合型社會企業的治理個案
　　　　………杜承嶸、官有垣、王仕圖、陳錦棠、韓意慈　213

第十一章　香港工作整合型社會企業的治理個案
　　　　………………陳錦棠、官有垣、王仕圖、杜承嶸　239

第十二章　臺灣社區型社會企業的治理個案
　　　　………………王仕圖、官有垣、陳錦棠、杜承嶸　269

第十三章　香港社區型社會企業的治理個案
　　　　………………陳錦棠、王仕圖、官有垣、杜承嶸　295

第十四章　臺灣社會合作社的治理個案
　　　　………官有垣、王仕圖、陳錦棠、杜承嶸、韓意慈　319

第十五章　香港社會合作社的治理個案
　　　　………………陳錦棠、官有垣、王仕圖、杜承嶸　345

「社會目標」和「營利取向」孰重孰輕
代序

蕭新煌

　　這本新書是官有垣和陳錦棠教授等人對臺港社會企業進行比較研究的第二本書，前後兩本書也都列在「臺灣第三部門研究叢書」出版，身為叢書主編，我深表歡迎和高興。

　　記得我為前一本書寫序時，曾推薦說「本書作者很用心地將歐美起源的社會企業加以經驗化和本土化，也很認真地將臺港社會企業的在地經驗加以理論化」。我讀了這一本書後，我的第一個印象還是一樣，這本書各章作者除細緻鋪陳臺港兩地社會企業治理調查結果，以及認真探討臺港社會企業治理的經驗事實外，更有心將西方相關理論加以本土化。在我看來，本書內容比前一本書在比較分析上更具企圖心，這也是我對這本書特別感到興趣的地方。

　　本書有兩章分別針對臺港社會企業組織與營利部門的互動關係加以觀察。有趣的發現是，在臺灣這兩部門的跨界合作不但不是「必然」，有時反而會「倒退」，究其深層原因在於臺灣的社會企業還是「不忘初衷」地以「社會目標」的達成作為合作的前提，絕不會為了滿足「企業經營能力」的提高，而輕率跨界到營利部門。相反地，在香港，這種跨界合作似乎已成為社會企業的財政發展策略，而營利公司也視之為表彰自己「企業社會責任」的手段；這種工具性的結合似乎也讓作者們警告，千萬不可產生「社會目標漂移或沉淪」的後果。

　　這本書在臺港社會企業的「社會影響」（或社會效應）這個「大哉問」上，也做了有意義的探討。在臺灣，社會組織比香港來得執著和固本，亦即臺灣社企一般說來，仍然相當堅持「社會化」的價值才是根本，「企業化」畢竟只是手段而已。因此臺灣社企對「走向營利化」總是比較遲疑和卻步，而香港社企似乎對「營利化」興趣滿滿。

　　我認為上述兩個層面的臺港社企比較，很有實務和理論的意義，我希

望也鼓勵本書各位作者能就此做更長期和深入的追蹤和分析。這本書在很
多方面都已跨出重要的一步，我在此道賀，也樂意大力推薦。

（本序文作者為中央研究院社會學研究所特聘研究員、國立臺灣大學社會
學系合聘教授）

開啟瞭解「社會企業」的一扇門

徐世榮

　　非常榮幸受到官教授有垣兄的邀請，讓敝人有此機會撰寫序文，謹向官教授及其研究團隊對於「社會企業」的深入研究表達敬意，也要向本書的出版致上誠摯的祝賀之忱。本書是繼作者《社會企業：臺灣與香港的比較》一書之後的另一本重要著作，敝人認為它必將會對於國內「社會企業」的研究與實踐帶來巨大的貢獻。

　　近十多年來在「第三部門」（Third Sector）或「非營利組織」（NPO）的研究中，「社會企業」是一個非常熱門的課題，國際學術界有許多學者在進行相關的研究。由於敝人身兼政治大學第三部門研究中心主任一職，基於職責所在，幾乎每年都會參與全球第三部門研究的學術會議。據敝人的親身體驗，在每年的會議中，「社會企業」往往有多篇論文的發表，參與會議者對此課題也都非常感到興趣，論文發表場所經常是座無虛席，如果不早一點去，通常是擠不進去的。猶記得有一次在西班牙巴塞隆納的會議，參與者除了坐滿教室內的所有座位外，還有許多人是不得其門而入，必須站在門邊聆聽，其受重視的程度由此可見一斑。

　　可喜的是，國內近年來也掀起了一股「社會企業」的熱潮，除了政府積極推動之外，許多年輕人的創業也往往是掛上了「社會企業」四個字，一時之間，似乎成了顯學，但是，相對地，我們卻也有一絲絲的擔憂，即國內對於「社會企業」的瞭解是什麼？也就是說，當我們看到國內「社會企業」風潮的興起，自然是非常的欣喜，但是，在另一方面，國內在引入國外重要名詞及學術概念之時，許多人對於其定義及內涵的探索或許是不足的，這恐會產生了偏差，對於第三部門或是非營利組織的未來，可能不見得是一件很好的事情。因為，倘若在誤用的情況下，減損了「社會企業」可能會對於非營利組織的幫助，那就是一件很遺憾的事情了。

　　非常讓人欣慰的是，當臺灣社會對於「社會企業」仍有許多迷惘的時候，官教授及其研究團隊就不斷地進行相關的研究，並做出重要的貢獻。據敝人的瞭解，國內對於「社會企業」學術研究最為精闢及透徹者，官教

授應該是第一人，在多年之前，他即默默研究這個課題，並且進行國際連結及比較研究，舉例來說，由於「社會企業」研究的大本營是在歐洲大陸，因此敝人時常看到他不辭辛苦地飛往歐洲各國參與學術會議，並與歐洲重要的「社會企業」研究者進行交流；另一方面，他也經常受到日本、韓國、香港等大學的邀請，前往講學授課及進行研究，因此，每每看到他有優質學術論文的發表，對「社會企業」的學術研究有許多的貢獻。另外一方面，特別值得一提的是，他長期協助「喜憨兒社會福利基金會」在國內舉辦「社會企業」國際研討會，推動國內「社會企業」的研究與實踐，這是一件非常讓人敬佩的事情。

敝人很高興看到本書的出版，它特別是將研究課題聚焦於「治理」（governance）的面向，並進行臺灣與香港「社會企業」的深入比較研究。它協助我們理解什麼是「社會企業」、對於「非營利組織」的重要性在哪裡，而透過臺灣、香港及國外許多個案的比較研究，也讓我們深入理解臺灣及香港有哪些重要的「社會企業」。因此，建議對於「社會企業」感興趣的朋友能夠閱讀此書，相信它必將為大家開啟瞭解「社會企業」的一扇門。

（本序文作者為國立政治大學地政學系教授、第三部門研究中心主任）

導論

官有垣

前言

社會企業（social enterprise）在臺灣與香港兩地華人社會裡，目前是處於成長的階段，且組織形式與活動內容愈來愈多樣化。臺港兩地的社會企業組織或事業單位之創設，解決失業問題與舒緩貧窮是最為顯著的兩大努力目標。本書編著者官有垣、陳錦棠、王仕圖三人於2006年開始，從事臺灣與香港的社會企業比較研究，在2012年出版了《社會企業：臺灣與香港的比較》（巨流）一書。該專書內容探索臺灣與香港社會企業的組織特質與運作的異同，強調香港和臺灣雖然同為華人社會，但各自身處的政經結構、文化脈絡和社會環境卻有差異，二地所發展的社會企業特徵和功能，以及兩地在運作、管理、法規等許多方面應有所異同。該等研究對釐清和豐富臺港社會企業的概念，發展社會企業的理論與實踐模式大有裨益（官有垣等人，2012；Chan, Kuan & Wang, 2011）。

然而我們認為，若要對臺灣與香港兩地社會企業的發展有更進一步的探索，研究焦點置放於社會企業的治理相關議題乃有其重要性。所謂「治理」（governance）一詞，指涉的是統理一個組織的過程。社會企業的治理是要達成組織設定的目標、確保管理與策略的指引朝向對的方向邁進，以增強組織的生存發展能力，進而實踐組織的宗旨與使命（Schmidt and Brauer, 2006）。因此，本專書編著的目的在於使讀者瞭解臺灣與香港社會企業的治理情形，論述的重點包括社會企業治理的結構與功能、董事會的組成以及執行長的角色、董事會與執行長角色與功能的制度性調整、社會企業的事業體之人力資源聘用如何影響治理功能及表現，以及其他相關的動態議題。

本書各章節論述所依據的資料，為研究團隊從2006年迄今對臺灣與香港社會企業的治理議題所做的各項比較研究的實證數據，包含從2006年至

2013年期間從事的三次問卷調查，以及針對不同類型社會企業所做的個案
訪談與親身觀察資料。本書共有十五章，根據其內容性質歸納為三篇，分
別是第一篇「社會企業治理的理論概念」、第二篇「臺灣與香港的社會企
業治理——2006-2013年的實證資料分析」，以及第三篇「臺灣與香港社會
企業治理的個案分析」。

第一篇：社會企業治理的理論概念

　　本篇共有二章，聚焦於討論社會企業治理的理論概念，以及基於治理
的理論觀點之應用與解釋，而分析數個歐陸社會企業治理的個案。第一章
〈社會企業的治理——理論概念〉，作者官有垣、陳錦棠、王仕圖強調，
社會企業的治理是要達成組織設定的目標、確保管理與策略的指引朝向對
的方向邁進，以增強組織的能力，進而實踐組織的宗旨與使命。然而，社
會企業治理的主要特質為何呢？作者首先描述「營利組織」（For-profit
Organizations，簡稱為FPO）治理的理論典範，分別是「代理理論」
（Agency Theory）、「管家治理模式」（Stewardship Governance
Model），以及「資源依賴理論」（Resource Dependency Theory）。至於
非營利組織（Non-profit Organization，簡稱為NPO）的治理則強調民主治
理模式（Democratic Governance Model），其認為NPO董事會應該被型塑
為民主參與的工具。NPO的治理將董事會成員的代表性視為最重要的價
值，而非專長於某類技巧、技術或企業，並強調各類利益關係人
（stakeholders）的治理參與有助於提升NPO的合法正當性（legitimacy）。
　　由於社會企業是「非營利與營利活動的混合體」（hybrid non-profit
and for-profit activities），社會企業的治理有可能成為「一種營利的家管模
式以及非營利的民主模式的混合體」（Dart, 2004）。如此卻也經常使得社
會企業組織在治理上面臨兩難，因為一方面需要經營管理企業的效益，另
一方面卻也要極大化社會利益。社會企業的董理事會組成結構，將會與傳
統依賴慈善捐款的NPO有所不同，前者會更加以專業的考量而非以代表性

地位的考量，決定邀聘哪些人加入其董理事會。總之，社會企業在概念上或實務上既被視為是一種「混合式」的組織，同時具有經濟與非經濟目標實踐的要求。在此性質下，就會同時具有各種緊張以及管理上的矛盾（Low, 2006）。本章最後，作者說明有必要特別關注環境脈絡因素（contextual factors）以及各種不同的制度性因素在闡釋社會企業治理功能上的作用，而環境脈絡、過程與時間（context, process, time）是三個重要的變項。譬如組織的規模、組織生命週期中不同的發展階段、組織的所有權結構、制度壓力的驅動與過程等，所有以上這些變項都會影響組織治理的功能運作（Overall et al., 2010; Pye and Pettigrew, 2005）。

　　第二章〈解釋利益關係人如何經由資源與合法正當性參與社會企業的治理〉，是比利時列日大學（University of Liege）的班哲明・賀伯瑞祺（Benjamin Huybrechts）、賽必爾・莫滕（Sybille Mertens）、朱利・瑞彭斯（Julie Rijpens）三位教授合著的專書專章[1]，而在徵得專書主編Jacques Defourny教授與三位作者的同意後，該文由杜承嶸與黃柏睿翻譯成中文。

　　本章著重於對利益關係人參與社會企業治理的研究，作者透過兩個理論觀點來深化對於社會企業利益關係人參與治理的理解：第一個理論為「資源依賴理論」，透過資源來源取向以檢驗組織的治理結構與策略；第二個理論為運用「合法正當性」論點，將社會企業治理視為一個更廣闊的社會結構來進行探討。資源依賴理論可提供利益關係人參與社會企業治理的一種策略性解釋，主張利益關係人可透過權力掌握與角色功能的發揮，減少組織的不確定性，並透過管理與舒緩重要的環境依賴，以及以組織的最大利益為依歸來動員資源。運用資源依賴理論的論點，將財務混合策略邏輯運用在社會企業中，為資源提供者參與其治理結構，開啟了一道大門。這種參與治理結構之所以存在，理論上是因為社會企業的特殊財務屬性導致的結果，亦即社會企業的組織形式特點乃是將所有權分配給利益關係人，而非單一投資者或是股東。

1　"Explaining stakeholders involvement in social enterprise governance through resources and legitimacy", Ch. 8, pp.157-175, In J. Defourny, L. Hulgard, & V. Pestoff (Eds.), *Social Enterprise and the Third Sector: Changing European Landscapes in a Comparative Perspective*. New York: Routledge.

　　儘管資源依賴理論提供了利益關係人參與社會企業治理的理論支持，卻缺乏足以涵蓋所有社會企業治理的面向。如何將制度理論觀點應用在社會企業治理中，尤其是利益關係人的治理參與呢？普遍的命題是，將特定的利益關係人納入治理的實務運作中，可增強組織的合法正當性，而達成此目的可透過兩種管道：社會企業可以順應來自利益關係人本身的壓力，在利益關係人監督之下，增強其參與的合法正當性；或者，社會企業可以運用其他利益關係人提供給組織的合法正當性，不見得要直接將利益關係人納入組織的治理運作中。最後，本章透過三個比利時「工作整合型社會企業」（Work Integration Social Enterprise，簡稱為WISE）的研究個案，闡述基於資源依賴與合法正當性基礎對於利益關係人參與組織治理的適當性與互補性之影響。作者強調，此三個案例，雖然有時某一種理論觀點在特定案例、時間脈絡或是特定的利益關係人參與情形下，可以明顯解釋；但沒有單一理論可以單獨且完整地說明，為何不同的利益關係人會參與社會企業的治理。

第二篇：臺灣與香港的社會企業治理——2006-2013年的實證資料分析

　　本書編著者從事臺灣與香港的社會企業比較研究啟始於2006年，三人組成研究團隊，從事「香港、臺灣和上海兩岸三地社會企業的能力建構」研究，第一次臺港社會企業的問卷調查於焉產生。接著在2010年，研究團隊從事臺港社會企業比較研究的第二次問卷調查，並於三年後（即2013年4月）進行第三次的調查。本篇各章以貫時性的研究途徑，採擷上述三次調查研究（2006, 2010, 2013）相關數據與訪談資料，分析與比較臺灣與香港的社會企業組織之治理與管理相關議題，包括經營管理所面臨的挑戰、與營利企業公司之間互動關係的演變，以及產生的社會影響。

一、臺港社會企業治理的實證研究

　　本篇共有七章，啟始的第三章〈社會企業治理的實證研究——臺灣與香港的比較〉，作者官有垣、陳錦棠、王仕圖以2010年調查研究數據為基礎，探討兩地社會企業的治理結構與功能的動態演變情形。作者指出臺灣社會企業組織中，沒有建立專職事業管理單位仍是常態；會有這樣的情況，應該是因為目前社會企業仍處於萌芽階段。然而，對於臺灣社會企業治理，執行長利用空暇時間充實商管相關知識有逐漸增加的趨勢。總體上，臺灣社會企業的治理較多呈現慈善民主模式，而較少代理人治理模式。然而，研究發現也指出，執行長與社會企業管理者必須付出很多心血，從「做中學、學中做」以增長專業知識與技能。至於在香港社會企業治理的分析部分，本研究發現：(1) 香港社會企業的治理結構比臺灣社會企業更具多樣性；(2) 社會企業的治理趨勢從非營利性質轉向營利性質；(3) 多數傳統的NPO經營產銷營運單位時，缺乏企業經營的背景，但加入社會企業創發的企業經營管理經驗人士有漸增趨勢；(4) 社會企業的執行長對於組織決策有較強勢的影響力。

　　再者，從四個臺灣案例呈現的研究結果顯示：(1) 社會企業將社會目標的實踐擺在治理的核心地位；(2) 對於設立社會企業，董事會的組成並無積極做出調整；(3) 多數組織皆成立專職社會企業單位以負責與其他單位合作；(4) 執行長／副執行長層級與社會企業單位領導者有無商管與產品服務銷售經驗，與社會企業發展有高度相關；(5) 董事會在此四個社會企業中功能與角色較弱。明顯地，執行長／管理者是驅動臺灣社會企業治理發展的主要動力。然而，此四個案例也顯示了重要的意涵，即董事會在確保社會企業治理可以連結社會價值與社會需求上，扮演關鍵性角色。

二、臺港社會企業的經營管理挑戰與資源動員

　　接著，第四章〈臺灣社會企業的組織特質與經營管理〉（官有垣、王仕圖、杜承嶸）援引的數據資料係來自於2010年進行的「臺灣的社會企業組織在脫貧的角色分析——工作整合型案例」研究，議題聚焦在探討臺灣

社會企業之組織特質與經營管理的挑戰。在經營管理層面，研究結果顯示，就社會企業的產銷營業設立目的來看，以「創造弱勢團體就業機會」、「提升弱勢團體就業者的收入」較多，而「建立機構自給自足的能力」亦有相當比例而排居第三，顯示受訪組織成立社會企業產銷單位或部門在服務弱勢之餘，仍舊希望透過產銷的經濟營業收入來挹注組織的運作資源。至於在產銷部門的收入狀況，若排除政府資源的補助之營收狀況，發現有四成五組織表示呈現虧損，顯見政府的經費挹注對於發展社會企業的NPO是相當重要的資源。

在經營管理的挑戰上，以負責營運與管理的領導階層其相關經營知識與經驗的不足，為最大的挑戰與困境，此乃過去這些社會企業的核心運作人物都是以社會服務起家，如何服務受助者是其擅長的專業工作，但在跨入社會事業的經營領域後，原有的專長技能頓時失色，抓襟見肘的困境可想而見。因此，對於社會企業的經營者而言，可能需同時具備兩項特質，一是「溫暖的心」（有關既有社會公益的使命維繫與輸送），另一則是「冷靜的腦」（社會企業經營的成本收益的管理與規劃）。而其他挑戰則來自於資金的不足、對於產業發展的薪資與經營環境的規定等法令限制、以及難以找到同時兼具社會公益理念與經營知識之專業人才。從這樣的調查結果思考，社會企業發展過程中，「財力」與「人力」的資源相當欠缺，常構成經營上的阻礙，然而，對多數社會企業而言，似乎對於經營的人力資源欠缺更感困窘。

第五章為〈臺灣社區型社會企業的資源動員〉（王仕圖、官有垣、陳錦棠），作者應用社會資本與資源動員觀點，論析臺灣「社區型社會企業」（Community-based Social Enterprise，簡稱為CBSE）的現狀特質。採用的數據資料為2010年的問卷調查，首先選取43家CBSE作為本研究的分析對象；其次，選取兩家CBSE進行個案討論，以呈現CBSE的豐富樣貌。從2010年的調查發現，臺灣CBSE母機構成立時間多在2001至2005年期間，成立目的有「有助於社區發展的活化」、「創造弱勢團體就業機會」、「可向政府申請相關經費補助」或「建立機構自給自足的能力」等原因。服務型態常以「生態、景點觀光」、「生產圈」或「服務工作隊」

為運作模式，主要經費收入多來自於「政府補助及委託款」或「產銷營業收入」。

　　至於兩個CBSE個案分析，南投龍眼林協會於2001年成立，其根據業務需求設置各組別，提供各項福利服務與在地農產品等，並運用地震後各種資源進駐之優勢與便利性，連結到滿足其社區需求的各項資源。臺東縣池上鄉萬安社區發展協會成立於1992年，成員多為當地居民，由於社區主要經濟為稻米，因而成立「稻米原鄉館」，為推動有機米產業的重要據點。另外，萬安社區也於2005年成立「社區產業福利社」，並將35%公益金作為社區相關福利之經費以回饋社區。總體而言，臺灣CBSE發展與政府政策息息相關，政府扮演重要的財務資源支持者。其次，社區組織經營CBSE需考量社區在地化的條件；最後，CBSE的推展與社區居民密切相關，故社會資本所主張之網絡關係與信任等觀點，成為支持CBSE發展的重要力量，也是社會企業發展得以成功的要素。

三、臺港社會企業的跨界治理——與營利部門的互動合作

　　本篇的第六、七兩章探討社會企業的跨界治理，尤其著重於探討臺灣與香港的社會企業與營利部門（For-profit Sector）之間的互動關係。這兩章的題目與作者分別是：第六章〈社會企業的跨界治理——臺灣社會企業與營利部門之互動合作關係〉（官有垣、王仕圖）；第七章〈社會企業的跨界治理——香港社會企業與營利部門之互動合作關係〉（陳錦棠、黎家偉）。

　　第六章擷取三次調查（2006, 2010, 2013）的相關數據，討論臺灣的社會企業與營利部門從2000年中期迄今的互動關係之演變。作者首先從理論概念與互動關係類型的角度，論述跨界合作對社會企業運作的重要性，並以Austin（2000）所建構的「非營利與營利組織的跨界合作關係之光譜」，作為臺灣社會企業與FPO的互動合作關係論述之主要概念。研究發現顯示下列六點意涵：

　　第一，「企業公司」在臺灣社會企業的產品與服務的銷售對象中，僅次於「一般消費者」與「政府單位」；第二，有超過半數的受訪社會企業

自信地表示，其產品或服務和一般商業的FPO相比較具有優勢；第三，臺灣的社會企業與FPO的合作經驗方面，有近六成受訪社會企業表示曾與企業有過任何形式的合作關係；不過亦有相當比例的社會企業未曾有過此種合作經驗。第四，根據Austin（2000）所建構的「非營利與營利組織的跨界合作關係之光譜」觀之，三次調查數據分析顯示，臺灣社會企業與一般商業組織的合作，最普遍的合作類型是「交易」型的合作關係，其次是「慈善」型，至於「整合」型甚少出現；第五，本研究結果相當程度證實了Austin（2000）的觀察，即兩造之間在此光譜上的合作關係上，向前推進絕非自動、必然，有時甚至也有可能發生關係的倒退；第六，臺灣的社會企業在尋求與營利的企業合作時，最為重視的是其是否具備的「社會特質」，而非純然從「企業經營能力」來考量。

　　同樣地，第七章也以2006至2013年香港三次社會企業的調查數據為分析的依據，嘗試說明香港的社會企業與企業公司的合作模式。研究結果顯示，香港社會企業愈來愈少依賴政府資助及捐款，而更重視依靠市場營運收入，這也使得社會企業選擇與企業合作為一種發展策略；而企業因應企業社會責任（corporate social responsibility，簡稱為CSR），亦樂於與社會企業合作。作者強調香港的企業公司和社會企業的互動合作關係可分為四種：(1) 捐贈型協作關係（Philanthropic Partnership）、(2) 合作型協作關係（Collaborative Partnership）、(3) 策略型協作關係（Strategic Partnership），以及(4) 嵌入型協作關係（Total Involvement Partnership）。從兩造的四種互動合作關係亦可探討其成功的關鍵因素，以此為社會企業及企業公司進行協作時，能更加縝密考慮及注意之處。再者是合作關係中的「目標漂移」（goal displacement）之危機，作者提醒應注意社會企業與企業合作之程度愈見緊密，更必須重視避免出現目標漂移之危機。

四、臺港社會企業的治理與社會影響

　　第八與第九章是本篇的最後兩章，分別探討臺灣與香港社會企業的治理與社會影響。在第八章〈臺灣社會企業的治理與社會影響〉（官有垣、王仕圖），作者採擷從2006至2013年的三次調查研究之相關數據，分析臺

灣社會企業組織在此期間所產生的社會影響，包含正面與負面之效應。研究發現指出，在這一段期間，臺灣社會企業最主要的服務對象為身心障礙者，其次為社區居民，再其次為老人與中低收入者，說明臺灣社會企業的服務模式著重於就業與訓練，次要為照顧弱勢者，以提升其所得收入。服務運作是以產品製作為主，而社會企業規模趨向小型化。聘用人數方面，可發現臺灣社會企業多屬於小型組織，雖有聘雇全時工作者，但平均聘用人數從2006年至2013年明顯下降。

其次，關於臺灣社會企業的設置目的，主要以社會性目的為主，強調就業與扶貧，而經濟性目的亦在考量項目之中。在正面效益方面，可分為服務對象與組織來討論。服務對象部分，社會面最為強調「提供就業」，經濟面為「增加弱勢族群的所得收入」。組織部分，社會面為「充權與一般性的公益」與「社區發展」，經濟面則為「充實組織的自給自足能力」。在負面效益方面，社會面大多擔心組織的公益宗旨遭受質疑；經濟面主要是「政府補助或委託款減少或難以申請」，而2013年有半數以上「不認為有任何負面效應」，顯示臺灣社會企業已日益受到民間組織與社會所認同。總體而言，臺灣社會企業相當重視對服務的弱勢群體所帶來的社會與經濟效益，但在組織經營的能力建構上表現並不突出，而政府在扶持與培力社會企業扮演重要角色。

在第九章〈香港社會企業的治理與社會影響〉（陳錦棠、黎家偉），作者分析三次的研究調查，不僅能瞭解香港社會企業之運作情況及其認為之社會影響，更重要的是，透過這段期間與相關研究的比較，能對整體香港社會企業發展及改變的趨勢有更深入認識。在成立社會企業目的方面，研究發現組織成立目的已逐漸多元化，不只是為弱勢團體提供就業機會，亦同時對改善生活質量、為服務對象賦權及促進社會融合做出影響。

第三篇：臺灣與香港社會企業治理的個案分析

在2012年至2014年期間，本研究團隊獲得國科會（目前的科技部）二

年期研究計畫的經費補助，從事「臺灣與香港的社會企業之治理研究」，進一步較全面地探討兩地社會企業的治理結構與功能的相關議題，例如組織的治理架構、董理事會的組成與功能、董理事會與執行長的互動，以及組織的治理功能與人力資源的專業化等。兩年的研究期間，除了延續2006年與2010年的問卷調查，而有2013年的調查工作與數據資料的產生之外，研究團隊花更多時間進行臺灣與香港不同類型社會企業（如工作整合型、社區發展型、社會合作社）個案的治理研究，研究期間共完成了臺港兩地共20家社會企業的治理議題的資料蒐集與分析。本個案研究是採取「利益關係人分析」（stakeholder analysis）方法來蒐集實證資料，因此「深度訪談」與「場域觀察」是必要的蒐集資料方式，而每一個個案被納入訪談的主要利益關係人包括：(1) 影響社會企業的決策制訂、策略引導與發展方向的董事會成員；(2) 負責社會企業的組織運作與服務產出的高階行政主管（如執行長、總幹事等）與中階的經理人員；(3) 負責社會企業的服務、產品銷售與提供的第一線工作人員。

　　本篇的六章個案分析即是根據上述的研究計畫執行成果撰寫而成，而分析的個案包括三種類型，分別是「工作整合型社會企業」（WISE）、「社區型社會企業」（CBSE），以及「社會合作社」（Social Cooperatives，簡稱為SC）。具體而言，這些社會企業個案包括臺灣的 (1) WISE：喜憨兒社會福利基金會、臺北的勝利身心障礙潛能發展中心，以及心路社會福利基金會；(2) CBSE：南投中寮的龍眼林福利協會、嘉義的新港文教基金會，以及臺南的大港社區發展協會；(3) SC：主婦聯盟生活消費合作社、屏東高樹鄉大埔農產品生產合作社，以及屏東的第一照顧服務勞動合作社。至於香港的個案包括 (1) WISE：香港新生精神康復會、仁愛堂、心理衛生會的「明途聯繫有限公司」，以及基督教豐盛社會企業的「豐盛髮廊」；(2) CBSE：聖雅各福群會的「社區經濟互助計畫」及女青年會（YWCA）的「大澳文化生態綜合資源中心」；(3) SC：香港女工協會的「女工合作社」與循道衛理觀塘社會服務處輔導的「母嬰康逸」。

一、WISE的個案分析

本篇的啟始是第十章〈臺灣工作整合型社會企業的治理個案〉（杜承嶸、官有垣、王仕圖、陳錦棠、韓意慈）。作者指出，對於「工作整合型社會企業」而言，其運作功能與產出效果可以指引這類社會企業有效地實踐其社會價值，並發揮社會影響力，畢竟該類型社會企業存在的目的，除了工具性的經濟目的之實踐外，最重要的即是達成其就業促進、舒緩貧窮、社會融合等的社會目的（官有垣，2007）。本章選擇三個臺灣WISE的個案如前述，分別是「喜憨兒社會福利基金會」、「勝利身心障礙潛能發展中心」，以及「心路社會福利基金會」。

在治理層面上，三個臺灣WISE個案的經營偏向以執行長的意見為依歸；惟這三家基金會的董事會在決策過程扮演的角色，也會協助組織資源的獲得、擔負決策審查之責，以及強調組織在社會目的實踐的重要性，而強化了機構本身存在的「合法正當性」。另經過研究團對多年來的觀察與訪談發現，這三個個案有一些共同特徵：首先，在營運與決策過程，皆是把社會目標置於核心的關鍵考量；其次，董事會的組成結構並不會因事業體的創辦而有明顯相對應的調整。就第一個特徵而言，因分析案例本身都是以身心障礙福利服務起家的NPO，社會目標的實踐本就為其創辦宗旨，此可回應社會大眾所期待的正當性，同時也是其存在的目的所在。儘管分析的三個案例的董事會組成中，不乏有管理專長人士加入，但在社會企業發展過程中，有關事業體的經營，普遍仍是以執行長及各事業體之主管所形成的決策圈為主，因此治理模式偏向Alexander等人（1998）所稱的「慈善治理」（philanthropic governance）。

在社會與經濟目標的成就上，三個案例在社會企業的經營上，明顯透露出「服務為本」的中心思維，提供身心障礙者的各項照顧服務皆是其組織創立的宗旨，而利用社會企業經營為手段，提供其服務對象的就業訓練與庇護性就業機會，並希望藉此能夠協助他們具有一定程度的自立與融入社會的能力，進而提升其自尊與社會參與。三個案例所呈現的身心障礙者促進就業的人數，皆有百人以上的規模。至於經濟目標的成就方面，三者中有些已設下目標，維持水平，達到收支平衡，甚至產生盈餘的成效。

　　第十一章〈香港工作整合型社會企業的治理個案〉（陳錦棠、官有垣、王仕圖、杜承嶸），作者在本章首先說明與WISE運作有關的主要理論、香港WISE的現況，以及政府角色的轉變，接著以四個在香港的WISE（新生精神康復會、仁愛堂、香港心理衛生會的「明途聯繫有限公司」，以及基督教豐盛社會企業的「豐盛髮廊」）個案進行分析。以這四個個案為例，WISE都是因應失業問題而成立的。不同的社會企業也因應不同社群（包括康復者、低收入婦女、邊青等）和他們的能力，從而發展了清潔服務、便利店、按摩、肥皂產品製作，以至髮廊等不同類別的產品和服務。從資源依賴角度來看，香港政府扮演的角色在WISE的早期發展十分重要，特別在種子基金提供方面，因此WISE在許多運作上都須符合政府的規範和要求。但由於社會企業漸漸發展成熟，也開始掌握市場規律，「市場化」的趨勢慢慢形成，以明途及豐盛為例，它們都比較以市場規律和概念來運作，市場的供需成為主要的運作考量。

　　在內部治理方面，四個案例都以不同的方式吸納商業人才進入董事會或社會企業諮詢委員會，以增強其商業管運的能力。例如一些WISE會招納商界人士到董事會，提供專業的意見，有些會成立專責的委員會監督運作和決策，甚至有些完全以商業原則的股份制激勵股東及員工，此結果也可看到在WISE中，經濟目標和社會目標的平衡點會有不同的定位。那些沒有申請政府基金支持的WISE，在香港政府奉行「積極不干預」的經濟政策環境下，則以「市場上那隻無形的手」為重要的治理方針。

二、CBSE的個案分析

　　接著是臺灣與香港的「社區型社會企業」治理的個案分析。第十二章為〈臺灣社區型社會企業的治理個案〉（王仕圖、官有垣、陳錦棠、杜承嶸），作者指出，近二十年來，臺灣社區組織的發展相當活絡，這樣的發展也形成了新一波的公民社會風潮，從二十世紀末的社區營造，到當前強調社區化照顧議題，都顯示社區組織在因應民眾所居住的環境，展現了一種自主與自覺的意識。這股力量形成一種由下而上的推力，促成社區組織的新型態發展，帶動社區居民投入社區活動、重視社區環境、保存社區特

有文化，與維護社區生態等。部分社區組織運用社區資源，發展特有的社會企業，有些社區結合在地特有的生態環境，已經逐漸建構成為臺灣重要的社會企業型態之一。

　　本章的個案分析對象為南投中寮鄉的「龍眼林福利協會」、嘉義新港鄉的「新港文教基金會」，以及臺南市「大港社區發展協會」。其中龍眼林福利協會和新港文教基金會的服務地理範圍較大，前者以南投縣中寮地區為主要服務範圍，而後者以嘉義縣新港地區為其服務範圍；另外大港社區發展協會所服務的地理範圍，屬於傳統的社區領域。有關這三家CBSE的治理結構方面，由於社區型組織的規模較小，沒有太複雜的分工模式，董理事會的成員多數以社區民眾為主。比較而言，新港文教基金會和大港社區發展協會的董理事成員的異質性較高，前者是領導團隊持續引入他們所需要的人力資源進行決策，後者則因為位在都會地區，該區域的居民以高社經地位居多、人口的異質性高，因此董理事會的組成人員較具有多元性。反之，龍眼林福利協會位處於鄉村的聚落，人口老化較為嚴重，而且居民以農業為主要的經濟生產模式，因此其理事會的組成較為單純，以社區居民為主要的理事成員。三個CBSE的組織，基本上，在治理結構上都有重要的決策人員，在組織經營社會企業方面扮演了非常關鍵的角色。

　　第十三章則為〈香港社區型社會企業的治理個案〉（陳錦棠、王仕圖、官有垣、杜承嶸）。本章首先闡明CBSE的相關理論、在香港的發展趨勢，以及其特徵和政府在其發展上扮演的角色，接著以聖雅各福群會的「社區經濟互助計畫」及女青年會的「大澳文化生態綜合資源中心」為個案，進行CBSE治理的討論。作者歸納香港CBSE有以下的意涵：(1) 在香港，除了WISE外，CBSE也是另一類別社會企業。雖然運作的方式不一樣，但在目標和功能都是以經濟方法達到改善社區民生的社會目標。(2) 相對於WISE，CBSE更強調社區內的居民參與和共治，從而提升居民的問題解決能力，達到充權之目的。此外，在過程中更強化居民之間的互助、互信，從而增強社會資本。(3) 在資源的運用上，CBSE採用「資產為本的社會發展」的方案（Asset-based Community Development，簡稱為ABCD），除了本地居民的社會資本外，亦會善用本地的資源，例如聖雅

各用了社區的古老建築發展導賞事業，女青年會則以大澳的漁村風光及漁業發展生態旅遊，為區內居民提供就業機會，改善經濟生活。

在CBSE的治理結構上，聖雅各採取由下而上的管理理念，並以參與式治理方式，成立由社工及居民共同組成的管理委員會，將之作為一個平臺，使居民可以直接參與計畫管理和決策。因此，管理委員會的組成與功能呈現的是公民社會所強調的社區公民參與治理的樣貌，不過聖雅各的社工人員在過程中扮演了較強的主導角色。至於大澳，主要由女青年會的專業團隊主導發展方向和決策，而社區居民的參與主要在具體活動的設計和執行方面，顯見女青年會的專業團隊在大澳扮演更強的引導與決策角色，社區居民則是配合執行，公民參與治理的色彩較聖雅各薄弱。

三、SC的個案分析

本篇最後兩章是臺灣與香港的「社會合作社」治理的個案分析。第十四章為〈臺灣社會合作社的治理個案〉（官有垣、王仕圖、陳錦棠、杜承嶸、韓意慈）。作者首先強調，SC的主要特性在於強調組織內部的利益關係人透過組織共同追求集體利益，利益關係人被鼓勵積極參與組織事務，因而從中可以獲得利益，是故合作社式社會企業發展的好壞，對於利益關係人的權益有頗大的影響。本章的三個SC研究個案分別是「主婦聯盟生活消費合作社」、「大埔農產品生產合作社」，以及「第一照顧服務勞動合作社」。

在治理層面上，首先依照組織規模可分為全國性與地方性的合作社型態，前者如主婦聯盟合作社，其組織體系較為健全，分布於都市型的縣市且各有分社，社員人數眾多。另外二個組織是由屏東縣在地社區工作者所組織而成的合作社，社員人數較少，主要為當地居民，係為地方性的合作社型態。整體而言，在治理的角色上，這三家SC的運作相當重視共同參與決策的價值。再者，其呈現的治理模式與組織年齡及組織目標相關，隨著組織年齡增加、組織運作範圍擴大，運作方式就更加朝向重視民主價值的方向轉變，當然也日益強調科層化的治理模式，以因應不同分區或龐大的社會事業的管理需求。

　　在社會目標的成就上，三個案例有一共同之處，均強調提供工作機會給社員。重要的是，三個案例皆強調社會正義，合作社提供工作機會外，不從中剝削。三個案例的社會影響可分為三種層次：第一層次為促進弱勢就業，第二層次牽涉弱勢者培力與自主價值的建立，第三層次則是推展組織理念，向社會大眾倡議不同的價值觀。至於經濟目標的成就方面，由於合作社的組織特性，主婦聯盟合作社與第一照顧勞動合作社，將50%以上的盈餘回饋於社員；而大埔合作社則是在成立初期，即向社員說明盈餘將投入設施設備與老人福利。

　　第十五章為〈香港社會合作社的治理個案〉（陳錦棠、官有垣、王仕圖、杜承嶸）。作者分析香港兩個SC，分別是香港女工協會的「女工合作社」以及循道衛理觀塘社會服務處輔導的「母嬰康逸」，兩者皆是從婦女權益為出發點的NPO，合作社是其重要的社會企業組成方式。女工協會組織勞動婦女以爭取婦女勞動權益，而母嬰康逸則發掘婦女的優勢，藉此創造就業機會。因此，在組織治理上，婦女占絕大多數，但兩者對於加入合作社成為會員的規定，則採取截然不同的作法。女工協會對於性別並無規範，凡認同協會理念者，經培訓即可加入，但由於協會強調民主合作精神且不以營利為目的，所以不鼓勵只想要做生意、賺錢的人加入。反之，母嬰康逸的會員皆為陪月員，需要經歷培訓與考試合格方能加入，講求會員的服務品質，以及對於合作社的向心力。

　　在董事會的治理上，兩者的組成與治理方式有所差異。女工協會底下擁有數個分支單位，彼此合作關係密切，但相互獨立運作且財務分立。在治理結構上，女工協會經由組織執行委員會來瞭解與協助各分支單位的狀況與訂定組織規劃方向，然而，較無實質干預。反之，母嬰康逸強調群體的凝聚力，雖然重視會員們的參與，但在組織治理上，由五位董事依其主責領域，帶領所有會員參與其中的管理合作社事務。在組織結構上，女工協會偏向於事業部式組織結構，由執行委員會扮演協調與整合的角色，各分支單位為自己負責任，自行獨立運作，擁有較大的自主權；母嬰康逸則偏向於功能式組織結構，採取專業分工，經由每一董事帶領各部門處理合作社的相關事務。

結語：臺灣與香港社會企業治理的初步比較

本研究顯示，整體觀之，臺灣社會企業組織中，沒有建立專職事業管理單位仍屬常態；然而，執行長利用空暇時間充實相關商管知識有逐漸增加的趨勢；臺灣社會企業的治理較多呈現慈善民主模式，而較少代理人治理模式。然而研究結果也顯示，臺灣的社會企業普遍將實踐社會目標擺在治理的核心地位，董事會雖然在組織中的功能與角色較弱，但在積極確保社會企業治理能夠連結社會價值與社會需求上，扮演了關鍵性角色。在管理層次上，我們也發現近年來有愈來愈多的社會企業成立專職社會企業單位，以負責與機構內其他單位合作；尤且，社會企業的執行長／副執行長層級與事業單位領導者有無商管與產品服務銷售經驗，與社會企業發展有高度相關。

至於在香港的社會企業治理，研究發現：第一，香港社會企業的治理結構比臺灣社會企業更具多樣性的發展；第二，香港社會企業的治理從非營利性質轉向營利性質的趨勢較為明顯；第三，多數傳統的NPO社會企業在經營產銷營運單位時，缺乏企業經營的背景，但加入社會企業創發的企業經營管理經驗人士有漸增的趨勢；第四，與臺灣相似，香港社會企業的執行長對於組織決策有較強勢的影響力；第五，包括在香港與臺灣，有愈來愈多的社會企業執行長與產銷營運單位的主管利用空閒的時間進修商管課程，以充實他們的企業經營管理能力，此現象在臺灣尤其明顯。

在臺灣與香港社會企業治理的個案分析方面，首先是臺灣的WISE部分，研究結果顯示，三家WISE的董事會對於機構的營運，泰半採取開放的立場，且支持與授權執行長／主任推展各項事業與服務工作，而以執行長／主任為治理過程的核心。此外，這三家WISE的董事會相當積極扮演協助組織資源的獲得，以及擔負決策監督的角色，且隨著事業體擴大，董事會的專業結構性愈趨多元，甚至有一家WISE，在歷經組織結構調整之後，已採用矩陣式管理思維與雙主軸（社福+事業）之策略，且同時將各部門與位階重新定位，呈現出新樣貌。

至於香港四家WISE個案，其治理情形普遍偏向公司模式的治理型

態。四家WISE都以不同的方式吸納商業人才進入董事會或社會企業諮詢委員會，以增強其商業管運的能力，有些會成立專責的委員會來監督WISE之運作和決策，甚至有些完全以商業原則的股份制來激勵股東及員工。歸納而言，香港的WISE較傾向於遵守市場供需定律，以及若有申請政府的種子基金，則會配合政府的政策要求；相反，那些沒有申請政府經費支持的WISE，則以「市場上那隻無形的手」為重要之治理方針。

其次，在臺灣三家CBSE的治理方面，研究結果顯示由於社區型組織的規模較小，沒有太複雜的分工模式，董理事會的成員多數以社區民眾為主。三家CBSE的組織，基本上在治理結構上都有重要的決策成員在組織經營社會企業方面扮演非常關鍵的角色。臺灣在1990年代以降的社區經濟與社會發展明顯是由下而上的模式，社區居民自主組成協會或基金會來規劃執行各項相關的方案，這些社區草根NPO的規模與資源普遍小與弱，領導者的特質、手腕與創意是相當關鍵的因素，另外，地方政府與中央各部會的相關資源的挹注，亦是啟動與持續發展社區經濟的重要推手。

在香港兩家CBSE的治理方面，研究顯示兩個個案普遍採取由下而上的管理理念，並以參與式治理方式，成立由社工及居民共同組成的管理委員會作為平臺，使居民可以直接參與計畫管理和決策。因此，呈現的是公民社會所強調的社區公民參與治理的樣貌，不過聖雅各的社工人員在過程中有較強的主導角色扮演。至於大澳，主要由女青年會的專業團隊主導發展方向和決策，而社區居民的參與主要在具體活動的設計和執行方面。

最後是SC個案的治理情形，臺灣三家SC在治理的角色上，其運作相當重視共同參與決策的價值。再者，治理模式與組織年齡及組織目標相關，隨著組織年齡增加、組織運作範圍的擴大，運作方式就更加朝向重視民主價值的方向轉變，當然也日益強調科層化的治理模式，以因應不同分區或龐大的社會事業的管理需求。至於香港的兩家SC個案的治理情形，在董事會的治理上，兩家SC的組成與治理方式有所差異。其中一家SC底下擁有數個分支單位，彼此合作關係密切，但相互獨立運作且財務分立。在治理結構上，該SC經由組織執行委員會來瞭解與協助各分支單位的狀況與訂定組織規劃方向，然而，較無實質干預。反之，另一家SC強調群體的凝

聚力，雖然重視會員們的參與，但在組織治理上，由董事依其主責領域，帶領所有會員參與其中的合作社事務管理。

　　本研究探討臺灣與香港兩地社會企業的治理結構與功能的動態演變情形，對於政府的政策制訂者、社會企業的領導者、實務工作者，以及探索此議題的學術研究者而言，應有其重要性與價值性。瞭解組織的治理情況與功能發揮良窳，可以指引社會企業有效地實踐其社會價值並發揮社會影響力，畢竟社會企業存在的目的，除了工具性的經濟目的外，最重要的即是達成社會目的。而從組織本身的可持續發展角度來看，如何強化社會企業的資源自我依賴程度，關鍵在於培養社會企業精神與創新的實力，而這又與組織的治理結構與功能之優劣密不可分。

　　最後，由於本專書是根據行政院科技部補助的專題研究計畫「臺灣與香港的社會企業之治理研究」研究成果資料撰寫而成，作者要特別感謝科技部給予研究團隊兩年的研究經費資助。此外，也要感謝參與本研究並協助資料蒐集與文獻整理的研究助理，如下：香港理工大學應用社會科學系陳錦棠教授專任研究助理黎家偉；中正大學社福系研究生黃珮婷、黃健庭、方秀如、劉才榆；屏東科技大學社工系研究生林盈君、鍾汶芳、李詩柔；長榮大學社工系研究生鄭雅綸，以及文化大學社福系研究生詹子晴。

參考文獻

官有垣（2007），社會企業組織在臺灣地區的發展，《中國非營利評論》，第 1卷，創刊號，頁146-181。

官有垣、陳錦棠、陸宛蘋、王仕圖（2012），《社會企業：臺灣與香港的比 較》。臺北：巨流。

Alexander, J. A., and Weiner, B. J. (1998), "The adoption of the corporate governance model by nonprofit organizations", *Nonprofit Management and Leadership*, Vol. 8 No. 3, pp. 223-242.

Austin, J. E. (2000), "Strategic collaboration between nonprofits and businesses", *Nonprofit and Voluntary Sector Quarterly*, Vol. 29 No. 1, pp. 69-97.

Dart, R. (2004), "The legitimacy of social enterprise", *Nonprofit Management & Leadership*, Vol. 14 No. 4, pp. 411-424.

Chan, K. T., Kuan, Y. Y., and Wang, S. T. (2011), Similarities and divergences: comparison of social enterprises in Hong Kong and Taiwan", *Social Enterprise Journal*, Vol. 7 No. 1, pp. 33-49.

Low, C. (2006), "A framework for the governance of social enterprises", *International Journal of Social Economy*, No. 33, pp. 376-85.

Overall, J., Tapsell, P., and Woods, C. (2010), "Governance and indigenous social entrepreneurship: when context counts", *Social Enterprise Journal*, Vol. 6 No. 2, pp. 146-161.

Schmidt, S.L., and Brauer, M. (2006), "Strategic governance: how to assess board effectiveness in guiding strategy execution", *Corporate Governance: An International Review*, No. 14, pp. 13-22.

第一篇
社會企業治理的理論概念

第一章
社會企業的治理
理論概念

官有垣、陳錦棠、王仕圖

壹、前言

若根據J. Pearce（2003）的界定，社會企業有六項共通的元素，包括：(1) 實踐社會目的為主；(2) 具有市場交易行為；(3) 利潤不能分配或有限度分配；(4) 組織擁有的資產及盈餘是被用來從事有益於社區公益的事務；(5) 組織所有權的民主特性；(6) 組織的作為需對相關的利益關係人負責。無論如何，社會企業是一種混合性質的組織（hybrid organizations），定義的重點強調其存在的目的是要實踐社會宗旨與使命。因此，當吾人討論社會企業的治理，重點在於組織需確保管理與策略的指引，以便極大化組織在實踐其所範定的社會使命之能力（Schmidt and Brauer, 2006）。然而，現實生活中，我們卻經常發現社會企業組織的治理會遭遇兩難，因為其一方面強調需要經營管理事業的效益，另一方面卻要極大化社會利益。的確，社會企業的概念基礎在於，將社會目的之達成與組織事業體營運成功的互益性視為當然。

因而，本章將有系統地整理論述社會企業治理的相關理論概念，首先描述社會企業、NPO及FPO屬性的差異；其次，說明NPO及FPO治理有哪些理論典範；接著，論述社會企業治理的理論觀點；最後，指出影響社會企業治理功能發揮的其他相關因素。

貳、社會企業、非營利組織及營利組織屬性的差異

R. Dart（2004: 414-415）形容NPO具有志願性、社會目的性、公民文化性格等屬性。Dart（2004）認為，NPO與企業組織有明顯的差異，這種差異顯現在組織存在的目的、珍視的價值、行事的動機、服務的案主，以及聚焦於哪些類型的案主等。一些學者（例如Dart, 2004; Emerson & Twersky, 1996; Johnson, 2001; Low, 2006; Spear et al., 2009）則強調，雖然社會企業組織，整體來說是非營利部門中的一個次部門，然而社會企業與NPO的界定有很顯著的區別性，因為前者的組織特性與行為混合了非營利

與營利成分；從重視社會使命的單純底線，轉變為同時重視社會使命與金錢營收的雙重底線；從我們傳統瞭解的非營利公益服務，轉變為使用企業組織的規劃設計工具與商業概念來經營組織；以及從依賴捐款、會費及政府的補助與委託款，轉變為頻繁增加雙重底線而重視賺取所得，以及將部分盈餘重新投資到營收事業上（Dart, 2004: 415）。其結果是，假使我們聚焦於檢視組織的管理型態，吾人可以輕易發現，社會企業需要擁有提供社會目的之服務與產品，以及商業管理的雙重技能。然而這種情形必然遭遇的困難是，如何管理這兩種具有競爭性質之價值體系的運作，亦即是「社會目的之行動」抗衡於「市場行為的需求」（Fowler, 2000: 652）。

　　「治理」一詞簡單來說，是指涉統理一個組織的過程。人們認為，社會企業的治理是要達成組織設定的目標、確保管理與策略的指引朝向對的方向邁進，以增強組織的能力，進而實踐組織的宗旨與使命（Schmidt & Brauer, 2006）。然而，問題是，社會企業治理的主要特質為何呢？在吾人進一步探索這個主題之前，我們有必要區別NPO與FPO的治理有何差異。

參、營利組織及非營利組織治理的相關理論

　　討論FPO的治理，有三個理論典範存在，第一個是「代理理論」，強調在主理人與代理人的互動過程中，兩造之間的利益衝突會普遍發生（Chrisman et al., 2004; Fama & Jensen, 1983; Jensen & Meckling, 1976; Wu, 2008）。公司治理模式（Corporate Governance Model）提出解方，主張擴張管理的所有權，使得代理人能夠分享之，此即是「增加附加價值的風險作為」的措施（Diochon, 2010: 97）。第二個是「管家治理模式」，該理論觀點強調，當經理人在尋求公司的經營策略時，他們不僅要有能力，還要有意願來平衡各方不同的利益，亦即經理人必須重視其與決策治理單位成員之間的互動關係（Clarke, 2005; Davis et al., 1997; Muth& Donaldson, 1998）。Miller 和 Le Breton-Miller（2006）則強調「管家治理理論」含有促使相關的行動者在個人與集體的利益下努力表現的內在動機，以及深刻

的情感上的承諾。最後是「資源依賴模式」，該理論觀點認為組織的董事會角色，是促成那些對於組織運作成功具有關鍵重要性的資源獲取，以及扮演強化組織正當合法性的角色（Johnson et al., 1996）。然而，根據Low（2006）的觀點，無論採用哪個模式，最終的目標還是相同，亦即為持股者增加財富，而董事會的角色在於提升自己的能力作為持股人的代理者，他們的主要任務即是使用資金分紅來產生更多的價值。

　　NPO的治理則強調民主治理模式，認為其董事會應該被型塑為民主參與的工具。該理論指出，NPO是由社區人士所組成，由社區所擁有，而不是持有股份者所擁有；NPO董事會的發展是基於信任，因此，他們被建構為要造福、貢獻於社區（Abzug and Galaskiewicz, 2001; Dunn & Riley, 2004; Pearce, 2003）。因而，民主模式強調NPO的董事會要扮演的重要角色是代表各個不同區域或身分團體的利益來參與董事會的治理（Iecovich, 2005）。Low（2006）進一步區分NPO的民主治理模式與FPO的公司治理模式之差異：

> 隱含於民主模式的意思是這種觀念，亦即專長於某種治理專業的個人，其重要性是次於宣稱代表一個特定公共利益關係人團體。因此，評斷一個非營利組織的成就表現，部分判準是其董事會的組成有哪些人，而非他們在此角色上究竟扮演或達成了什麼。反之，公司治理認為董事會成員之所以成為董事，是因為純粹基於其專長於管理與匯聚財產的能力。（p. 379）

　　簡言之，NPO的治理將董事會成員的代表性視為最重要的價值，而非專長於某類技巧、技術或企業，並強調各類利益關係人應該有參與NPO的合法正當性。因而，NPO董事會的其中一項重要功能是平衡其所代表的各種不同利益關係人的利益（Spear et al., 2009）。

肆、社會企業治理的理論觀點

　　為何社會企業的治理被視為是欲展現民主治理模式呢？一般而言，人們認為社會企業是非營利部門的一個次部門（Borzaga & Defourny, 2004; Dunn & Riley, 2004; Pearce, 2003），以及是由利益關係人或「多元利益關係人」（multi-stakeholder）所構成的團體。根據「EMES歐洲研究網絡」（EMES European Research Network，簡稱為EMES）的界定，社會企業是奠基於「集體的動能」（collective dynamics），以及讓不同的利益關係人都能夠參與組織的治理，而各類的利益關係人可以包括方案或活動受益人、員工、志願服務者、政府單位、捐款人等。他們有權參與社會企業，成為其董事會的成員，因此創造出一種「多元利益關係人的所有權」（multi-stakeholder ownership）的概念（Bacchiegga & Borzaga, 2003; Defourny & Nyssens, 2009）[1]。在許多歐陸國家裡（例如義大利、葡萄牙、希臘、法國等），這種「多元利益關係人的所有權」甚至被認為是需要受國家立法保障。利益關係人甚至可以透過較為非正式的管道參與，而非一定是正式會員，譬如使用者以及工作人員的代表參與社會企業組織在例行的日常生活中運作的各種委員會（Defourny & Nyssens, 2009）。歸納而言，社會企業的社會宗旨之實踐是被擺放於核心的地位，因為「NPO董事會要扮演組織具有合法正當性的角色，因而董事會要有效證明他們對社會使命的實踐具有影響力」（Mason, 2010: 9）。

　　然而，Dart（2004: 415）也提醒我們，社會企業是「非營利與營利活動的混合體」，亦即社會企業的治理有可能成為「一種營利的家管模式以及非營利的民主模式的混合體」（Low, 2006: 379）。換言之，社會企業必須發展出一種特定的能力，強調結合非營利與營利特性為一體，以便儲備

1　EMES治理模式強調「多元利益關係人的所有權」之集體動態力量，明顯與美國強調社會企業家個人的角色功能以及以社會企業家個人為核心的論述有所不同。當然，EMES模式並不否定社會企業家浮現的重要性，亦即不否認存在具有聖雄式魅力的領導者或是一位充滿活力的社會企業家在社會企業裡扮演重要的領導角色；但是一般而言，這類個人被視為受到團體的支持，以及團體成員集體為該社會企業的宗旨使命與公眾利益的實踐來負責。

組織經營管理的能力（Fowler, 2000）。此外，社會企業面臨的特定議題是與維繫組織的營運發展有關，當該類型組織創造社會利益的同時，其所在的環境要求該類組織具有效力、競爭、與專業化的壓力也會與日遽增（Jones and Keogh, 2006; Mason, 2010; Mason and Royce, 2007）。由於需要平衡企業的效益以及社會利益的極大化之雙重目標，社會企業的董事會組成勢必相當多元。尤且，社會企業若想要更進一步涉入，與有更豐厚資源來源之競爭者競爭，以獲得新的市場機會，其董事會必須負起支持及協助經理人有能力在競爭性市場環境下生存與發展的責任（Borzaga and Solari, 2004; Low, 2006; Mason, 2010）。

　　顯然社會企業組織的治理面臨兩難，因為一方面需要經營管理企業的效益，另一方面卻也要極大化社會利益（Low, 2006）。的確，社會企業概念的基礎是在於將社會目的之達成與營業成功的雙重目的視為當然。社會企業的董事會角色與功能值得特別留意，因為他們掌控了核心的策略與運作的角色，以確保以上這兩個因素能夠被實踐。至於運作的層面，包括董事會需要支持經理人忠實地有效推行董事會所決定的組織策略目標，這些包括競爭的能力，亦即，在主流市場裡能夠有效與其他組織競爭，以及事業體的持續發展，以致於產生長期性與可持續的社會利益創造（Borzaga and Solari, 2001; Bryson et al., 2001; Lyon and Ramsden, 2006）。因此，若單單強調民主模式的治理，似乎在遇到上述狀況下，其功能發揮會受到限制。此外，儘管在以會員為基礎的合作社類型社會企業展現了較為清晰的民主治理模式，然而其他類型社會企業的民主治理模式卻不是那麼明確（Mason, 2010）。

　　Low（2006: 381-382）因而依據以上的論辯，針對社會企業的治理提出兩個假設性的命題：

　　命題一：「社會企業的董事會之功能運作發展更有可能呈現的是管家治理模式，而不是非營利組織董事會經常呈現的民主治理模式。」

　　命題二：「為了要適應與維繫管家治理模式，社會企業的董事會之成員組成會更加傾向於以專業基礎為考量，以聘請新進的董事成員，而非根據不同利益關係人所代表的團體。」

Low（2006）指出，提出以上兩個命題的理由是，試圖使用商業模式來運作的社會企業會需要不同形式的治理模式，因為他們這類組織比較不依賴政府的補助款與民眾的捐款。再者，因為市場交易活動存在許多複雜性，因此，社會企業會更趨向於採用公司治理模式，亦即較少依賴於多元的利益代表，而是「有能力管理財產以致獲利的人士加入董事會」（Low, 2006:382）。因此，社會企業的董事會組成結構將會與傳統依賴慈善捐款的NPO有所不同，前者會更加以專業的考量而非以代表性地位，決定邀聘哪些人士加入董事會。

歸納而言，社會企業在概念上或實務上既被視為是一種「混合式」的組織，同時具有經濟與非經濟目標實踐的要求。在此性質下，就會同時具有各種緊張以及管理上的矛盾。Cornforth（2004）認為，目前不管是合作社、互助型或其他屬性類型的社會企業，都尚未發展出各自所謂最佳且有效的治理模式。無論如何，Low（2006）提出這兩項有關解釋社會企業治理行為的命題，需要更多的實證資料加以檢證，以便證實這些治理模式之因果關係的適宜性與是否成立。

伍、影響社會企業治理功能發揮的其他相關因素

除此之外，吾人有必要特別關注環境脈絡因素，以及各種不同的制度性因素在闡釋社會企業治理功能上的作用（Overall et al., 2010）。為了要瞭解實際的治理動態過程，Pye和Pettigrew（2005）指出，環境脈絡、過程與時間是三個重要的變項；Daily 等人（2003）亦持同樣的看法，強調「環境脈絡」因素對於社會企業治理研究會有提壺灌頂的作用。環境脈絡是指許多組織與環境的特質，譬如組織的規模（size）、組織生命週期（life cycle）中不同的發展階段、組織的所有權結構、制度壓力的驅動與過程等，所有以上這些變項都會影響組織治理的功能運作（Overall et al., 2010: 148）。譬如，Mason（2010: 16）研究英國的「社會公司」（Social Firms）時發現，組織的規模大小深刻影響組織的治理內涵，他指出，較大

規模的社會公司（介於五十一至一百名職員之間）與雇用較少員工的社會公司有顯著不同的治理表現。經營十分成功且也有顯著成長的大規模社會公司，更有可能或趨向於要求增加資源以維繫其成果，因此，有可能會更緊密聚焦於「非社會目的之成就」（non-social performance），因而這類組織比較不會受到針對所有活動都必須附帶產生社會目的之限制。反之，聘雇較少員工的小型社會公司與其他社會企業的傳統社會價值紐帶有較緊密連結，同時，較傾向於強調社會利益的達成，是使組織獲得合法正當性的最主要來源。

再者，過往的實證研究顯示，在強調自主、志願性的非營利部門裡，由於董事會成員大都是來自志願者，NPO要能夠聘請適宜的董事成員加入相當不容易，亦即，要吸引具有專業知識與技能的人士加入NPO董事會，是件相當困難的事（Brickley et al., 2003; Dolnicar et al., 2008）。尤為對小型或中型規模的公益、慈善機構而言，邀聘適宜的人士加入董事會更是難上加難（Cornforth, 2001; Spear et al., 2009）。Huse和Gabrielsson（2004）則認為，以過程為基礎來界定治理的內涵（例如事情發生是偶然的、有規律的行為，或是漸進演變的）可被運用於社會企業治理的研究領域。Spear等（2009：269-270）也支持此觀點，因而特別強調在社會企業的發展過程中，「起源與發展路徑」（origins and development path）對於型塑其治理架構與過程具有重要的影響力。譬如，成員互益性質濃厚的合作社或儲蓄互助社，其與強調產品或服務在市場銷售以獲取營收為主的志願性慈善機構（trading charities）的治理結構、功能運作，以及面對的治理挑戰會有一些本質上的差異。

社會企業的治理研究另外也涉及到該類組織的董理事會的功能運作如何影響組織的創新精神，然而此議題的重要性卻常被忽略（Diochon, 2010; Morris et al., 2007）。社會企業的董理事會運作並非僅僅是一種信託或受託的行為，其成員不但要積極鼓勵、培力與促成行政幹部學習如何以企業創新的角度或觀點來思考與行動，董理事成員本身也要培養此能力。社會企業的治理亦如NPO的治理一樣，相當強調「關係」的重要性，因為它會影響整個組織的效益，在模塑創新精神以致獲取需要的資源，如人力、財源

或其他，都需要探求機會，而這些努力相當程度取決於所採取的社會過程之特質。因此，吾人有必要透過研究瞭解，社會企業的董理事會在其組織裡是否有影響或培育企業創新的行為，若確實如此，則如何影響呢？假使吾人發現董理事會成員確有參與、涉入組織行為的改變，則哪些特定社會過程與機制在組織裡是被應用來鼓勵培養創新精神呢？當社會過程顯示的是促成、培力組織創新的精神時，社會企業的董理事會成員則扮演了「變遷代理人」（change agents）的角色。然而，也有一些社會企業的董理事會成員偏好採取被動反應與不宜冒險的行為，此結果適足以增強其董理事會原先扮演的忠實受託者角色（Diochon, 2010）。

參考文獻

Abzug, R. and Galaskiewicz, J. (2001), "Nonprofit boards: crucibles of expertise or symbols of local identities?", *Nonprofit and Voluntary Sector Quarterly*, Vol. 30 No. 1, pp. 51-73.

Bachiegga, A. and Borzaga, C. (2003), "The economics of the third sector", in Anheier, H.K. and Ben-Ner, A. (Eds), *The Study of the Nonprofit Enterprise, Theories and Approaches*, New York: Kluwer Academic/Plenum Publishers.

Borzaga, C. and Defourny, J. (2004), *The Emergence of Social Enterprise*, London & New York: Routledge.

Borzaga, C. and Solari, L. (2004), "Management challenges for social enterprises", in Borzaga, C. and Defourny, J. (Eds.), *The Emergence of Social Enterprise*, London & New York: Routledge.

Brickley, J.A., Van Horn, R.L., and Wedig, G.J. (2003), *Board Structure and Executive Competition in Nonprofit Organizations: Evidences from Hospitals*, William E. Simon Graduate School of Business Administration, University of Rochester, Rochester, NY.

Bryson, J.M., Gibbons, M.J., and Shaye, G. (2001), "Enterprise schemes for nonprofit survival, growth, and effectiveness", *Nonprofit Management and Leadership*, Vol.11, pp. 271-87.

Chrisman, J.J., Chua, J.H., and Litz, R.A. (2004), "Comparing the agency costs of family and non-family firms: conceptual issues and exploratory evidence", *Entrepreneurship Theory & Practice*, Vol. 28 No. 4, pp. 335-54.

Clarke, T. (2005), "Accounting for Enron: shareholder value and stakeholder interests", *Corporate Governance*, Vol. 13 No. 5, pp. 598-612.

Conforth, C. (2001), *Recent Trends in Charity Governance and Trusteeship: the Result of a Survey of Governing Bodies of Charities*, National Council of Voluntary Organizations, London.

Conforth, C. (2004), "The governance of cooperatives and mutual associations: a paradox perspective", *Annals of Public and Cooperative Economics*, Vol.75 No.1, pp. 11-32.

Daily, C. Dalton, D. and Cannella, A. (2003), "Corporate governance: decades of dialogue and data", *Academy of Management Review*, Vol.28 No.3, pp. 371-82.

Dart, R. (2004), "The Legitimacy of Social Enterprise", *Nonprofit Management & Leadership*, Vol. 14 No. 4, pp. 411-424.

Davis, J., Schoorman, F. and Donaldson, L. (1997), "Toward a stewardship theory of management", *Academy of Management Review*, Vol. 22 No. 1, pp. 20-47.

Defourny, J. and Nyssens, M. (2009), "Conceptions of social enterprise and social entrepreneurship in Europe and the United States: convergences and divergences", Second EMES International Conference on Social Enterprise, University of Trento, Italy, July, 1-4, 2009.

Diochon, M. (2010), "Governance, entrepreneurship and effectiveness: exploring the link," *Social Enterprise Journal*, Vol. 6 No. 2, pp. 93-109.

Dolnicar, S., Irving, H. and Lazarevski, K. (2008), "Mission or money? competitive challenges facing public sector nonprofit organizations in an institutionalized environment", *International Journal of Nonprofit and Voluntary Sector Marketing*, Vol. 13 No. 2, pp. 107-17.

Dunn, A. and Riley, C.A. (2004), "Supporting the not-for profit sector: the government's review of charitable and social enterprise", *The Modern Law Review*, Vol. 67, pp. 632-57.

Emerson, J., and Twersky, F. (eds.) (1996), *New Social Entrepreneurs: The Success, Challenge, and Lessons of Nonprofit Enterprise Creation*. San Francisco: Roberts Foundation.

Fama, E. and Jensen, M. (1983), "Separation of ownership and control", *Journal of Law & Economics*, Vol. 26, pp. 301-26.

Fowler, A. (2000), "NGDOs as a moment in history: beyond aid to social entrepreneurship or civic innovation?", *Third World Quarterly*, Vol. 21 No. 4, pp. 637-54.

Huse, M. and Gabrielson, J. (2004), "Context, behavior, and evolution", *International Studies of management and Organization*, Vol. 34 No. 2, pp. 1-36.

Ieovich, E. (2005), "The profile of board membership in Israel voluntary organizations", *Voluntas: International Journal of Voluntary and Nonprofit Organizations*, Vol. 16 No. 2, pp. 151-80.

Jensen, M. and Meckling, W. (1976), "Theory of the firm: managerial behavior, agency costs and ownership structure", *Journal of Financial Economics*, Vol. 3, pp. 305-66.

Johnson, J., Daily, C. and Ellstrand, A. (1996), "Boards of directors: a review and research agenda", *Journal of Management*, Vol. 22, pp. 409-38.

Johnson, S. (2001), *Social Enterprise Literature Review*, Edmonton, Alberta: Canadian Centre for Social Entrepreneurship.

Jones, D. and Keogh, W. (2006), "Social enterprise: a case of terminological ambiguity and complexity", *Social Enterprise Journal*, Vol. 2 No. 1, pp. 11-26.

Low, C. (2006), "A framework for the governance of social enterprises", *International Journal of Social Economy*, Vol. 33, pp. 376-85.

Lyon, F. and Ramsden, M. (2006), "Developing fledgling social enterprises? a study of the support required and means of delivering it", *Social Enterprise Journal*, Vol.2 No.1, pp. 27-41.

Mason, C. (2010), "Choosing sides: contrasting attitudes to governance issues in Social Firms in the UK", *Social Enterprise Journal*, Vol. 6 No. 1, pp. 6-22.

Mason, C. and Royce, M. (2007), "Fit for purpose- board development for social enterprise", *Journal of Finance and Management in Public Services*, Vol. 6 No. 3, pp. 57-67.

Miller, D. and Le Breton-Miller, I. (2006), "Family governance and firm performance: agency stewardship and capabilities", *Family Business Review*, Vol. 19 No. 1, pp. 73-87.

Morris, M.H., Coombes, S. and Schindehutte, M. (2007), "Antecedents and outcomes of entrepreneurial and market orientations in a non-profit context:

theoretical and empirical insights", *Journal of Leadership and Organizational Studies*, Vol. 13 No. 4, pp. 12-39.

Muth, M., and Donaldson, L. (1998), "Stewardship theory and board structure: a contingency approach", *Corporate Governance*, Vol. 6 No. 1, pp. 5-28.

Overall, J., Tapsell, P., and Woods, C. (2010), "Governance and indigenous social entrepreneurship: when context counts." *Social Enterprise Journal*, Vol. 6 No. 2, pp. 146-161.

Pearce, J. (2003), *Social Enterprise in Anytown*, Calouste Golbenkian Foundation, London.

Pye, A. and Pettigrew, A. (2005), "Studying board context, process and dynamics: some challenges for the future", *British Journal of Management*, Vol. 16, pp. S27-S28.

Schmidt, S.L., and Brauer, M. (2006), "Strategic governance: how to assess board effectiveness in guiding strategy execution", *Corporate Governance: An International Review*, Vol.14, pp. 13-22.

Spear, R., Cornforth, C., and Aiken, M. (2009), "The governance challenges of social enterprises: evidence from a UK empirical study", *Annual of Public and Cooperative Economics*, Vol. 80 No. 2, pp. 247-273.

Wu, H. L. (2008), "When does internal governance make firms innovative?", *Journal of Business Research*, Vol. 61, pp. 141-53.

第二章
解釋利益關係人如何經由資源與合法正當性參與社會企業的治理

班哲明‧賀伯瑞祺（Benjamin Huybrechts）、賽必爾‧莫滕
（Sybille Mertens）、朱利‧瑞彭斯（Julie Rijpens）著[1]
杜承嶸、黃柏睿　譯

1　本譯文原著：B. Huybrechts, S. Mertens, & J. Rijpens (2014), "Explaining stakeholders involvement in social enterprise governance through resources and legitimacy", Ch. 8, pp.157-175, In J. Defourny, L. Hulgard, & V. Pestoff (eds.), *Social Enterprise and the Third Sector: Changing European Landscapes in a Comparative Perspective*, New York: Routledge.

壹、前言

　　觀諸許多有關企業治理與商業倫理的近代文獻，「利益關係人理論」（stakeholder theory）的持續討論，皆在探討組織如何將其利益關係人納在不同層級的決策之中（Carroll, 2004; de Graaf & Herkströter, 2007; Freeman & Reed, 1983）。根據Freeman於1984年所提出的論述，認為利益關係人是指「可以影響組織目標或是被組織目標所影響之任何團體或個人」。典型的利益關係人，例如組織擁有者、管理者、工作者、志工、資金提供者（financing bodies，商管財金界稱為「融資方」）、合作伙伴、供應商、顧客或是受益人等，不論是從消極的策略（取得組織資訊）到積極的作為（於組織中取得代表性職位或席次），利益關係人皆扮演了舉足輕重的角色。然治理結構中，利益關係人成為董事會成員或是參與會員大會的頻率逐漸增加，反映組織與某些特別類型的利益關係人之間的長期互動關係（Mitchell, Agle, & Wood, 1997）。

　　傳統上，組織的所有者是治理結構中理所當然的成員，事實上這是組織所有權的一部分（Milgrom & Roberts, 1992），這樣的治理結構安排可以確保組織的運作，是在所有者個人的想法下執行。是故，在營利企業中，投資者與組織所有者，他們都擁有組織的決策權。但他們如何運用此決策權？通常投資者透過出席股東大會執行決策權。然而，不是所有組織皆採用「投資者為組織所有者」的形式，在一些企業中，所有權為組織之利益關係人持有，如生產者、消費者或勞動合作社（worker cooperatives）之社員。另外，如一些NPO，亦不採用「投資者為組織所有者」的形式（Hansmann, 1996）。

　　本章節將對利益關係人參與社會企業之議題進行研究，這些社會企業皆不具備「投資者即為所有者」的模式，而是被定義為「透過經濟活動達成社會目標的組織」（Defourny, 2001; Defourny & Nyssens, 2006）。在這些社會企業組織中，「利益關係人參與」的治理結構，將與營利企業進行最少兩部分的比較。首先，社會企業比較像是一種透過集體企業家精神而創立的組織，這樣的組織往往納入多元的參與者，這些參與者自覺與組織

在追求或實踐一個或多個的組織使命過程中有「休戚與共」的關係。其次，在治理結構中，社會企業有非常強烈的意向，與他們互動之參與者具有代表性，如受惠者、支持者、資金提供者或是伙伴，皆能參與治理（Campi, Defourny, & Grégoire, 2006; Huybrechts, 2010; Münkner, 2004; Rijpens, 2010）。社會企業通常會運用合法的形式，使利益關係人透過經濟民主的方式，正式參與組織的治理（Spear, Cornforth, & Aiken, 2009）。

　　有許多論點可以解釋多元利益關係人存在社會企業的現象（Borzaga & Spear, 2004; Huybrechts, 2012; Nyssens, 2006）。Campi等人（2006; 2012）指出，不同的利益關係人與組織所追求多元的目標乃息息相關；Vidal（2013）更認為「社會企業應具備多元利益關係人來滿足一般大眾所需，而非僅透過單一利益關係人來滿足單一關注焦點」，以深化Campi等人的論點。Spear等人（2009）將多元利益關係人概念化，並指出多元利益關係人為一民主（成員代表性）與個人自我選擇（將非會員制之團體賦予能力）實現的治理脈絡混合體。最後，在更宏觀的視野中，Verschuere、Pestoff及Brandsen等人提及，多元利益關係人與更多的公民參與可以考驗公共服務是否能夠本著「共同生產」（co-production）的想法來進行（Pestoff & Brandsen, 2009; Pestoff, Brandsen, & Verschuere, 2012）。

　　本章的目的乃透過闡釋現有相關理論，並補足理論尚未提及或不足之處，以做出貢獻；而現有理論不足或是尚未解釋之處，包含社會企業組織對資源需求，及如何滿足外部或是社會期待等議題。此外，透過與社會企業現有文獻之探討，並運用合適的組織理論，我們期待能夠找出社會企業複雜的治理議題之理論尚未觸及之處，予以補充。

　　本章透過兩個理論視角，深化社會企業利益關係人參與治理的理解，此兩理論皆包含豐富的傳統組織理論的內涵。第一個理論為「資源依賴觀點」（resource dependence view），提及透過資源來源取向以檢驗組織的治理結構與策略；第二個理論為運用「合法正當性論點」（legitimacy arguments），將社會企業治理視為一個更廣闊的社會結構進行探討。本章接下來的各節，將闡述此二理論觀點並檢驗其對於理解利益關係人參與社會企業治理結構的貢獻，接著利用比較的個案研究，闡明WISE如何利用

此兩理論觀點，理解社會企業治理多元且複雜的實際運作。

貳、利益關係人參與——資源依賴觀點

在資源依賴觀點中，組織將利益關係人納入其治理結構中，乃因在不確定的環境脈絡中，此策略可以確保組織取得能夠生存的關鍵性資源（Campi et al. 2006; Campi, Defourny, Grêgoire, & Huybrechts, 2012; Middleton, 1987; Miller-Millesen, 2003）。

一、資源依賴理論

根據資源依賴理論（Pfeffer & Salancik, 1978）的觀點，組織本身無法達到自我滿足，也無法掌握所有讓組織持續發展的資源。為了使組織持續生存與發展，他們必須與外在環境互動以取得所需資源，如財務資源、物質資源、人力資源、獲得資訊的管道以及社會認可的合法正當性。因此，在依賴外在資源的條件之下，誰掌握了取得資源的管道，就取得掌握組織的權力；組織的需求要靠外在資源來滿足，並且藉由這些資源來達成外在需求的滿足，若組織無法對於外在需求做出回應，則組織將無法繼續生存下去（Pfeffer & Salancik, 1978: 43）。在這樣的情況之下，依賴即造就了「控制條件」，如果甲需要乙的資源，那麼甲就必須依賴乙；相反地，乙可以提供甲所需的資源，那麼就某種程度而言，乙就控制了甲。

在「依賴」以及外在環境變化無常的狀況下，造就了組織對於需求開展出策略性的應對方式。環境變遷時刻都在發生，且在資源有限的情況下，會產生資源短缺或是取得上的困難，在此在不確定性極高的環境脈絡下，對資源的依賴程度就成為組織一項重大的弱點。資源依賴理論認為，組織會試圖管理與抑制此發展限制，以及因需求所產生的不確定性（Pfeffer & Salancik, 1978）。故就資源依賴理論而言，組織發展策略上的挑戰，就是如何選擇以及找到最適當的方式，管理或減少對外在資源的依賴，而組織可以利用兩大策略以對抗環境的限制。

　　首先，組織可以不斷運用代替性資源，以避免對單一資源的過度依賴（Froelich, 1999），或者，更直接說，就是使組織所需的資源多元化、多樣化。事實上，一個組織的弱點絕對與其所依賴之資源息息相關，且此危機程度的大小將控制在他人手上（Pfeffer & Salancik, 1978）。

　　第二，組織可以發展跨組織協調機制，此機制可以有很多形式，我們可以把它分成兩大類：「聯盟策略」（coalition strategies）與「籠絡吸納策略」（co-option strategies）。「聯盟策略」是指組織利用正式的跨組織連結，以協調資源的控制，此如同合資共營企業（joint venture）。更謹慎來說，此策略僅能利用建立共同利益的合作平臺，相互提供關鍵資源並確保此集體資源取得的管道，以促成此策略的實現。

　　另一跨組織連結的機制乃採取「籠絡吸納策略」，該策略運用籠絡吸納或指派，使外部有代表性之代理人進入組織，並賦予重要職位（Pfeffer & Salancik, 1978: 163）。組織可以運用邀請外部團體或是具有代表性之個人參與董事會或加入顧問小組，以管理外部資源（Middleton, 1987）。組織期望透過吸收外部人才參與決策的方式，以達到組織發展所需之支援（Pfeffer & Salancik, 1978: 163）。除了提供財務、資金外，這些外部利益關係人亦可以提供良好的資訊管道。「組織可以從重要的利益團體獲得資訊，同時也可以提供有用的資訊給外部代表並說服之，以從其職位上獲得更多的協助」（Pfeffer & Salancik, 1978: 164）。

　　根據資源依賴理論，利益關係人的參與，甚至是來自國際的利益關係人加入組織中，被視為一種組織領域與界線的延伸。「董事會成員（透過利益關係人參與組織治理），經由個人或是專業的連結，成為組織的一大助益，因為他們可以使組織有正確且適當獲得訊息的管道，從而可以減少不確定性的發生」（Miller-Millesn, 2003: 522）。

二、資源混合與社會企業治理

　　資源依賴理論可提供利益關係人參與社會企業治理的一種策略性解釋。此理論主張利益關係人可透過其權力掌握與角色功能的發揮，為組織減少不確定性，並透過管理與舒緩重要的環境依賴，以及以組織的最大利

益為依歸來動員資源的使用（Cornforth, 2004; Labie, 2005; Pfeffer & Salancik, 1978）。因此，利益關係人參與社會企業必須為組織尋求所需資源。由於篇幅的限制，本章對於社會企業所需資源之分析，將聚焦於財務資源的探討。社會企業所需的資源，與其社會目標相關（Gardin, 2006; Laville & Nyssens, 2001）。社會企業被定義為透過經濟活動所生產之產品或服務以達成社會目標，而此明確社會目標，是以促進社區與社會發展為主要目的（Defourny & Nyssens, 2006）。社會企業可透過財貨服務的生產與提供（包含福利服務、社區服務、居家照護、老人照護、幼兒照護、健康照護、教育與訓練、環境防護、廢物回收、文化服務等），或透過組織生產過程（如工作整合、公平貿易、符合道德規範的財務處理、綠色能源等），甚至是多面向的結合，達到組織的最終目標（Mertens, 2010）。以經濟術語而言，社會企業提供社區服務可被視為明顯強化集體的外部性作用與平等的議題（Laville & Nyssens, 2001: 314）。社會企業的創立具有重大的意義，且被形容為「多元資源的組織」（multiple-resource organizations）（Gardin, 2006; Young, 2007）。若採Young（2007）對NPO財務的分析，社會企業不同於一般企業體或是政府組織僅依賴主要、單一的收入來源（例如產品銷售或租稅收入），多數社會企業組織會結合不同的資源操作或收入，如銷售、政府補助或合約、個人捐贈、機構補助、投資收入、志工資源以及實物贈予。資源之所以如此多元，主要透過三項經濟交換原則來達成：「市場」（market）、「重分配」（redistribution）及「互惠機制」（reciprocity）（Gardin, 2006; Laville & Nyssens, 2001; Polanyi, 1944），重分配與互惠機制指涉的是非市場的經濟面向。

　　基本上，多數的資源都可以用下列的因素解釋。市場邏輯是利用供需法則進行：生產者販賣商品與提供服務以填補其成本，消費者則因為商品或是服務可以滿足其生活必須，所以同意付費。社會企業的活動會獲得利潤或利益，是因為他們瞭解市場交換的機制。因此，其他利益關係人比直接受益人更能引導組織，透過成本效益分析，跳脫一般性市場分析，使這些利益關係人成為潛在的資源提供者。根據Young（2007: 342）的論述，一個NPO的收入組合，反應出其資源收益的混合程度，該組織所提供之多

元服務可以成為潛在的收入來源。那麼，誰才是社會企業的潛在資源提供者？經由小幅修訂Young（2007）的類型分類，Henry（2010）將之分類成三類受益者：「直接受益者」（direct beneficiaries）、「公共受益者」（the public beneficiaries）與「間接受益者」（indirect beneficiaries）。

「直接受益者」是指從商品或是服務使用直接得到私人利益，通常這些人會依循市場邏輯付費，以換取其商品或服務；然而，這些人通常不會付出大量的金錢以支付他們不需要的財貨，或是他們所付出的費用不足以涵括或是填補組織所付出的成本（Young, 2007: 346）。再者，準公共財貨或服務的生產，儘管能夠使個人從中獲益，然而不應完全以市場資源作為其財務來源的準則，因其所帶來的效益已超過個人直接受益者的消費了。「公共受益者」指的是因社會企業提供之產品或公共服務，而獲得利益之社群或團體。因此，政府會鼓勵此類經濟活動所生產的產品與服務，藉此進行重分配機制，並運用租稅收入、公共基金鼓勵社會企業的創立。

最後，「間接受益者」為因其他人的消費而得利者，或是沒有被明確定義在受益者名單與範圍之個人，但他們共享整體利益。間接受益者通常會透過慈善行為（私人捐贈、志願服務），基於互惠原則而得到援助。間接受益者也可能是消費者，因為受到他人（在公平交易狀況下）、員工或投資者的影響，願意付出更多金錢或是收取較少的酬勞。

利用資源依賴理論的論點，將財務混合策略邏輯運用在社會企業中，使資源提供者參與其治理結構，開啟了一道大門。這種參與治理結構之所以存在，理論上是因為社會企業的特殊財務屬性而促成的結果。確實，正如同前文所提到的，社會企業的組織形式特點乃是將所有權分配給利益關係人，而非單一投資者或是股東。

社會企業運用提供關鍵資源提供者組織治理的職位，以確保該資源獲得的管道；因此，將關鍵資源提供者經由「籠絡吸納策略」進入董事會中，是可以被期待的。根據Froelich（1999）的說法，籠絡吸納機制看似已經成為組織面對非市場資源提供者的必需品，而此該機制衍生出的問題就是信任。事實上，非市場資源是由集體或是間接受益者在資訊不對稱的情況下提供，因為他們提供某項不能直接受益的產品，這使他們在評估組織

績效上產生困難。也因為如此，他們可能對於親自參與決策充滿興趣或是樂見直接受益者、工作者參與決策，並將此視為一種互信的表現。

但「籠絡吸納」並非唯一可行的機制，社會企業可以多樣化其依賴的資源，以降低依賴單一資源所產生的風險。一些文獻指出，許多社會企業都在追求用不同的策略增加收入，以面對公共資源的縮減（Froelich, 1999）。社會企業也可與關鍵資源提供者組成聯盟，以獲得更為強化的權力。最後，文獻也提到，在制度方面，參與者不僅要控制、管理環境上的限制，也可以引領環境的改變，以增加組織的優勢（Lawrence & Suddaby, 2006; Lawrence, Suddaby, & Leca, 2009）。組織透過合法架構以確保公共資源可以長期合作，這樣的情況下，就可以降低短期內吸納政府代表參與董事會的必要性。

參、利益關係人參與之合法正當性觀點

儘管資源依賴理論提供了利益關係人參與社會企業治理的支持，但卻沒有足以涵蓋所有社會企業治理的面向。事實上，利益關係人不僅是策略性計算的結果，也可以從其他面向來思考。作為組織行為顯著的一部分，利益關係人參與是無意識與非理性的合法化過程支配下的產物。這些過程可以解釋在某些案例中，利益關係人對組織幾乎沒有策略利益，但卻被賦與至高無上的地位，或是一些潛在策略性的利益關係人被忽視的情形。

一、制度理論

制度理論被認為特別適合探討利益關係人參與的象徵性意義。擁護該理論觀點的開創性學者如Meyer與Rowan（1977）、DiMaggio與Powell（1983）以及Zucker（1987）皆曾提出相關論述。他們認為組織結構在象徵性的意義上，比起探討績效問題方面，更可以反應環境脈絡上的特色。結構和實務面如董事會的組成，可以利用社會共享的精神來投入，因此，除組織結構本身的客觀功能外，還能夠傳達外部或是內部接受者的訊息

（Tolbert & Zucker, 1996: 171）。在此意義上，與其說治理結構是策略性選擇（個人或是組織參與下所裁量的結果），倒不如強調其是一種「迷思」（myths）（合理化與非個人的命令下，多元社會目標的技術性產物）（Meyer & Rowan, 1991: 44）。

　　DiMaggio與Powell（1983）認為這些所謂的「迷思」或是「制度的壓力」（institutional pressures）會導致組織在既存的制度基礎下來型塑自己，以便獲得合法正當性，此過程被稱之為「制度同型」（isomorphism）。「同型」的壓力有三種，分別為「強制性」（coercive）、「模仿性」（mimetic）以及「規範性」（normative）。強制性的制度同型是產生於他們所依賴的組織的正式與非正式壓力，以及他們所在的社會對於組織應有的功能的文化期待（DiMaggio & Powell, 1983: 67）。正式的壓力源自於政府、法制環境以及重要利益關係人（如資金提供者或合伙人），他們會對組織強加一些特別的規範或型構。至於模仿性制度同型的過程，顧名思義，乃指組織間的彼此模仿。當目標含糊不清，或是環境造成了不確定性，組織則會開始將自己型塑成被認為具有合法正當且發展成功的組織（DiMaggio & Powell, 1983: 69）。最後，規範性壓力會導致組織採取由制度行動者所支持並以不同方式散布在社會中的規範與價值（譬如，訓練方案、網絡、人員聘雇的措施等），而塑造成的制度結構與措施。

　　近年來在制度論議題的研究上，強調策略層面的整合，此乃圍繞在符號、象徵性觀點以及「制度企業家精神」（institutional entrepreneurship）或「制度工作」（institutional work）的強調下進行（e.g., Battilana & D'Aunno, 2009; Lawrence & Suddaby, 2006; Lawrence et al., 2009; Leca, Battilana, & Boxenbaum, 2008; Maguire, Hardy, & Lawrence, 2004）。因而，近年來的這方面研究，致力於深化瞭解在制度框架中的合法正當性角色。早期的新制度論者界定組織的合法正當性為「組織的適當性就如同理論所形容的」（Meyer & Rowan, 1977），此指涉合法正當性的認知層面。對Scott（2000）而言，組織的合法正當性是一種反應當下的文化調適、規範性支持，或與相關法律與規章調和的條件。但最為人所熟知的定義卻是Suchman（1995: 574）的論述：「對組織合法性而言，一般廣義的認知與

假定即是：一個實體在社會建構的規範、價值、信仰與定義的範疇裡，從事可欲、適宜以及恰當的行為。」

作者透過不同發生路徑，粗略將三種不同的合法正當性基礎做以下的區別。Aldrich和Fiol（1994）雖反對認知的合法正當性（視合法性為理所當然）及社會政治合法正當性（伴隨法律與規範而來），但Suchman（1995）和Scott（2000）將後者分成兩類，並提出大致類似的三種類型的合法正當性：(1) 實務或規則的合法正當性（pragmatic or regulative legitimacy）（順服是因為來自於法規實體單位的要求，以及／或來自於人們所感受存在的利益之誘因）；(2) 道德或規範性合法正當性（moral or normative legitimacy）（順服是來自於規範與價值的影響）；以及(3) 認知的合法正當性（cognitive legitimacy）（順服是來自於存在已久且根深蒂固的參考架構）。至於實務合法正當性的存在，主要用於解釋組織為何順服於強制性壓力，如法規或政府的資金。道德合法正當性可解釋為何組織對環境規範性要求做出回應；而認知合法正當性乃驅使組織模仿同型組織，並且模仿該領域中表現優異且具代表性的組織運作。基此，如同以上提及的數位學者所強調的觀點（e.g., Nicholls & Cho, 2006; Scott, 2008），並歸納到表2-1所示，每種不同的合法正當性可以滿足不同的順服路徑；事實上，若制度壓力會影響組織，乃因在取得合法正當性的過程中，使組織在有意識或無意識中必須順服於可提供此資源的制度或機構的期待。

表2-1　制度同型的壓力與合法正當性

同型壓力來源	驅力	合法正當性
強制性	來自於有實力的行為者的規制、經費補助與壓力	實務的
規範性	規範、價值、偏好	道德的
模仿性	視為理所當然	認知的

二、制度理論與社會企業治理

如何將制度理論觀點應用在社會企業治理中，尤其是利益關係人的治理參與呢？此處普遍的命題是，將特定的利益關係人納入治理的實務運作

中，可增強組織的合法正當性，要達成此目的可透過兩種管道：社會企業可以順應來自利益關係人本身的壓力，在利益關係人監督之下，增強其參與的合法正當性；或者，社會企業可以運用其他利益關係人提供組織的合法正當性，不見得要直接將利益關係人納入組織的治理運作中。

　　獲取實務的合法正當性，某種程度依賴於社會企業及其利益關係人對組織的實務運作表達多大的興趣，亦即利益關係人是否會參與組織的治理。從社會企業的觀點而言，將利益關係人納入組織中，最務實的原因莫過於要確保資源，如資金、會員網絡或是專業知識等。這其實也就是資源依賴理論的基本原理，其中一些細微差別在於這些資源必須是讓社會企業組織感到對其有益、有用，而不一定要非常具體。從利益關係人立場來看，參與組織的治理可以從中得到他們所感興趣的好處，如得到資訊、關係網絡等。在上述狀況中，我們可以得知利益關係人參與社會企業的策略，或多或少都跟社會企業與利益關係人間的權力關係有關連。因此，經由制度分析將權力不均衡納入考量，會使我們超越僅對資源的策略及理性計算的限制。舉例而言，現有的董事會成員可能會被擁有豐富資源的利益關係人所把持，例如政府機關或基金贊助單位人士加入董事會，使得社會企業組織為了生存所需，而沒有其他選擇的餘地。照此情形而言，此似乎造成一種強制性的限制，而多過於主動出擊的策略。

　　當利益關係人的社會地位與持有的價值觀，與社會企業的規範價值不謀而合時，社會企業會試圖將這些利益關係人納入其治理架構中，此即稱為道德合法正當性。在此情況之下，將「受益人」納入其治理中是相當典型的作法，如「工作整合型社會企業」會嘗試將組織的員工納入董事會的代表，或是公平貿易型的社會企業會邀請他們的生產者代表加入其董事會中，在此過程中，道德合法正當性就是一個主要的驅動力。再者，招募來自公民社會的志工或是合作伙伴的代表，也是依循此驅力而為。社會企業之所以會如此行動，是因為他們認為「這是正確，且應該做」的事情；然而，他們也可能是在有目的之下為之，甚或不被其他的利益關係人視為是一個「好」的組織。

　　最後，社會企業之所以會納入利益關係人到治理結構中，也有可能是

因為「模仿的過程」，此趨勢透過模仿過程而擴散，原因不在於是實務的或道德的合法正當性，而是因為單純「必須以這種形式才能成事」。雖然這些作法最初是由規範性動機（因為是對的所以去做）而推動，但假以時日之後，變成了若組織沒有照此方式做，後果將會不堪設想。例如，邀請財金或商業專家參與董事會之趨勢不斷向上攀升，並開始成為各個社會企業認同的作法。更廣泛而言，人們視社會企業必須是一種「多元利益關係人」組織的事實，即會促使社會企業認為應該將許多不同的利益關係人納入治理架構。社會企業開始連結其治理的實踐與組織認同感，不論治理成果好或壞（道德合法正當性），或是社會企業組織、利益關係人能否從該作法中得到利益（實務合法正當性）。

以上的論述顯示利益關係人參與治理，已成為許多社會企業組織的實務措施，此現象可以顯示組織實際操作利益關係人參與治理，不僅可以同時透過三種不同的合法正當性的菱鏡來解讀，也可運用資源依賴及合法正當性為基礎的觀點來理解。以下的小節將有更明確的闡述。

肆、比較與闡釋：工作整合型社會企業之個案研究

在先前所提的假設與邏輯導引上，每種不同的方法、途徑皆有部分不同：依據資源依賴理論的說法，參與者對於獲取資源的途徑選擇是理性的，且對於他們所需的資源類別、資源位在何處、如何確保這些資源，都有一定的想法；但在制度論中，組織被認為是相當受到環境的限制，同時也比較不清楚為何與如何要以此方式作為。在社會企業治理的研究領域中，這兩個看似大相逕庭的理論途徑卻能產生互補，故本文建議在社會企業進行利害關係人參與治理實際操作中，此二理論模式可採用「互補」的方式被完整、有系統的檢視。舉例而言，檢驗社會企業的合法正當性，對於瞭解為什麼利益關係人會加入組織，且為什麼會將其資源帶入組織是相當重要的，而這樣的資源交換過程及權力關係，亦可用於瞭解組織合法化的過程。

　　對於大多數利益關係人參與治理的作法，多種資源和合法化的種類是可以被認同的。如在任何組織中，員工會付出他們的勞力；但許多專家、學者認為社會企業的員工，不僅僅提供勞力而已，隨之而來的是各種源源不絕的資源與議題，比如完成社會目標的動機、接受相對於公家機關或是私人營利單位較少的薪資等（Bacchiega & Borzaga, 2001; Chaves & Sajardo-Moreno, 2004）。當這些員工被納入董事會中，他們也會提供對於工作現況及挑戰的資訊，這對於組織管理上有極大助益；由於他們加入董事會，對於組織發展的挑戰會產生更強烈的感覺與訊息，並增加他們承擔義務的意願，以及產生外部效益影響其他工作者。產生上述改變後，隨之而來合法正當性也將受到影響：當員工參與能夠初步回應道德合法化，之前所描述的資源交換就可能透過實務上的合法正當性，成為利益關係人參與社會企業治理的動力。因此，當這些社會企業與員工參與產生連結時，認知的合法正當性也會隨之增長。故可得知，與利益關係人所帶來的資源與支持緊密結合，對於社會企業而言是相當重要的。

　　為了能更具體闡述上述兩種理論模式，我們將以數個WISE的例子加以深入探討。WISE的特點乃聘用被勞動市場邊緣化之人，透過提供工作機會，達成社會目標與專業整合（Nyssens & Grégoire, 2002）。當然，取決於其使命、區域範圍等因素，每種類型的社會企業都有自己的利益關係人治理形貌，因此，以下各節述闡述的個案必然有其解釋上與運用上的限制，吾人必須將其他利益關係人治理的研究個案一起納入觀察與討論，才會完整（例如，請參考Huybrechts, 2012; Mason, 2009; Spear, 2004）。

　　基本上，作為社會企業，WISE屬於「非投資者擁有」（non-investor owned）的組織形式。因此，他們被期待能尋找並發掘其他利益關係人加入其治理結構，經過實證觀察，這可以利用不同路徑來達到此項目標。我們透過三個案例來闡述這些路徑，這三個案例分別為：EcoBis、SD4Earth以及NewImpulse。三個案例的分析資料是來自於一本關於比利時的WISE研究著作（目前尚未出版），透過對受訪組織的工作整合部門之關鍵參與者做深度半結構式訪談；對於被研究的WISE進行直接的現場觀察（包含一般會議的出席情形、參加董事會議、小組委員會議及理事會議），以及

其他各種相關事件的資料蒐集（例如，WISE經理人的訓練、實務工作者導向之研討會），以及文獻檔案的分析及與WISE有關的法律文件（包括法規、董事會議記錄、活動報告、網頁資料等），加以綜合研究。

● EcoBis

EcoBis是一間小型的WISE，2007年時創立於比利時南部的瓦隆自治區（Wallonia Region）。它是一間由單一企業家創立，但有許多利益關係人所共同支持的WISE，這些利益關係人包含了政府的財務金融機構、地方政府以及民間私人。EcoBis提供弱勢族群工作機會，並從事生態復育與隔離相關工作，2010年時，提供了約8個全職的工作機會。

此組織所呈現的多元利益關係人結構，反映其多面向的組織目標（其中包含社會、經濟及政治目標）和多元的獲利來源（直接、間接及公共補助），這些都與該組織所欲達成的社會目的與成就相關。EcoBis的有些重要資源提供者，是透過吸納籠絡的方式成為該組織的董事會成員。確實，有些董事會成員為EcoBis帶來資本與財務資源；有些則引入其他資源，特別是組織管理、財務管理技能，或是目標受益者（弱勢族群）的知識、社會企業領域的專業知識等。有些成員之所以能夠加入董事會，乃因他們有吸引更多客戶的能耐、帶來更多合約，他們代表的是組織潛在商業伙伴。儘管資源依賴理論對於組織如何利用策略性方式，吸納一些具有潛力的資源提供者進入董事會，提出相當有效的解釋，但卻無法說明當這些潛在資源提供者無法帶來所期望的資源時，為何他們還會繼續被邀請為董事會成員？他們持續存在的理由，可以被解釋為因為利益關係人參與治理的事實，尤其是經由籠絡吸納而加入董事會，此結果為組織帶來合法正當性，就如同匯聚人才而形成在地一個強而有理的據點，以及／或是吸引某些專業領域裡的知名人物加入治理一樣。此類合法正當性一部分即是所謂的實務性質，譬如，由於EcoBis的在地連結性很強，地方政府或一些機構因此會使用EcoBis的服務來更新修補他們的建築物，此強而有力的連結給予社會企業與政府的津貼補助串接的管道。然而，這類合法正當性也是認知性質的，因為WISE已逐漸成為地方政府推動就業政策的偏好工具，故我們

很難想像聚焦在此就業政策領域的新進WISE，其組織經營與發展若缺少地方政府的象徵性支持，會出現何種局面。

最後，即使地方政府的法律明確規範員工參與WISE的治理，EcoBis依舊僅簡單將其員工的治理參與，定位在給予員工有關組織運作的定期資訊以及目前經營的現況，特別是提供財務表現的狀況。事實上，儘管法律鼓勵組織的員工取得參與董事會的代表權，但在規範性趨勢上，董事會的氛圍與運作還是傾向於反應組織的效率與專業性，因此，此現象可以解釋為何專業人士參與WISE的治理較員工來得多、來得容易，當然，此多少也與員工不甚積極與低意願體察此現象箇中的意涵有關。

● SD4Earth

SD4Earth是一個由四個WISE所組成的集團組織，最初於1949年在比利時南部的瓦隆自治區成立，並於1970到1980年間開始透過一群公民團體積極倡議而發展茁壯。此集團從事的是紡織品、紙類及塑膠回收的工業活動。至今，SD4Earth已經提供超過300個工作機會給弱勢族群。

如同EcoBis一樣，SD4Earth也需要關鍵性資源以滿足其目標，這些關鍵性資源包含市場與非市場的財務資源、人力資源、資訊等。但不同於EcoBis，SD4Earth沒有將這些外部資源提供者納入其董事會中。在SD4Earth中，他們使其社會目的與宗旨實踐的第一受益者，也就是員工，透過參與會員大會，行使他們對於組織的策略決策的發言權。這樣的模式乃奠基於參與式管理，是透過幾乎都是由員工組成的會員大會，做出整個集團的策略決策以及界定政策內容與方向，並且服從「人人皆可平等發言」（one person, one voice）的民主原則。組織賦予員工機會，透過規律、透明、清楚的組織現況資訊，扮演積極、參與的治理角色。

SD4Earth的利益關係人參與反映整個集團對於工作整合的社會目標，這也是一種保護機制，確保一般大眾有優先權力參與其中，而非特定的利益團體。該集團總裁及執行董事曾說：「這樣的參與模式是重視一般普遍利益的唯一途徑，否則通常都是由某人做出決議，卻損害到其他多數人的權益，而這樣的參與模式也可以確保每個人都找到各自生活的尊嚴。」

　　初看起來，資源依賴理論在此個案中似乎不太能解釋我們所觀察到此組織運作的現象。其實，SD4Earth的治理措施反映了道德合法正當性的觀點，亦即WISE應該如何將其利益關係人納入治理的過程，尤其是對於組織認定最優先的受益群體。這樣的作法可能與1970年當時的社會脈絡有關，彼時的社會運動，包含經濟領域，皆要求組織應採取更「民主」的手段，使得員工的治理參與被認為是受到強烈的規範性制度的影響，故此脈絡與實踐成為SD4Earth重要的合法正當性參照。如今，這家社會企業成為人們討論「自我管理」（認知的合法正當性）中，最常被提及與引用的案例之一。

　　SD4Earth並不限制自己僅在尋求「道德的合法正當性」下，採取積極的內部或外部認為正當的措施為滿足。反之，該組織努力以赴創造出「具有社會目的的公司」的法律架構，進而促使該組織治理模式為多數人所承認，並廣為推廣散布。且這樣的組織治理運作模式也正式在法律上有所規範，成為多數比利時WISE的首選，從而提升員工的治理參與，並迫使更多類似組織給予就業滿一年之上的員工，有權力成為會員大會的一員，當組織做出重大決定時，為自己的權益發聲。

　　SD4Earth的員工積極參與組織的治理，提供了相當重要的認知與道德合法正當性，歷經這麼多年來，已促成了該集團組織接近取得他們所需的資源，如政府的公共服務採購、津貼補助、志願服務等。從規範性觀點而言，有趣的是，社會及專業整合領域的專家也鼓勵這種形式的運作，因為它能夠為組織的員工帶來「賦權」（empowerment）的效用。受益者運用此共同建構的治理模式，成為了自我賦權的參與者。最後，籠絡吸納策略性資源提供者的作為似乎在此（SD4Earth）較不需要，因為此WISE已發展出大規模的聯盟合作策略，譬如，在許多組織所建構的網絡（通常是由自己所創建）中積極參與，並踴躍出席促進公眾意識覺醒或遊說的活動。

● NewImpulse

　　第三個WISE案例，是採取一種在WISE中較少見的組織治理模式。NewImpulse是一個於2008年在比利時布魯塞爾（Brussels）成立的小型

WISE，主要是提供清潔作業服務的技術零件，至2011年止，提供了約8名全職工作機會。此WISE是由幾名大型私人FPO的經理人，經由企業社會責任的方式轉變而成立的。NewImpulse呈現的是一種非典型的治理模式，一方面是源自於該組織的創造性動能，另一方面則是這些經理人在舊有總公司的整合經驗。NewImpulse的治理模式特色，在於董事會由總公司的高階管理人組成，而日常管理則授權於總公司雇用的員工（同時替總公司與NewImpule工作）。總公司與NewImpulse維持緊密連結的互動關係，不僅僅是在管理層面，更在於總公司分享其客戶給NewImpulse，以確保其財務運作健全。

　　資源依賴理論非常適合用來解釋此案例的運作情形。財務資源、管理技能、技術、設備等是經由董事會同意而由總公司提供。然在NewImpulse中，董事不僅在NewImpulse董事會行使權力，他們還握有替總公司決策的權力，以及經費控管的責任。重要資源皆來自於總公司的運作模式，可以解釋為何NewImpulse的董事會成員是從總公司指派擔任的。

　　但制度論可以更深入分析此案例。由於現今環境脈絡認為，社會企業應導向專業化與注重績效，因此組織的治理若能讓大型營利公司的頂尖管理人才加入董事會，可以使NewImpulse聚集具有市場導向之利益關係人加入治理行列，而獲得更多合法正當性。此社會企業組織模式是效仿營利模式，並得利於一個強力的企業組織的合法正當性，此至少在經濟目標上能夠達成組織所期望的績效。關於該組織對於社會目標的實踐，值得注意的是NewImpulse準備聘請一位社會企業經營的專業顧問，在此領域中發揮專長以增強其合法正當性。由於在布魯塞爾，並不像在瓦隆一定得被認定為WISE才能取得政府的經費補助，故NewImpulse志願性地採納「擁有社會目的之公司」的形式，以增強其社會合法性。最後一點值得注意的是，NewImpulse會為了獲取與學習不足的技能，而與其他社會企業伙伴營造雙贏的合作關係；事實上，相較於採取籠絡吸納的策略，NewImpulse更喜歡運用策略結盟的方式來取得不足的資源。

　　NewImpulse也試圖向其他私人營利公司展示在組織的治理上，與員工如此互動合作的可能性與可行性，並積極對外推廣此治理模式。基於上述

理由，人們（利益關係人）參與NewImpulse的治理，可以經由正式法規的邀請途徑，例如成為董事成員，或透過非正式的接觸，皆有助於NewImpulse推廣此模式。確實，董事們在許多企業社會責任的活動場合中，完整、詳細介紹NewImpulse，一些潛在的私人營利公司因而會開始對推展社會創新活動有興趣。除營利領域方面的推廣，NewImpulse與一些社會企業的重要領導者也有合作關係，這也利於他們將此模式在其他不同類型的社會企業領域推廣。

伍、結論

本章目的乃運用理論深入分析關於社會企業治理過程中，利益關係人參與組織治理的議題。為此，在組織研究中，常引用兩個相關的理論模式：資源依賴理論與制度理論。由於此兩理論前提假設不同，因而他們可以互補解釋，分別透過資源以及合法正當性，檢視利益關係人參與治理的作法。本文透過三個比利時WISE的研究個案，闡述基於資源依賴與合法正當性的基礎，對於利益關係人參與組織治理的適當性與互補性。在此三個研究案例中，我們同時運用資源依賴與制度理論解釋該組織的治理運作模式。雖然有時某一種理論觀點在特定案例、時間脈絡或是特定的利益關係人參與情形下，可以明顯解釋之；但沒有單一理論可以單獨且完整說明，為何不同的利益關係人會參與社會企業的治理。

如何更詳細探討合法正當性與資源尋求之間的互動關係，需要更細緻的研究。作者強調深化探討社會企業中較具有代表性的案例，可以更廣泛檢視利益關係人參與組織治理的過程，不只透過正式治理結構，也探討非正式、日常的組織運作，觀察不同的社會群體間彼此的權力與角力，會使研究成果更為顯著。未來的研究，建議找出瞭解利益關係人如何參與治理的過程與相關措施，以及在此過程中究竟是如何與尋求資源的策略、何種合法正當性模式的影響，以及其他因素有所關連的一組解釋因素。如此，有助於將利益關係人參與治理的措施，與社會企業治理的生命週期模式整

合，而可以有更周詳的觀察與分析（Miller-Millesen, 2003; Rijpens, 2010）。

　　本章的最後一個貢獻在於強調，我們的研究成果已超越「社會企業是一個能夠給他們的利益關係人在治理參與上發聲的好組織」的規範性描述。雖然我們可以發現在組織行動者當中，有些利益關係人的治理參與是因為規範性的理由，但本章作者認為這種現象毋寧是反映了更廣泛的規範性壓力所致。再者，如同本章的分析，在社會企業中，許多影響治理參與的因素超越規範性導向，例如資源的穩定、務實與認知合法性，這些因素應該在探討社會企業治理的「利益關係人參與」或是「多元利害關係人」時被強調：如果這些因素在社會企業中被察覺，不應該被描述為「自然」或是「好」的現象，而是反映組織的策略與象徵這些組織依賴多元資源及合法正當性。

參考文獻

Aldrich, H. E., & Fiol, C. M. (1994). Fools rush in? The institutional context of industry creation. *Organization Studies, 19*(4), 645-670.

Bacchiega, A., & Borzaga, C. (2001), Social enterprises as incentive structures. In C. Borzaga & J. Defourny (Eds.), *The emergence of social enterprise* (pp. 273-295). London and New York:Routledge.

Battilana, J., & D'Aunno, T. (2009). Institutional work and the paradox of embedded agency. In T. B. Lawrence, R. Suddaby, & B. Leca (Eds.), *Institutional work*. Cambridge, UK: Cambridge University Press.

Borzaga, C., & Spear, R. (2004). *Trends and challenges for co-operatives and social enterprises in developed and transition countries*. Trento, Italy: Edizioni31.

Campi, S., Defourny, J., & Grégoire, O. (2006). Work integration social enterprises: Are they multiple-goal and multi-stakeholder organizations? In M. Nyssens (Ed.), *Social enterprise*. At the crossroads of market, public policies and civil society.London, UK: Routledge.

Campi, S., Defourny, J., Grégoire, O., & Huybrechts, B. (2012). Les entreprisessociales d'insertion: des parties prenantes multiples pour des objectifsmultiples? In L. Gardin, J. -L. Laville, & M. Nyssens (Eds.), *L'insertion par l'économique au prisme de l'entreprisesociale: un bilan international*. Paris, France: Desclée De Brouwer.

Carroll, A. B. (2004). Managing ethically with global stakeholders: a present and future challenge. *Organization Studies, 18*(2), 114-124.

Chaves, R., & Sajardo-Moreno, A. (2004). Social economy managers: Between values and entrenchment. *Annals of Public & Cooperative Economics, 75*(1), 139-161.

Clarkson, M. B. E. (1995). A stakeholder framework for analyzing and evaluating corporate social performance. *The Academy of Management Review, 20*(1), 92-117.

Cornforth, C. (2004). The governance of cooperatives and mutual associations: A paradox perspective. *Annals of Public and Cooperative Economics, 75*(1), 11-32.

Dacin, P. A., Dacin, M. T., & Matear, M. (2010). Social entrepreneurship: Why we don't need a new theory and how we move forward from here. *Academy of Management Perspectives, 24*(3), 37-57. doi: 10.5465/amp.2010.52842950

Defourny, J. (2001). From third sector to social enterprise. In C. Borzaga& J. Defourny (Eds.), *The emergence of social enterprise* (pp. 1-28). London, UK: Routledge.

Defourny, J., & Nyssens, M. (2006). Defining social enterprise. In M. Nyssens (Ed.), Social enterprise. *At the crossroads of market, public policies and civil society* (pp. 3-26). London, UK: Routledge.

deGraaf, F., & Herkströter, C. (2007). How corporate social performance is institutionalised within the governance structure. *Journal of Business Ethics, 74*(2), 177-189.

Freeman, R. E., & Reed, D. L. (1983). Stockholders and stakeholders: A new perspective on corporate governance. *California Management Review, 25*(3), 88-106.

Froelich, K. A. (1999). Diversification of revenue strategies: Evolving resource dependence in nonprofit organizations. *Nonprofit and Voluntary Sector Quarterly, 28*(3), 246-268. doi: 10.1177/0899764099283002.

Gardin, L. (2006). A variety of resource mixes inside social enterprises. In M. Nyssens (Ed.), *Social Enterprise. At the crossroads of market, public policies and civil society* (pp. 111-136). London, UK: Routledge.

Haugh, H. (2007). Community-led social venture creation. *Entrepreneurship: Theory & Practice, 31*(2), 161-182. doi: 10.1111/j.1540–6520.2007.00168.x

Henry, A. (2010). Le financement.In S. Mertens (Ed.), *Le management des entreprisessociales*. Liège, Belgium: Edipro.

Huybrechts, B. (2010). The governance of fair trade social enterprises in Belgium. *Social Enterprise Journal, 6*(2), 110-124.

Huybrechts, B. (2012). *Fair trade organizations and social enterprise.Social innovation through hybrid organization models*. New York, NY: Routledge.

Huybrechts, B., & Nicholls, A. (2012). Social entrepreneurship: definitions, drivers and challenges. In C. K. Volkmann, K. O. Tokarski, & K. Ernst (Eds.), *Social entrepreneurship and social business. An introduction and discussion with case studies*. (pp. 31-48). Wiesbaden, Germany: Springer Gabler.

Labie, M. (2005). Economiesociale, non profit, tiers-secteur: à la recherche d'un cadre de gouvernanceadéquat. In A. Finet (Ed.), *Gouvernementd'entreprise. Aspects managériaux, comptableset financiers* (pp. 101-124). Bruxelles, Belgium: De Boeck.

Laville, J. -L., & Nyssens, M. (2001). The social enterprise: Towards a theoretical socio-economic approach. In C. Borzaga& J. Defourny (Eds.), *The emergence of social enterprise* (pp. 312-332). London, UK: Routledge.approach.

Lawrence, T. B., & Suddaby, R. (2006).Institutions and institutional work. In S. R. Clegg, C. Hardy, T. B. Lawrence, & W. R. Nord (Eds.), *The Sage handbook of organization studie*s. London, UK: Sage.

Lawrence, T. B., Suddaby, R., &Leca, B. (2009). *Institutional work*. Cambridge, UK: Cambridge University Press.

Leca, B., Battilana, J., & Boxenbaum, E. (2008). Agency and institutions: A review of institutional entrepreneurship *HBS Working Paper*. Cambridge, MA: Harvard Business School.

Maguire, S., Hardy, C., & Lawrence, T. B. (2004). Institutional entrepreneurship in emerging fields:HIV/AIDS treatment advocacy in Canada. *Academy of Management Journal, 47*, 657-679.

Mason, C. (2009). Governance and SEs. In B. Doherty, G. Foster, C. Mason, J. Meehan, K. Meehan, N. Rotheroe, & M. Royce (Eds.), *Management for social enterprises*. London, UK: Sage.

Mertens, S. (Ed.). (2010). *Le management des entreprisessociales*. Liège, Belgium: Edipro.

Meyer, J. W., & Rowan, B. (1977). Institutionalized organizations: Formal structure as myth and ceremony. *American Journal of Sociology, 83*(2), 340-363.

Meyer, J. W., & Rowan, B. (1991). Institutionalized organizations: Formal structure as myth and ceremony. In W. W. Powell & P. J. DiMaggio (Eds.), *The new institutionalism in organizational analysis*. Chicago, IL: The University of Chicago Press.

Middleton, M. (1987). Nonprofit boards of directors: Beyond the governance function. In W. W. Powell (Ed.), *The nonprofit sector: A research handbook* (pp. 141-153). New Haven, NY: Yale University Press.

Milgrom, P., & Roberts, J. (1992). *Economics, organization and management*. Englewood Cliffs, NJ: Prentice Hall International.

Miller-Millesen, J. L. (2003). Understanding the behavior of nonprofit boards of directors: A theory-based approach. *Nonprofit and Voluntary Sector Quarterly, 32*(4), 521-547. doi: 10.1177/0899764003257463

Mitchell, R. K., Agle, B. R., & Wood, D. J. (1997). Toward a theory of stakeholder identification and salience: Defining the principle of who or what really counts. *Organization Studies, 22*(4), 853-886.

Münkner, H. -H. (2004). Multi-stakeholder co-operatives and their legal framework In C. Borzaga & R. Spear (Eds.), *Trends and challenges for Co-operatives and Social Enterprises in developed and transition countries*. Trento, Italy: Edizioni31.

Nicholls, A., & Cho, A. H. (2006). Social entrepreneurship: The structuration of a field. In A. Nicholls (Ed.), *Social entrepreneurship. New models of sustainable change* (pp. 99-118). Oxford, UK: Oxford University Press.

Nyssens, M. (Ed.).(2006). *Social enterprise.At the crossroads of market, public policies and civil society*. London, UK: Routledge.

Nyssens, M., & Grégoire, O. (2002). Les entreprisessocialesd'insertion par l'économique en Belgique. *EMES Working Paper* (02/03).

Pestoff, V., & Brandsen, T. (2009). *Co-production.The third sector and the delivery of public services*. London, UK: Routledge.

Pestoff, V., Brandsen, T., & Verschuere, B. (2012). *New public governance, the third sector and co-production*. London & New York: Routledge.

Petrella, F. (2003). *Uneanalysenéo-institutionnaliste des structures de propriété "multistakeholder". Une application aux organisations de développement local*. (Thèse en vue de l'obtention du grade de docteur en sciences économiques), Université Catholique de Louvain, Louvain-la-Neuve.

Pfeffer, J., & Salancik, G. (1978). *The external control of organizations: A resource dependence perspective*. New York, NY: Harper & Row.

Polanyi, K. (1944). *The great transformation*. New York, NY: Rinehard & Company.

Rijpens, J. (2010). La gouvernance des entreprisessociales. In S. Mertens (Ed.), *Le management des entreprisessociales*. Liège, Belgium: Edipro.

Scott, W. R. (2008). *Institutions and organizations*. Ideas and interests (3rd ed.). Thousand Oaks, CA: Sage.

Spear, R. (2004). Governance in democratic member-based organizations. *Annals of Public and Cooperative Economics, 75*(1), 33-59.

Spear, R., Cornforth, C., & Aiken, M. (2009). The governance challenges of social enterprises: Evidence from a UK empirical study. *Annals of Public and Cooperative Economics, 80*(2), 247–273. doi: 0.1111/j.1467–8292.2009.00386.x

Suchman, M. C. (1995). Managing legitimacy: Strategic and institutional approaches. *The Academy of Management Review, 20*(3), 571-610.

Tolbert, P. S., & Zucker, L. G. (1996).The institutionalization of institutional theory. In S. R. Clegg & C. Hardy (Eds.), *Studying organization. Theory & method*. London, UK: Sage.

Vidal, I. (2013). Governance of social enterprises as producers of public services. In P. Valkama, S. J. Bailey, & A.-V. Anttiroiko (Eds.), *Organizational innovation in public services: Forms and governance*. New York: Palgrave Macmillan.

第二篇
臺灣與香港的社會企業治理
2006-2013年的實證資料分析

第三章
社會企業治理的實證研究
臺灣與香港的比較

官有垣、陳錦棠、王仕圖

壹、前言

　　社會企業的定義至今沒有一個定論，不論是在歐洲或美洲，社會企業以許多不同的組織形式存在，譬如NPO主動採取商業手段以獲取所需資源；或者在政府的政策鼓勵下，NPO以達成社會使命為目標而採用商業策略來獲得資源；也有營利的企業組織在「企業社會責任」的驅使下，從事實踐社會目的之事業（Johnson, 2000: 5）。若從NPO的組織角度界定社會企業，則「社會企業」基本上是指一個私人性質非以營利為目的之組織，致力於提供「社會財」（social goods），除了有NPO的傳統經費（如捐款與志願服務的參與）來源外，還有相當部分包括商業的營利收入（譬如從政府部門撥款者與私人營利部門的消費者獲得經費）以及商業上的活動。（Kingma, 1997；Borzaga and Solari, 2004）總之，Dees（1998）強調社會企業組織是變遷的代理人，其運作模式具有提高財務穩定性、提升服務品質、提供工作機會給弱勢族群，以及促進組織專業化等優點。

　　根據Defourny和Nyssens（2010）的論述，在1990年以前的歐陸與美國學界，有關「社會企業」、「社會創業精神」（social entrepreneurship）和「社會企業家」（social entrepreneur）等概念，均少見公開的討論，然而目前在歐陸與美國兩地，此概念的發展卻有實質的突破。2000年迄今，其他地區如東亞和拉丁美洲，也日益對此概念的內涵與相關研究深感興趣。社會企業概念第一次出現在歐洲的時間是1990年，由於受到義大利合作社運動的推波助瀾，進而成為第三部門研究的核心；1991年時，義大利國會通過了一項律法，特別為「社會合作社」訂定了法律的框架，該法付諸實施後，義大利的社會合作社在數量上快速成長。在美國，社會企業家與社會企業等概念亦出現於1990年代初期，例如哈佛商學院在1993年開設了「社會企業的創始」（Social Enterprise Initiative）課程與研究，就是一個劃時代的重要里程碑。

　　Defourny和Nyssens（2010）指出，有關社會企業的發展，在大西洋兩岸雙方共同的特質是，受到社會目的驅使的新型態創業行為因而蓬勃發展的領域，其實是構建於第三部門之中。雖然在歐洲，第三部門的範疇包括

了合作社組織，但在美國，基金會卻扮演了核心的角色。事實上，根據多數歐洲的傳統（Evers and Laville, 2004），第三部門集結了合作社、協會、互助會社和日益增加的基金會等類型的組織，換言之，其範圍是包含了所有的NPO，亦即是不以為創辦人或經營者追求利潤極大化的組織。因而，在某些歐洲國家，人們以「社會經濟」（social economy）一詞稱呼「第三部門」，意謂這是一種透過經濟活動追求實踐民主與分配正義的方式，而對於社會企業和創業精神等概念的後續演變，賦予了深厚的意涵。

　　官有垣、陳錦棠、王仕圖三人在2006年中組成研究團隊，從事「香港、臺灣和上海兩岸三地社會企業的能力建構」研究。該研究聚焦於探索臺灣與香港社會企業的組織特質與運作的異同，強調香港和臺灣雖然同為華人社會的兩地，但各自身處的政經結構、文化脈絡和社會環境卻有差異，二地所發展的社會企業具有哪些特徵和功能？各地在運作、管理、法規等許多方面有何不同？探索這些問題，對釐清和豐富社會企業的概念，以及發展社會企業的理論與實踐模式大有裨益。該研究採取問卷調查與個案訪談的方式蒐集資料，尤其，研究團隊分別向香港和臺灣兩地運作的社會企業派發自填問卷，透過量化的方式瞭解社會企業在兩地的運作、管理狀況及人力資源等的情況。具體的成果在於比較臺港社會企業的發展歷史和背景、組織的運作與管理機制、該類組織的發展過程，以及與政府及企業部門的互動關係。

　　接著，在2009年6月，官有垣接受經濟部的委託，主持一項大型的研究計畫「臺灣慈善能力建構之研究──抗貧的經驗與策略」，為期一年至2010年5月止。研究團隊以2006年的調查問卷為藍本加以修訂增刪，實施臺港兩地的問卷調查，並針對臺灣與香港各六家WISE進行個案研究。

　　官、陳、王的臺港社會企業的比較研究，無論是2006年的調查或2010年的追蹤調查，皆有一小部分問項觸及兩地社會企業的治理議題，分別是：(1) 機構為因應「產銷營業」單位的設置，而在組織的架構上有何改變？(2) 機構的董理事會如何因應社會企業而做出調整？(3) 機構的行政領導階層（如執行長、總幹事、秘書長）如何因應社會企業而做出調整？本文作者從2006年一路研究臺港的社會企業以來，一個深刻的體驗即是，社

會企業的治理相關議題的研究，對於深進一層瞭解該類組織的運作、管理及產出效能有其重要意義，並對公部門與社會企業的互動上有其重要的政策意涵。所謂「治理」一詞，其指涉的是統理一個組織的過程。社會企業的治理是要達成組織設定的目標、確保管理與策略的指引朝向對的方向邁進，以增強組織的能力，進而實踐組織的宗旨與使命（Schmidt and Brauer, 2006）。本文即是針對作者從2006至2010年期間對臺灣與香港社會企業的治理議題所做的比較研究發現，予以系統性的分析。

貳、臺灣與香港的社會企業發展概況

一、臺灣的社會企業發展情形

從1990年代初期迄今約莫二十年，這段時間是臺灣社會變動最迅速的時期，無論是政治、經濟、人口結構、社會需求都面臨快速的轉變。各式各樣的NPO在這種環境之下日趨增多與成長，由於組織間資源的競逐日趨明顯，以及政府為解決嚴重的失業問題及其他紛雜的社會問題，而亟欲將NPO納為協助者所產生的各式政策誘導，因而近十年來，臺灣的NPO中有著相當數量的組織在實踐其社會公益目標之際，也不斷朝著市場化與產業化的方向發展，因此所謂的「社會企業」，在臺灣不但在概念上有可對應之處，在實體的操作面上也有具體的物像存在（官有垣，2007）。換言之，臺灣從1990年代初期即已開始出現一些採行商業手段或創設事業單位經營的NPO，如喜憨兒社會福利基金會的烘焙坊與餐廳、伊甸社會福利基金會的輪椅事業、陽光社會福利基金會的洗車中心與加油站、荒野保護協會販售保護荒地書籍、卡片以及付費的生態之旅等諸多實例。另外，從1990年末迄今，政府部門為舒緩失業率帶給社會的衝擊，因而陸續推出「福利產業化」政策、勞委會的「多元就業服務方案」，以及經建會、衛生署與社政單位推動的「照顧服務產業」等，許多NPO開始在例行性營運計畫加入營利的商業行為，基本上即類似歐陸國家推動的「社會經濟」或「社會企業」的類似作法（官有垣，2012）。

　　官有垣（2007）認為，臺灣NPO社會企業興起的因素可歸納為：(1) 因應社會的需求；(2) 尋求財務的穩定與自主；(3) 社會福利民營化與購買式服務的促使；(4) 政府的政策誘發與經費補助；(5) 企業日漸重視社會責任的實踐。再者，就社會企業組織的分類，臺灣的社會企業大致上可分為五種類型：(1) 積極性就業促進型（或稱為「工作整合型」）[1]；(2) 地方社區發展型；(3) 服務提供與產品銷售型；(4) 公益創投的獨立企業型；(5) 社會合作社。這五種類型的社會企業雖各有其獨特的組織特質與關懷對象，例如類型一特別關照被社會排除的弱勢者之就業問題，而類型二著重協助地方社區的人文與產業經濟發展，至於類型四則強調以營利公司的創設及盈餘來支持NPO的公益活動；然而這五種類型的特質與構成要素也非彼此完全互斥，單一社會企業可能同時兼具其他類型組織的特色。

　　政府在社會企業發展過程中扮演何種角色？官有垣（2007）強調，在臺灣，政府確實在NPO社會企業的開創與維繫上有多方面的協助，最顯著的即是人事薪資的補助，以及地上物與土地承租的特許，使得這類NPO能夠避開NPO在這方面的競爭，尤其是特許權的作用，使得NPO能夠在某些營業領域裡受到保護，以及獲得具優勢的經營條件；相對而言，政府也換得NPO的支持，協助其解決不少社會上的棘手問題，如中高齡的失業、老人的照顧問題、各類身心障礙者的復健、職訓與就業的安置等。不過，天下沒有白吃的午餐，政府的政策誘導與資源的給予，有利於NPO社會企業的發展，也有不利其發展的地方。NPO要經營社會企業，不只是在經費上能夠獲得外界的奧援，相關知識技術的引進、專業人力的維繫與產品品質的堅持，以及管理能力的養成，皆是社會企業成功的重要因素。

1　「積極性就業促進的社會事業」（Affirmative businesses）極為關切那些被社會排除的弱勢團體（尤其是身心障礙者），因此藉由提供工作給這些人們，使之整合入勞動力市場。多數這一類型的社會企業是由身心障礙者領域的志願性、非營利組織所經營，他們設立工作坊或庇護工場以提供職業訓練與就業機會。這種就業促進模式強調為智障者、肢障者、女性、原住民，以及經濟或教育方面的弱勢者提供職業訓練、工作機會、提供一般市場水準的工資，以及輔導創業，已逐漸被愈來愈多的NPOs所仿效，而政府在舒緩失業率帶給社會衝擊上的各種因應策略中，此模式也被積極運用，其目的即期盼對那些長期失業者與弱勢者，嘗試將他們重新整合入勞動力市場（摘譯自Kuan and Wang, 2010）。

二、香港的社會企業發展情形

根據陳錦棠（2005, 2006）的研究，香港的社會企業之運作亦是在1990年代初期出現，組織數量在1990年代末期增加，而在2000年之後正式進入公共論述，並漸漸擴大。社會企業出現的基礎可以歸結為在當時社會經濟條件下，政府政策取向和民間社會行動之間的互動影響所產生的結果。隨著社會面對經濟下滑的問題，社會企業的發展應運而生。社會主流論述中，社會企業的目的主要包括創造就業及創造與就業相關的培訓機會，其中在早期發展中所提倡的社會企業概念，則集中於WISE；其次，也有部分社會企業集中其他社會議題的服務。社會企業在香港發展若從1990年代末算起，至今已有十餘年的光景，儘管現時社會企業在本質上仍然非以一個法律實體的地位存在，但「社會企業」這個詞彙卻已在香港的社會公共領域中廣泛討論。現時社會各界對社會企業的論述一般都將社會企業定義為，透過運用企業及商業手段以達成社會目的的工作單位。然而即使社會企業的商業運作與營利目標直接掛鉤，但是利潤產生的意義本質在於讓單位達到自負營虧，且讓社會目標得以進一步發展，而不是股東之間的利潤再分配。

就社會企業的模式與運作結構體系而言，在過去的十年之間，香港的社會企業無論在營運形式及種類方面都變得更多樣化和多元化。首先，以社會企業的本質與目標觀之，總體來可概括為三種不同主要模式，即就業整合、社區營造及公益創投。其次，就「商業模型與管治結構」而言，香港的社會企業在選擇營運模式可分為：(1) 附屬單位模式（Subsidiary Unit Model）；(2) 社區企業模式（Community Social Enterprise Model）；(3) 合作社模式（Social Cooperative Model）；(4) 中小企業模式（Small and Medium-Sized Enterprise Model）；以及(5) 跳蚤市場模式（Flea Market Model）。

香港的社會企業在十多年的發展足跡裡，委實碰到不少的困難和挑戰，譬如「如何平衡社會目標與經濟目標？」社會企業的重點固然是強調以經濟方法建設社會目標，可是在不少的決策和執行中都很難平衡兩者，

例如在營運狀況欠佳下我們會否辭退員工（亦是弱勢社群的服務對象），以減輕運營成本？再者，能力建設、市場限制、營運環境等皆是其面對的主要困境與挑戰。然而，陳錦棠（2005，2006）亦樂觀地強調，香港社會企業的出現讓社會福利投放模式離開傳統單向提供服務的方式，轉化為協助弱勢發展資產，並重新投入生產市場的社會投資取向。縱觀近期的發展，帶動更多對商業模式的關注，其中推動了社會企業精神的發展，無疑對社會企業的運作帶來更多正面的影響。

參、臺港社會企業治理的研究

一、治理的研究議題

本文探討臺港兩地社會企業的治理結構與功能的相關問題如下：

（一）兩地社會企業現階段的組織架構與單位功能，以及近幾年來的演變為何？有無在母機構內成立事業體專責單位，抑或成立獨立的營利法人機構，但受母機構的控管？此可歸類為「組織治理架構」議題。

（二）兩地社會企業的董理事會的組成結構、董理事成員在社會企業的經營管理上扮演了哪些角色，以及該組織從事業單位成立以來，董理事會的組成結構經歷了哪些的改變，理由為何？而兩地社會企業的董理事會成員組成，呈現的是單一利益關係人特質或多元利益關係人特質？又兩地的社會企業的治理型態到底是偏向公司治理模式，還是傳統慈善的民主參與治理模式（Democratic Participation Model）？而此轉變對於社會企業的發展帶來的影響又為何呢？此可歸類為「董理事會的組成與功能」議題。

（三）兩地社會企業的執行長（總幹事、秘書長）之專業背景、在社會企業營運上的職務角色，以及其與董理事會成員之間的互動情形為何？從執行長的觀點來看，董理事會成員對於社會企業單位的經營與發展發揮了哪些功能、有何限制，以及對其功能發揮的期待為何？此可歸類為「董理事會與執行長的互動」議題。

（四）兩地社會企業的治理功能及表現，與事業體之人力資源聘用的

影響關係，此乃「組織的治理功能與人力資源的專業化」議題。

　　歸結而言，社會企業組織在臺灣與香港兩地的發展，近十年以來，係處於方興未艾、猶在不斷成長的階段，尤其兩地的WISE在解決失業問題與舒緩貧窮現象上，扮演了實質助益的角色。瞭解組織的治理情況與功能發揮良窳，可以指引社會企業如何有效實踐其社會價值，並發揮社會影響力，畢竟社會企業存在的目的，除了工具性的經濟目的外，最重要的即是達成社會目的。

二、治理研究的實證分析

　　本文作者的臺港社會企業比較研究，無論是2006年的調查或2010年的追蹤調查，皆有一部分問項觸及兩地社會企業的治理議題，分別是：(1) 機構為因應「產銷營業」單位的設置，而在組織的架構上有何改變？(2) 機構的董理事會如何因應社會企業而做出調整？(3) 機構的行政領導階層（如執行長、總幹事、秘書長）如何因應社會企業而做出調整？兩次的調查研究發現可歸納分析如下：

　　為因應社會企業銷貨及營業單位的設立，臺灣的社會企業在組織架構的因應與調整方面，就整體的比例分布方面，2006年和2010年的調查結果顯示，均以「並未成立專責單位，由機構的行政管理部門直接綜合規劃辦理」的比例最高。兩個年度的次高比例均為「設立專責單位與組織中其他部門做出專業分工，並互相配合」項目。就社會企業組織架構的發展而言，臺灣的社會企業可能受限於經營的規模限制，不容易設置專責單位，因此造成在機構行政管理方面，多數組織未因此調整組織的分工。但是就發展趨勢而言，設立專責單位的比例則有成長的現象，以兩個不同年度的比較可以看出，有設立專責單位的機構成長了一成左右（30.2% → 39.7%），此意謂了臺灣社會企業的運作，在組織內部中進行分工調整有成長的趨勢。而此趨勢同樣顯現在香港的社會企業之組織架構的因應與調整。然而就社會企業組織是否有成立營利性質的「公司」，由其獨立負責該營業項目，再以盈收回饋母機構或贊助其他公益團體，香港的社會企業在這方面的發展顯然比臺灣的社會企業稍稍往前踏進一步（見表3-1）。

表3-1　臺、港兩地社會企業為因應「產銷營業」單位的設置，而在組織架構上的改變（2010）

	香港		臺灣	
	個數	百分比	個數	百分比
(1) 設立專責單位（如生產事業部、產銷委員會等）與組織中其他部門做出專業分工，並互相配合。	16	36.4	44	40.0
(2) 並未成立專責單位，由機構的行政管理部門直接綜合規劃辦理。	20	45.5	54	49.1
(3) 成立營利性質的「公司」，由其獨立負責該營業項目，再以盈收回饋母機構或贊助其他公益團體。	6	13.6	10	9.1
(4) 其他	2	4.5	2	1.8
合計	44	100.0	110	100.0

　　關於機構的決策與執行單位如何因應社會企業而做出調整方面，首先是「機構的董理事會如何因應社會企業而做出調整」，兩次的調查顯示，從2006年至2010年的演變趨勢，大致上臺灣與香港是相似的，即社會企業的董事會組成並未因機構投入社會企業的經營，而調整其成員組成之比例為最高；但是在香港方面，2010年的調查顯示該項比例已大幅從2006年的90%縮小為2010年的55%，而「董理事會成員中擁有商業企管或財稅相關背景者比例提高」的比例卻有較大幅的成長（2006：5%；2010：25%）；然而在臺灣方面，「董理事成員未因『產銷營業』單位的設立而進行調整」的比例，兩個年度的調查結果顯示不分軒輊。就以2010年的調查資料顯示，無論是「董理事成員中擁有商業企管或財稅相關背景者比例提高」或「董理事成員中擁有法律與公共行政等相關背景者比例提高」，香港社會企業的治理決策單位在這兩方面的組成比例皆要比臺灣的高出許多（見表3-2）。顯然，香港社會企業要比臺灣社會企業在董事會決策階層的組成因應上，更為重視聘請擁有商業企管、財稅、法律、公共行政相關背景者加入。

表3-2   臺、港兩地社會企業為因應「產銷營業」單位設置，而在董理
事會的改變（2010）

	香港		臺灣	
	個數	百分比	個數	百分比
(1) 董理事成員中擁有商業企管或財稅相關背景者比例提高	11	25.0	15	14.3
(2) 董理事成員中擁有法律與公共行政等相關背景者比例提高	5	11.4	3	2.8
(3) 董理事成員未因「產銷營業」單位的設立而進行調整	24	54.5	82	78.1
(4) 其他	4	9.1	5	4.8
合計	44	100.0	105	100.0

　　至於執行長（總幹事、秘書長）的部分，香港與臺灣的社會企業在兩個年度的調查中，皆表示以「目前的執行長（總幹事、秘書長）並無商業企管或與該產銷專業相關背景的專長」的比例最高，不過這種現象從2006年迄今有漸趨縮小的趨勢，反之，聘請「具有商業企管或財稅相關背景的執行長」與「具有與該產銷專業相關背景的執行長」的比例有日漸增多的趨勢，此現象在香港尤其明顯。此外，在2010年的調查中，增加了「目前的執行長（總幹事、秘書長）雖無商業企管或與該產銷專業相關背景的專長，但已利用空餘時間積極進修相關的管理知識」的選項，而臺灣的社會企業受訪機構填答此一選項的比例達43.5%（見表3-3）。此結果意謂，機構投入社會企業的經營，雖然不執著於在執行長之領導階層上，考量運用社會企業相關商管背景的人士，但卻強調運用執行長層級的領導者再進修商管相關知識，作為增進其能力的因應模式。

　　除了分析2006年至2010年的調查結果中，有關臺港兩地社會企業的治理相關議題的數據與意涵外，作者另在2010年從事「個案研究」，討論臺港兩地八家社會企業的治理狀況。至於這八家社會企業的組織基本特質，請參閱表3-4與表3-5。

表3-3　臺、港兩地社會企業為因應「產銷營業」單位設置，而在執行長（總幹事、秘書長）的改變（2010）

	香港		臺灣	
	個數	百分比	個數	百分比
(1) 聘請具有商業企管或財稅相關背景的執行長（總幹事、秘書長）	3	7.2	11	10.2
(2) 聘請具有與該產銷專業相關背景的執行長（總幹事、秘書長）	4	9.5	16	14.8
(3) 目前的執行長（總幹事、秘書長）並無商業企管或與該產銷專業相關背景的專長	17	40.5	33	30.6
(4) 目前的執行長（總幹事、秘書長）雖無商業企管或與該產銷專業相關背景的專長，但已利用空餘時間積極進修相關的管理知識	10	23.8	47	43.5
(5) 其他	8	19.0	1	0.9
合計	42	100.0	108	100.0

表3-4　臺灣四家社會企業的治理研究——個案的組織特質一覽（2010）

	YCSF	SLSF	TVH	CAUF
組織成立時間	1994	1987	2000	1995
社會企業營運啟始時間	1996	1997	2000	1996
社會企業營運單位數	8	5	10	23
服務（產品）內容	・洗車服務 ・載運身障者的巴士服務 ・產品製造與銷售（如有機食物、西點糕餅等） ・印刷服務 ・資源回收與銷售	・洗衣服務 ・清潔打掃服務 ・洗車服務 ・產品製造與銷售 ・印刷服務 ・餐飲服務	・資料鍵入服務 ・加油站 ・便利商店 ・產品製造與銷售 ・餐飲服務	・產品製造與銷售（麵包與糕點） ・餐飲服務
年度總收入	NT$ 350 M （約US$ 12 M）	NT$ 280 M （約US$ 9.33 M）	NT$ 400 M （約US$ 13.8 M）	NT$ 390 M （約US$ 12.7 M）

	YCSF	SLSF	TVH	CAUF
來自社會企業營運的收入	NT$ 140 M（占總收入的40%）	NT$ 40M（14.3%）	NT$ 390 M（98%）	NT$ 230 M（59%）
專職員工總數	450	400	220	214
社會企業營運單位的員工數	170（占總員工數的38%）	160（40%）	213（97%）	110（51%）

M：百萬元

資料來源：Kuan, Chan and Wang（2011）

表3-5　香港四家社會企業的治理研究——個案的組織特質一覽（2010）

	LMSSC	KTMSSC	MC	FULL
組織成立時間	1973	1966	1970（香港心理衛生協會）	2001
社會企業營運起始時間	2002	1998	2002	2001
組織屬性	政府資助為主的多元福利服務機構	政府資助為主的多元福利服務機構	政府資助為主的殘疾與智障復健機構	非政府資助的基督教就業輔導與訓練機構
社會企業組織類型	非政府組織的附屬單位模式	社會合作社模式	中小企業公司模式	持股的中小企業公司模式
服務（產品）內容	·少數族裔的手工藝品製作與販售·外語翻譯·餐飲	·做月子中心（母嬰康逸社）	·清潔服務·醫院裡開設便利商店	·髮廊
年度總收入	約US$ 12 M	unknown	約US$ 15.3 M	unknown
來自社會企業營運的收入	US$ 0.6 M	US$ 0.8 M	US$ 6.3 M	unknown

M：百萬元

資料來源：Kuan, Chan and Wang（2011）；香港四家SE機構的訪談稿

　　關於臺灣四個社會企業個案的治理之研究發現，可歸納為如下四點：

　　第一，社會企業很明顯將社會使命的實踐擺放在最核心的地位：例如

個案一（YCSF）的董事會雖然十分在意事業單位的盈虧問題，但決策思考的模式還是強調這些事業體的存在能否幫助該機構所服務的弱勢群體其就業與生活，譬如YCSF的「洗車中心」雖然連續虧損了幾年，但董事會仍決議該單位要持續運作。由於YCSF的組織發展之核心價值強調扶助弱勢者就業，所以事業部總經理的工作就是協助這些專業經理人如何將企業管理跟專業福利服務進行協調與整合（YCSF訪談，2011/3/25）。而個案二（SLSF）的董事會如何看待其社會企業單位的營收狀況呢？與YCSF董事會的思考模式相類似，SLSF一方面希望其事業體能夠有盈餘，或至少收支平衡，然而，往往某一社會企業單位，如洗衣坊，虧損了好幾年，但董事會決議依舊要維繫下去，並強調提供弱勢群體就業與福利服務的重要性（SLSF訪談，2011/3/25）。SLSF的創辦人之一，也是目前的執行長在這方面有更進一步的說明：

> 我覺得這層面也不單只是盈收，那也許是此機構的另外一種文化。其實董事們本來就會把服務放在前面，並不是說虧了就不想去做。講到營收，你看OO工場後來其實每一年也都有進步一點，董事們就覺得努力還有點代價，從赤字400萬到300萬，300萬到200萬、到100萬，突然還有盈餘了，太棒了！今年的盈餘又跟前一年差了幾乎200萬，其實董事們也沒有什麼特別的話，因為有努力了。因為真要講的話，非要收支平衡才會去做嗎？
>
> （SLSF訪談，2011/3/25）

YCSF的受訪者也指出，該機構的董事會最在意的是社會使命的實踐：

> 董事會當然也重視盈虧的問題，因為如果一直虧的話，也是很令人頭痛的問題，然而，每次都說下次不要標了（洗車中心與庇護工場），還是再標，結果一標又是五年。因為孩子跟我們這麼久了，在這邊工作也很愉快，如果現在沒有給他們工作機會，那他

們要去哪裡？所以我們還是會繼續做，再加上目前營運情況已經
慢慢開始好轉。總之，我們不輕易關閉，縱使有虧損，我們還是
會想辦法從其他的經費進行調度來維持。

（YCSF訪談，2011/3/25）

　　第二，社會企業其董事會的組成結構不會因為設置產銷營運單位而有
重大調整：例如個案三（TVH）的社會企業治理特色是，雖然運作是多角
化經營，但沒有在董事會下設立專業顧問或與社會企業有關的常設性委員
會；不過，當機構新設立一個事業單位，TVH則會聘任相關領域專長的顧
問群，惟此為臨時性或短期性質的安排（TVH訪談，2011/3/25）。而個案
一（YCSF）亦強調其董事會組成結構不會因為社會企業單位與相關業務
的成長，而有明顯的改變。針對社會企業單位的運作，YCSF除了設有
「顧問團」，可發揮部分諮詢的功能外，主要就是設置「事業部委員
會」，成員有董事長、常務董事、執行長、副執行長，以及各個社會企業
單位的主管；該委員會的主要功能，即是扮演社會企業單位運作的決策諮
詢以及監督的角色（YCSF訪談，2011/3/25）。

　　第三，多數受訪的社會企業已成立專責單位來執行特定的業務，並與
組織內其他的部門合作：例如個案四（CAUSF）區分臺北、新竹和高雄三
個行政中心，每一個行政中心均設置一個「福利事業部」，統籌管理該中
心的事業單位。而在事業單位方面，由執行董事兼執行長領導行政團隊，
另在臺北和高雄分設副執行長，在產品及募款業務方面則聘任專業的行銷
總監負責（CAUSF訪談，2011/3/26）。而個案三（TVH）屬於扁平的組織
結構，與社會企業有關的單位分屬兩個部門，即「社企部」和「庇護工
場」，並將這兩個部門與其他行政部門並列（TVH訪談，2011/3/25）。

　　第四，執行長與副執行長的專業程度、產銷營運單位主管之管理或產
品和服務的銷售和分配經驗，與社會企業發展的好壞具有高度的相關。例
如個案三（TVH）強調，其發展核心即在為身障者提供就業服務，因此
TVH的社會企業單位主管，必然是該領域的專業人士，TVH的主管表示，
譬如便當店的經營，就會找便當店的操作人員，資料鍵檔也是一樣有IT的

背景，這樣子發展出來就是需要有一個輔導部門來做橫向的支援，每一個部門都有各自的輔導員（TVH訪談，2011/3/25）。而個案一（YCSF）的八個事業單位皆聘請與各該單位服務提供或產品製作行銷有關的專業人士擔任主管，這方面相關的決策與行政管理則由執行長與副執行長主導（YCSF訪談，2011/3/25）。

再者，我們發現，這四個個案的董事會在其個別組織內之產銷營運單位的治理上扮演輔佐角色，他們在整個決策過程中沒有掌控優勢主導的地位或角色；反之，這方面的經營管理的工作多數還是由行政部門負責。

以上的發現，與官有垣過去研究臺灣NPO的治理，其結果相當一致，亦即，在臺灣許多NPO的董事會是相當被動、消極的。在官有垣（1998，2004）與Kuan（2005, 2009）數個針對臺灣社會福利性質的基金會與協會的治理研究發現，這些NPO的董事會扮演十分有限的角色，通常是給予行政主管已經擬定完成的決策核可，因此，董事會在組織內部的財務與行政監督的功能是相當弱的。

至於香港的四個個案（LMSSC, KTMSSC, MC, FULL），作者提出下列初步的發現與觀察：第一，香港社會企業的治理結構要比臺灣社會企業更具有多樣性。譬如LMSSC的8位董事中，董事長為大主教，其餘的成員有來自大企業、教育界、社會工作者等。而KTMSSC的20幾位董事中，大部分來自教會，其餘的則為醫師、營養師，以及少部分具有MBA的商界人士。MC的5位董事中，有2位是精神科醫師，1位是大學教授、1位是母機構的高階經理，還有政府退休的官員等。FULL的8位董事成員則皆為商界背景，但其專業則有不同，包括財務金融、市場行銷、中小企業主等（LMSSC, KTMSSC, MC, FULL訪談，2011/4/6, 2011/4/7, 2011/4/8）。第二，社會企業的治理趨勢是從非營利性質轉向營利性質（譬如成立公司）。第三，多數傳統的NPO經營產銷營運單位時，缺乏企業經營的背景，然而，有漸增的趨勢是有企業管理經驗的人士加入社會企業的創發。第四，與臺灣的情形相似，即在香港，社會企業的執行長對於組織的決策有較強勢的影響力。總之，香港的社會企業愈來愈重視聘雇具有商業經營背景與知識的人士加入其董事會；再者，我們也發現，包括在香港與臺

灣，社會企業的執行長與產銷營運單位的主管會利用空閒時間進修商管課程，以充實他們企業經營管理的能力，此現象在臺灣尤其明顯。

伍、意涵與結論

歸納而言，2010年調查研究結果指出，在受訪的臺灣社會企業組織中，沒有建立專職事業管理單位仍是常態；會有這樣的情況，應該是因為目前社會企業仍處於萌芽階段。然而，對於臺灣社會企業治理，執行長利用空暇時間充實商管相關知識有逐漸增加的趨勢。總體上，臺灣社會企業董事會如同Low（2006）所認定的，較多呈現慈善民主模式，而較少代理人治理模式。然而，研究發現也指出執行長與事業單位管理者必須付出很多心血，從「做中學、學中做」，以增長專業知識與技能。

再者，四個臺灣案例呈現的研究結果顯示以下五點：1. 社會企業將社會目標的實踐擺在治理的核心地位；2. 對於設立社會企業，董事會組成並無積極做出調整；3. 多數組織皆成立專職社會企業單位，以負責與其他單位合作；4. 執行長／副執行長層級與社會企業單位領導者有無商管與產品服務銷售經驗，與社會企業發展有高度相關；5. 董事會在此四個社會企業中功能與角色較弱，他們基本上在經營管理上，沒有主導性的地位。明顯地，執行長／管理者是驅動臺灣社會企業治理發展的主要動力。然而，此四個案例指出董事會積極確保社會企業治理可以在連結社會價值與社會需求扮演關鍵性角色。換言之，此研究發現社會企業董事會的功能在於扮演顯著的合法正當角色，即是在確保社會企業單位能夠達到社會目標，也就是照顧弱勢。此研究亦提供實證性支持EMES模式，也就是強調集體治理以確保社會目標的實踐。

社會企業組織在臺灣與香港兩地的發展，近年來可說是處於方興未艾、猶在不斷成長的階段，尤其兩地的WISE在解決失業問題與舒緩貧窮現象上，扮演了實質助益的角色（Chan, Kuan, and Wang, 2011）。因此，本研究探討兩地社會企業的治理結構與功能的動態演變情形，對於政府的

政策制訂者、社會企業的領導者、實務工作者，以及探索此議題的學術研究者而言，應有其重要性與價值性。瞭解組織的治理情況與功能發揮良窳，可以指引這類NPO有效實踐其社會價值並發揮社會影響力，畢竟社會企業存在的目的，除了工具性的經濟目的外，最重要的即是達成社會目的。而從組織本身的可持續性角度來看，如何強化社會企業的資源自我依賴程度，關鍵在於培養社會企業精神與創新的實力，而這又與組織的治理結構與功能之優劣密不可分。再者，從學術研究與理論關懷的角度來看，本研究的效益有二：

第一，Defourny和Kuan（2011: 5-8）呼籲，目前的社會企業研究很明顯分為北美學者Dees和Anderson（2006）提出的「賺取所得」的思想學派（Earned Income School of Thought）與「社會創新」的思想學派（Social Innovation School of Thought），以及EMES的社會企業論述模式；然而，以東亞地區如日本、韓國、臺灣、香港以及中國大陸幾個沿海的大城市，建構以儒家文化為根底的NPO社會企業蓬勃發展的情形觀之，是否有機會形成獨特的東亞社會企業發展模式？

第二，相關的社會企業治理理論觀點，如民主參與治理模式、公司治理模式，或是EMES倡議的「多元利益關係人的所有權」治理觀點，對於臺、港社會企業治理的結構與功能實際狀況的解釋力與適用情性之觀察。譬如，我們所做的初探性質的臺、港社會企業治理比較研究顯示，比起香港，臺灣的社會企業決策單位──「董理事會」的組成結構，並不因為組織投入產銷營業而有明顯的調整，譬如改聘或增聘嫻熟商管、財務或具備該業務性質專業的人士加入，此顯然有助於維繫社會企業之社會目的與社會使命的實踐。然而，隨著日後時間的演變，社會企業的組織規模擴大與業務的龐雜，其董理事會的組成結構會不會因此愈加偏向公司治理模式的型態，而非傳統慈善的民主參與治理模式呢？此轉變對於社會企業的發展帶來的影響又為何呢？這些疑問則有待作者下一階段的臺港社會企業比較研究予以解答。

參考文獻

官有垣（1998），〈非營利組織的董事會角色與功能之研究：以全國性社會福利相關基金會為例〉，《國立中正大學學報》，第9卷，第1期，頁1-49。

官有垣、陸宛蘋（2004），〈政府暨準政府機構創設的非政府組織之治理分析：以臺灣農業財團法人為例〉，《第三部門學刊》，創刊號，頁27-168。

官有垣（2007），〈社會企業組織在臺灣地區的發展〉，《中國非營利評論》，第1卷，創刊號，頁146-182。

官有垣（2012），〈社會企業在臺灣的發展：概念、特質與發展〉，收錄於官有垣、陳錦棠、陸宛蘋、王仕圖編著，《社會企業：臺灣與香港的比較》。臺北：巨流。

香港社會服務聯會（2010），《社企名錄 2009-2010》。香港：香港社會服務聯會。

陳錦棠（2005），〈香港社會企業之發展及策略分析〉，研討會論文，發表於《發展公益事業建構和諧社會研討會》，上海，復旦大學，2005年11月19-20日。

陳錦棠（2006），〈香港社會企業發展之綜覽〉，研討會論文，發表於《社會企業研討會》，香港扶貧委員會舉辦，2006年4月6日。

【訪談資料】

YCSF 執行長、副執行長，2011/3/25，地點：臺北市，YCSF基金會總部。

SLSF 執行長，2011/3/25，地點：臺北市，SLSF基金會總部。

TVH 主任，2011/3/25，地點：臺北市，TVH基金會總部。

CAUSF 執行董事，2011/3/26，地點：高雄市，CAUSF基金會總部。

LMSSC總幹事，2011/4/7，地點：香港，LMSSC中心。

FULL 董事會主席，2011/4/6，地點：香港，豐盛髮廊。

KTMSSC總幹事，2011/4/8，地點：香港，KTMSSC服務處。

MC 執行董事，2011/4/7，地點：香港，MC總部。

Borzaga, C. and Solari, L. (2004), "Management challenges for social enterprises", in Borzaga and Defourny, J. (Eds.), *The Emergence of Social Enterprise*. London and New York: Routledge.

Chan, K.T., Kuan, Y.Y. and Wang, S.T. (2011), "Similarity and divergence: comparison of social enterprises in Hong Kong and Taiwan", *Social Enterprise Journal*, Vol. 7 No. 1, pp. 33-49.

Dees, J. G. (1998), "Enterprising Nonprofit", *Harvard Business Review*, Vol. 76 No. 1, pp. 55-67.

Dees, J.G., & Anderson, B. B. (2006), "Framing a theory of social entrepreneurship: building on two schools of practice and thought", in Research on Social Entrepreneurship, ARNOVA Occasional Paper Series, Vol. 1 No. 3, pp. 39-66.

Defourny, J. & Nyssens, M. (2010), "Conceptions of social enterprise and social entrepreneurship in Europe and the United States: convergences and divergences", *Journal of Social Entrepreneurship*, Vol. 1 No 1, pp. 32-53.

Defourny, J. and Kuan, Y.Y. (2011), "Are there specific models of social enterprise in Eastern Asia?", *Social Enterprise Journal*, Vol. 7 No. 1, pp. 5-8.

Evers, A. and Laville, J.-L. (Eds.) (2004), *The Third Sector in Europe*, Cheltenham: Edward Elgar.

Johnson, S. (2000), "Literature Review on Social Entrepreneurship", Canadian Centre for Social Entrepreneurship, available at: http://www.bus.ualberta.ca/ccse/Publications/Publications/Lit.%20Review%20SE%20November%202000.rtf (accessed 26 March 2015).

Kingma, B. R. (1997), "Public good theories of the nonprofit sector: Weisbrod revisited", *Voluntas*, Vol. 8 No. 2, pp. 135-148.

Kuan, Y. Y. (2005), "The profile of foundations in Taiwan based on 2001 survey data", (Co-author with Chiou, Yu-chin/ Lu, Wan-pin) *Taiwan Journal of Social Welfare*, Vol. 4 No. 1, pp. 169-192.

Kuan, Y. Y. and Associates, (2009) "Study on the nonprofit sector in Taiwan: structure and function", Paper presented at The 6th ISTR Asia and Pacific

Regional Conference Changes, Challenges, and New Opportunities for the Third Sector, Taipei, 1-3 November, 2009.

Kuan, Y. Y. and Wang, S. T. (2010), "The impact of public authorities on the development of social enterprises in Taiwan", *Journal of Public Affairs Review*, Vol. 11 No. 1, pp. 1-23.

Kuan, Y. Y., Chan, K. T., and Wang, S. T. (2011), "The governance of social enterprise in Taiwan and Hong Kong--a comparison", *Journal of Asian Public Policy*, Vol. 4 No. 2, pp. 149-170.

Schmidt, S.L., and Brauer, M. (2006), "Strategic governance: how to assess board effectiveness in guiding strategy execution", *Corporate Governance: An International Review*, Vol.14, pp. 13-22.

第四章

臺灣社會企業的組織特質與經營管理

官有垣、王仕圖、杜承嶸

壹、前言

　　臺灣近期有關「社會企業」相關議題的討論十分熱烈，從政府部門至民間皆是如此。例如，臺灣近年苦於人口老化與青年就業問題，因此政府發想以鼓勵青年投入社會企業領域，特別是參與長期照顧，以社會企業一舉解決長照與青年就業問題（聯合報，2013/10/28）。在此之前，勞委會職訓局已於2011年12月成立「社會經濟推動辦公室」，作為以社會企業為媒介研擬各項培訓方案的機構（施淑惠，2013）。既然政府部門近年來積極想運用社會企業的概念解決社會問題，民間部門的反應又如何呢？自從解嚴後，臺灣各式各樣的NPO增多且呈現多元成長局面，在開拓資源募集的管道以及各項政策誘導之下，民間NPO有相當數量在實踐其社會公益目標之際，也不斷朝著市場化與產業化的方向發展，因而造就了社會企業興起的現象（官有垣、王仕圖，2013）。儘管政府與民間對於此波社會企業的討論，激發一股效應與風潮，但臺灣社會企業的現存樣貌究竟為何，則需進一步探索與瞭解。

　　為了探索臺灣社會企業的現況，官有垣、王仕圖，以及香港理工大學應用社會科學系的陳錦棠，於2005年開始從事臺灣與香港社會企業的比較研究。隨後陳、官、王三人在2006年中組成研究團隊，從事「香港、臺灣和上海兩岸三地社會企業的能力建構」研究，第一次臺港社會企業的問卷調查於焉產生，根據此調查數據，於2007年發表《香港、臺灣和上海兩岸三地社會企業初探研究報告》。該研究聚焦於探索臺灣與香港社會企業的組織特質與運作的異同，強調香港和臺灣雖然同為華人社會的兩地，但各自身處的政經結構、文化脈絡和社會環境卻有差異，二地所發展的社會企業具有的特徵和功能不盡相同，而兩地在運作、管理、法規等許多方面有何差異（官有垣等人，2012）。接著，在2009至2010年，官、陳、王三人共同主持研究「臺灣的社會企業組織在脫貧的角色分析——工作整合型案例」，以2006年的調查問卷為藍本加以修訂增刪，實施臺港兩地的第二次問卷調查。本次問卷調查的樣本總數為426家社會企業（包含工作整合型、社區發展型、社會合作社，公益創投與其他類型社會企業等），總共

回收了116家，回收率為27.2%。本文探討臺灣的社會企業之組織特質與經營管理的挑戰，即是根據該次問卷調查的統計數字作為實證分析。

　　儘管在臺灣，社會企業現時在本質上仍然不是以一個法律實體的地位存在，但「社會企業」這個詞彙卻已在社會公共領域中引發廣泛討論。社會主流論述中，社會企業的目的主要包括創造就業，及創造與就業相關的培訓機會，尤其對於處於近貧、弱勢、身障等所謂「邊緣性群體」（marginalized people）的協助扮演了重要的角色。從1990年代以來，歐陸的福利國家在社會照顧的政策推動轉向為「去機構化」，強調社區照顧以及在政策設計上驅使社會接納更多弱勢群體進入勞動力市場，以有薪給的訓練及各式的短期或長期就業來克服社會排除的現象。這種福利參與模式發揮的功能，不僅僅是對於這些邊緣性群體的所得與物資獲得有所提升，更增強了其社會經驗與自信心、工作技術的培養，被主流社會認同與接納等（官有垣、王仕圖，2013）。

貳、文獻探討

一、社會企業的概念

　　社會企業的角色功能及其為社會帶來的影響，以及「社會創業精神」和「社會企業家」等概念，是近年來包括臺灣在內，全球許多國家與地區討論最為熱烈的議題之一。社會企業的定義至今尚無一個標準的論述，然而在實體的運作上，不論是在歐洲或美洲，社會企業卻以許多不同的組織形式存在，譬如NPO主動採取商業手段以獲取所需資源，或者在政府的政策鼓勵下，NPO以達成社會使命為目標，而採用商業策略來獲得資源；也有營利的企業組織在「企業社會責任」的驅使下，從事實踐社會目的之事業。另一個顯著的現象是，政府資助經費對NPO的財政支援逐漸減少，NPO之間的競爭性相應增加；在此情況下，NPO需要改善組織的效能和資源分配，其解決資源不足的方法即包括採取市場運作模式，或轉變財物獲取策略，從以往尋求捐贈的模式轉為社會投資模式（Borzaga and Defourny,

2004; Johnson, 2000；官有垣，2007）。

　　至於針對社會企業的概念闡述，目前大體分為三個學派（Defourny and Nyssens, 2010）：（一）EMES的社會企業論述模式、（二）「賺取所得」思想學派、（三）「社會創新」思想學派。EMES的論述模式強調在社會企業的「經濟和創業精神面向」（economic and entrepreneurial dimensions）有三個準則，分別是：(1) 生產財貨和銷售服務上是一種持續性的活動；(2) 需承擔顯著的經濟風險；(3) 需聘有最低數量的有薪給付員工。至於社會企業的「社會面向」（social dimensions）則有兩個準則，分別是：(1) 組織具有一個有益於社區的明確目標；(2) 是由一群公民倡議發起的組織。最後，有四個指標是關於社會企業「治理的特殊性」（specificity of the governance），分別是：(1) 組織的高度的自主性；(2) 決策權的分配非基於持股多寡；(3) 民主參與的本質，亦即受活動影響的行動者都有參與的權利；(4) 有限度的利潤分配。歸納言之，EMES的觀點強調社會企業的社會價值宗旨（social mission）、所生產的產品和服務與社會價值宗旨的關連性、需承受一定的經濟風險、組織的多元利益關係人的治理結構，以及多元的社會創新觀念與措施的擴散管道。

　　「賺取所得」思想學派，是一種商業性質的NPO模式，著重於NPO賺取所得的策略，強調NPO透過商業活動或類似手段的運用來支持、實踐其組織宗旨。Kerlin（2006）對此的闡釋為，NPO從事與組織宗旨相關的商業活動，以賺取產品與服務營收的所得來支持組織的社會公益活動與方案，例如庇護性質的商業活動來支持身心障礙者就業與所得提升。Boschee（2001）與Boschee和McClurg（2003）認為，詮釋社會企業時不可忽略一項重要的元素，即社會企業要能夠賺取所得，但不同於傳統的營利企業組織，其衡量組織成功或失敗的標準往往是獲利的多寡，反之，社會企業衡量成功或失敗的標準則有兩條底線，一是「財務收益」（financial returns），另一是「社會收益」（social returns）。

　　至於「社會創新」思想學派，強調的是「社會企業家」的重要性。Dees（1998）強調，非營利社會企業組織是變遷的代理人，其運作模式具有提高財務的穩定性、提高服務品質、提供工作機會給弱勢族群以及促進

組織的專業化等優點。Dees、Emerson和Economy（2001）甚至指出，成功的社會企業家需展現下列行為模式與精神：(1) 持續推動能夠創造與維繫某項社會價值的使命；(2) 盡最大努力找尋新的機會，以實踐該項使命；(3) 過程中要不斷創新、適應與學習；(4) 要勇於行動，勿被目前所能夠掌握的資源所限制；(5) 要對服務的案主群與顧客以及所導致的結果，體現高度的責信感。

　　以上三個學派對社會企業的概念闡述雖各有重點，但明顯指出，社會企業的主要內涵有三項共通特質（Alter, 2007），亦即生產與市場行銷的企業特質；社會目的實踐的特質；以及社會擁有權的特質（social ownership）。尤其，社會價值或目的的實踐在社會企業的運作上必須優先考量，且社會企業的組織架構與功能的調整需以社會價值的實踐為基礎。因此，個別社會企業存在的核心意義是在於實踐它的雙重目標，亦即(1) 實踐其社會影響的深度與廣度，以及 (2) 盡可能地賺取營收所得。社會企業的公益使命所追求的是社會價值的創造，此乃透過非以營利為目的的方案服務推動而達成；反之，財務需求與市場機會卻導向「經濟價值」的創造，此是由企業或生意模式來達成（Alter, 2006）。

二、社會企業經營管理之挑戰

　　社會企業有多面向的組織使命，因此它必須考量如何管理營業活動，這種本質便要求該類型組織在獲取傳統的資源（例如捐款、志工服務與時間的奉獻）之外，尚要發展出適當的管理措施（Herman and Renz, 1998）。當社會企業的經費獲取從依靠捐贈與基金的挹注，轉向為依靠財貨或服務的遞送；從重視政策倡導與募款活動，轉而從產品品質的管理和消費者的滿意度之間尋求平衡時，這時組織就被要求在運作效率上多下功夫。Emerson（2001）強調，傳統依靠捐募資源維繫的NPO，比較不會將「危機因素」（risk factors）或「危機分析」（risk analysis）納入行政管理的常規考量；然而，社會企業的領導者卻要視風險與危機為經常性的挑戰，因而要有「危機管理」的概念與措施。再者，McLaughlin（2001）亦指出社會企業若要經營成功，組織管理者首先要花功夫於設計一套有別於

傳統NPO或一般企業組織經營的財務管理系統。

　　與許多第三部門組織一樣，社會企業具有混和的特質（hybrid nature），此對社會企業及其管理者在組織存在正當性的建立上產生了阻礙（Pestoff, 1998）。由於社會各界尚未充分視其具有合法正當性，一般社會人士對社會企業的認同度不一，此本身就是一種挑戰。外部的經濟、社會以及政治環境，或多或少以被動的心態接受社會企業的出現，那些已存在的社會企業就必須明確地聚焦於組織的策略與管理。然而，不論是公部門或營利部門，甚至非營利部門的文獻中提到有關管理的模式或途徑，都甚難適當地說明社會企業的特定性質。公部門的管理模式過於依賴官僚體制以及將事務簡化；而FPO的管理模式則不提社會使命與價值；再者，傳統的NPO模式常常無法處理社會企業經常遇到的效率問題，而只是強調募款與社會網絡的重要性。

　　Borzaga 和 Solari（2004: 333）即指出，當歐洲的社會企業數量日益增多時，經營該類型組織的管理者或經理人，日漸面臨愈來愈多的困境。他們不僅要建立起組織，同時讓社會大眾接納它，他們也必須尋找適當的方法來管理組織的有形與無形財產，例如兼顧社會使命與效率、懷抱公益承諾的志工與專職的受雇員工，以及擴大治理結構，讓更多不同社會背景與專業領域的人士加入決策層等。社會企業不僅僅與FPO及公部門組織有所差異，其實他們與傳統的NPO也有所不同（Steinberg, 1997）。當傳統NPO仍舊掙扎於多重面向認同的相關問題時，社會企業卻面臨了更嚴格的挑戰。他們從一個制度與競爭的領域浮現出來，成為一種新形式的組織，而必須經常與公部門、營利部門以及傳統NPO部門競爭資源與生存。再者，社會企業的經營者除了與傳統NPO一樣，需要嫻熟資源的「依賴管理」技巧外，也要更加重視組織的「社會行銷」與「形象管理」（Frumkin, 2002）。

　　Borzaga 和 Solari（2004: 335-337）認為社會企業，尤其是歐洲的社會企業，在組織的管理上普遍面臨以下七種挑戰：(1) 型塑一個支持性的法律與規範環境；(2) 確保產品與服務品質；(3) 提升技術與工作技能；(4) 維繫管理專業人才的留任與支持；(5) 經費籌集與財務健全；(6) 發展網絡與

合作關係；(7) 建立起適當的治理結構。歸納來說，以上社會企業所面臨的七項挑戰，實可二分為「外生的挑戰」（exogenous challenges）與「內發的挑戰」（endogenous challenges）。所謂「外生的挑戰」是指組織在環境中會遭遇到的財務與法律相關行動，不過這是社會企業本身較無法充分掌控與管理的，但多少也可以經由遊說的方式來影響。比較而言，「內發的挑戰」深受社會企業本身內部行動的影響，尤其是受到其領導者與經理人的影響特別深刻。因此，克服「內發的挑戰」取決於社會企業的組織能力，以及其領導者與經理人如何增強組織的合法正當性，以及以這種組織形式運作下的效益。為了達到此目標，社會企業的經理人必須找出其重要的服務或產品介入領域，同時也要知曉他們所管理的組織具有獨特性。

參、2010年的調查分析

一、臺灣社會企業的組織特質

（一）法人屬性及成立時間

　　首先，臺灣社會企業組織的法人屬性方面，2010年的調查顯示，以社團法人占大多數（70.7%）；其次為財團法人，占了近三成的比例（28.4%）；至於公司法人、寺廟、道觀，與教會皆無（0.0%），最後是「其他」，僅有1家（0.9%）。此結果顯示，臺灣有成立社會企業單位或附屬機構的NPO，是以社團法人協會居多；而財團法人基金會屬性的NPO，比例僅占前者的五分之二而已。

　　再者，臺灣社會企業的母機構成立時間方面，以2001年至2005年之間成立者為最多（33.6%），其次是1990年以前成立者（22.1%）；若將2001年至2005年，以及2006年成立迄今的組織數加總，則其比例占了45.1%，顯示臺灣社會企業母機構的成立時間仍相當年輕。然而值得注意的是，母機構於1990年以前成立的亦有22.1%，也顯示有近四分之一歷史較久的NPO，早在1990年代初期即已投入社會企業的經營。

（二）組織宗旨

　　臺灣社會企業的組織宗旨方面，以福利服務為最多（78.4%），其次為社區營造（36.2%）；再次之為教育（24.1%）及文化藝術（20.7%）。此數據顯示，在臺灣成立社會企業的NPO，絕大多數是以社會福利服務為組織的宗旨；其次是「社區營造」，意謂社區草根性質的NPO在經營以服務社區居民及改善社區的產業與經濟的社會企業之風潮，在近年來亦相當蓬勃。而以「教育」與「文化藝術」為宗旨從事社會企業經營的NPO，數量比例分居第三與第四，但與「福利服務」的NPO相比，卻有頗大的差距（見表4-1）。

表4-1　社會企業的組織宗旨

	個數	百分比
(1) 福利服務	91	78.4
(2) 慈善救助	21	18.1
(3) 社區營造	42	36.2
(4) 環境保護	14	12.1
(5) 文化藝術	24	20.7
(6) 醫療保健	11	9.5
(7) 教育	28	24.1
(8) 宗教服務	3	2.6
(9) 體育休閒	6	5.2
(10) 合作事業	12	10.3
(11) 學術研究	4	3.4
(12) 科技研發	0	0
(13) 國際救援	3	2.6
(14) 兩岸交流	1	0.9
(15) 國際交流	8	6.9

N=116，複選

（三）主要的服務對象

臺灣社會企業的主要服務對象是以身心障礙者為主（57.4%），其次為社區居民（45.2%），再其次者為老人（28.7%）、兒童青少年（27.0%），以及中低收入者（22.6%）以及婦女（22.6%）。此結果說明，為何臺灣以工作整合型的庇護工廠或商店的社會企業為最多（見表4-2）。若進一步探究服務對象勾選「身心障礙者」，其服務的障別以「智能障礙」為主（73.4%），次之為「多重障礙」（58.5%），再次之為「肢體障礙」（52.3%），而以自閉症為服務對象的組織比例亦頗高，占49.2%。

表4-2　主要的服務對象

	個數	百分比
(1) 身心障礙者	66	57.4
(2) 社區居民	52	45.2
(3) 原住民	18	15.7
(4) 婦女	26	22.6
(5) 失業者	19	16.5
(6) 老人	33	28.7
(7) 中、低收入者	26	22.6
(8) 兒童、青少年	31	27.0
(9) 藥物成癮（戒毒）	2	1.7
(10) 更生人	6	5.2
(11) 外籍配偶	15	13.0
(12) 外籍勞工	1	0.9
(13) 單親家庭	22	19.1
(14) 街友	2	1.7
(15) 公益組織	10	8.7
(16) 長期病患者	9	7.8
(17) 其他	4	3.5

N=115，複選

（四）產銷營業單位的起始時間

　　經營社會企業的起始時間，最多的為2006年以後迄今這段時間
（44.4%），而2001-2005年之間開始成立社會企業者亦有近三成
（27.8%）。若從2001年算起迄今為止，有高達七成二（72.2%）成立了社
會企業單位或機構，此結果意謂在臺灣，經營社會企業的起始時間仍相當
年輕，近半數社會企業起始時間不足五年。當然，也有近二成三
（22.6%）的社會企業，起使時間迄今已有十五至二十年（見表4-3）。

表4-3　產銷營業單位起始時間

	個數	百分比
(1) 1990年之前	5	4.6
(2) 1991-1995年之間	9	8.3
(3) 1996-2000年之間	16	14.8
(4) 2001-2005年之間	30	27.8
(5) 2006年迄今	48	44.4
合計	108	100.0
遺漏值	8	

（五）主要經費收入與年度營業規模

　　在主要經費收入方面，有近八成（77.2%）的社會企業指出，其主要
的經費收入來源是「政府的補助及委託款」，其次才是「產銷營業收入」
（70.2%）；再其次則是「一般捐款」（30.7%）與「會費收入」
（22.8%），然而依賴這兩項經費收入的社會企業的數量比例與前兩者有
一半以上的差距，顯示對目前的臺灣社會企業而言，「政府的補助及委託
款」與「產銷營業收入」才是其最重要的兩項經費收入來源。值得注意的
是，「產銷營業收入」已緊跟在「政府的補助及委託款」之後，充分展現
了臺灣社會企業追求財務自主、持續發展的企圖心（見表4-4）。

表4-4　產銷營業單位主要經費收入

	個數	百分比
(1) 產銷營業收入	80	70.2
(2) 一般捐款	35	30.7
(3) 政府補助及委託款	88	77.2
(4) 會費收入	26	22.8
(5) 孳息	5	4.4
(6) 其他收入	3	2.6

N=114，複選

在年度營業規模方面，臺灣社會企業的年度營業規模以100萬元以下為主（31.5%），其次為「101萬-300萬」（25.0%），再其次為「501萬-1000萬」（18.4%）。若將營業規模「100萬元以下」與「101萬-300萬」加總，顯示有近六成六（65.5%）的社會企業的年度營業金額是在300萬以下，意謂小規模的組織較多。不過，我們也發現年度營業金額在500萬至5,000萬元之間的組織也超過三成的比例（31.4%）（見表4-5）。

表4-5　產銷營業單位年度營業金額

	個數	百分比
(1) 100萬（含）以下	34	31.5
(2) 101萬-300萬	27	25.0
(3) 301萬-500萬	10	9.3
(4) 501萬-1,000萬	20	18.4
(5) 1,001萬-5,000萬	14	13.0
(6) 5,001萬-1億	2	1.9
(7) 1億以上	1	0.9
合計	108	100.0
遺漏值	8	

（六）產銷營業單位的運作形式

臺灣社會企業的運作形式，若依「服務場域」區分，則以設立「服務工作隊」的組織最多（33.6%），其次為「庇護工場」（31.9%），再次之為「生產圈」（25.0%）及庇護商店（24.1%）。值得注意的是生態、觀光景點的比例也相當高（21.6%）。若依「產銷與服務內容」區分臺灣社會企業之運作形式，則以「產品製作」為最多（49.1%），其次為「餐飲服務」（43.1%），再次為「生態、觀光導覽」（26.7%），第四則為「清潔服務」（19.0%）。

二、臺灣社會企業的經營與管理

（一）設立「產銷營業」單位的目的

有關社會企業設立產銷營業單位的目的方面，臺灣社會企業成立的目的依序為「創造弱勢團體就業機會」（67.5%）、「提升弱勢團體就業者的收入」（58.8%）以及「建立機構自給自足的能力」（56.1%），另外也有五成以上的受訪者填答「提供職業訓練」（52.6%），以及「增進弱勢團體的社會適應能力」（40.4%）。整體而言，臺灣社會企業的成立目的，主要仍以「社會性目的」為主，惟「經濟性目的」也在其考量項目之內，亦即期盼從事產銷營業的收入能夠增進機構的自給自足能力。而在社會性目的中，就業機會的提供與促進弱勢團體的工作保障，以及提升弱勢團體的社會適應，乃是社會企業成立的最重要目的（見表4-6）。

表4-6　機構決定設立「產銷營業」單位的目的

	個數	百分比
(1) 可向政府申請相關的經費補助	40	35.1
(2) 提供職業訓練	60	52.6
(3) 創造弱勢團體就業機會	77	67.5
(4) 提升弱勢團體就業者的收入	67	58.8
(5) 增進弱勢團體的社會適應能力	46	40.4
(6) 建立機構自給自足的能力	64	56.1
(7) 滿足弱勢團體個別之需要（如復健、彈性工時等）	23	20.2
(8) 可有效提升機構的知名度	21	18.4
(9) 增加機構的經費收入	44	38.6
(10) 舒緩社區的社會及經濟問題	24	21.1
(11) 有助於社區發展的活化	45	39.5
(12) 其他	3	2.6

N=114，複選

（二）經營社會企業的「正面效應」

在經營社會企業的「正面效應」方面，受訪組織認為「增加弱勢族群就業機會」的效應最高（73.9%），其次為「充實機構的自給自足能力」（64.9%），依序為「增加弱勢族群的所得收入」（58.6%）、「增加服務對象日後進入競爭性職場的信心與能力」（50.5%），以及「提高機構的知名度」（49.5%）。由此結果可知，臺灣社會企業經營的正面效應可概分為兩個面向，一是「社會公益面向」，即為弱勢族群增加就業機會、增加其所得收入，以及增強其日後進入競爭性職場的信心與能力；另一則為「機構自立面向」，亦即強調經營社會企業將可充實機構的自給自足能力，以及提高知名度。此結果意謂臺灣的社會企業務實看待經營社會企業的正面效益，既強調利他行為（altruistic behavior）的重要性，亦不忘利己，而期盼機構能在財務上自給自足，並提升機構的能見度與知名度（見表4-7）。

表4-7 經營社會企業的「正面效應」

	個數	百分比
(1) 易於實踐公益使命	53	47.7
(2) 能提供案主更適切的服務	46	41.4
(3) 提高機構的知名度	55	49.5
(4) 帶動社會觀念的改變	54	48.6
(5) 充實機構的自給自足能力	72	64.9
(6) 增加弱勢族群就業機會	82	73.9
(7) 增加弱勢族群的所得收入	65	58.6
(8) 增加職場實習機會	54	48.6
(9) 增加服務對象日後進入競爭性職場的信心與能力	56	50.5
(10) 機構的營收能逐年增加	35	31.5
(11) 擴大機構的社會網絡連結	44	39.6
(12) 更容易招募志工	14	12.6
(13) 增加員工留任率	23	20.7
(14) 增加政府補助與委託款	23	20.7
(15) 增加大眾捐款	9	8.1
(16) 提升社區居民的凝聚力	28	25.2
(17) 促進社區的產業發展	40	36.0
(18) 其他	1	0.9

N=111，複選

（三）主要銷售與服務的對象及管道

有關社會企業銷售與服務的對象方面，調查顯示仍以「一般消費者」為最主要的銷售對象（88.6%），其次為「政府單位」（52.6%），第三為「企業公司」（43.9%）。另外銷售對象為「社會弱勢群體」、「機構自身的職工、眷屬、志工」、及「社員或會員」分別在兩成左右。此一結果顯示，除了社會大眾仍然是社會企業最主要的銷售對象，政府單位之所以

成為重要的銷售對象，應與臺灣有關《身心障礙者權益保障法》及《優先採購身心障礙福利機構團體或庇護工場生產物品及服務辦法》有關，該二項法規要求政府單位必須至少有5%的年度採購物品的經費比例，是向身心障礙團體進行採購（見表4-8）。

至於社會企業銷售與服務的管道方面，前三者分別為「架設網站，提供網路購物」（54.0%）、「透過政府協助銷售」（39.8%）、以及「在庇護工場或庇護商店進行銷售」（38.1%）。另外，其他管道諸如「機構內部單位自銷」、「園遊會義賣」、「社區人際互動網絡行銷」等，均有三成以上的受訪機構表示會採取該種方式進行銷售與服務。整體而言，隨著臺灣社會的網路普及化，「架設網站，提供網路購物」已成為銷售的重要管道，顯示臺灣社會企業目前已能運用更多元的銷售與服務管道（見表4-9）。

表4-8 銷售與服務的對象

	個數	百分比
(1) 政府單位	60	52.6
(2) 企業公司	50	43.9
(3) 一般消費者	101	88.6
(4) 社會弱勢群體	22	19.3
(5) 機構自身的職工、眷屬、志工	25	21.9
(6) 社員或會員	23	20.2
(7) 海外的公司	0	0
(8) 海外的民間團體	1	0.9
(9) 其他	3	2.6

N=114，複選

表4-9　銷售與服務的管道

	個數	百分比
(1) 在庇護工場或庇護商店進行銷售	43	38.1
(2) 機構內部單位自銷	42	37.2
(3) 架設網站，提供網路購物	61	54.0
(4) 於一般商店寄賣（如便利商店）	12	10.6
(5) 透過政府協助銷售	45	39.8
(6) 提供郵購服務	9	8.0
(7) 園遊會義賣	36	31.9
(8) 與其他組織合作販售產品與服務	31	27.4
(9) 社區人際互動網絡行銷—呷好道相報！	34	30.1
(10) 其他	5	4.4

N=113，複選

（四）「產銷營業」單位最近一年的收入狀況

　　有關受訪社會企業從事產銷營業的運作收入部分，就整體的營收概況來看，相對多數的機構表示其整體的營收為「已有盈餘」（47.4%），其次表示達到「損益平衡」者有28.9%，而表達其「呈現虧損」者最少，為23.7%（見表4-10）。然而若將政府的資源補助因素納入計算，則受訪機構在排除政府的補助之後，其結果顯示，呈現虧損的比例最高（52.0%），而「已有盈餘」和「損益平衡」則分別為25.0%與23.0%（見表4-11）。由此結果可以發現，當前臺灣社會企業之經營尚處於發展初期，社會企業若沒有獲得政府的資源挹注，以目前的經營條件，實不易永續經營。

表4-10　2009-2010整體的營收狀況

	個數	百分比
(1) 已有盈餘	54	47.4
(2) 呈現虧損	27	23.7
(3) 損益平衡	33	28.9
合計	114	100.0
遺漏值	2	

表4-11　扣除政府相關單位經費補助後，2009-2010年的營收狀況

	個數	百分比
(1) 已有盈餘	25	25.0
(2) 呈現虧損	52	52.0
(3) 損益平衡	23	23.0
合計	100	100.0
遺漏值	16	

（五）機構如何運用「產銷營業」的收入

　　有關受訪機構運用「產銷營業」收入的方面，表示以「歸入機構總收入統籌辦理」的比例最高（52.2%），其次「將部分收入運用於員工的『分紅』與『績效獎金』」（39.8%），第三為「繼續投入在該『生產與服務銷售』的開發上」（38.1%）。此外，「將部分收入作為社區公益慈善活動之用」則有25.7%（見表4-12）。此一結果顯示臺灣的社會企業在收入的運用上，比較重視社會性的目標，其次才考量經濟性目標，因此從產銷營業所獲得的收入多劃歸機構統籌運用，或用於員工的福利，其次才是投入該項事業的開發。

表4-12　機構如何運用「產銷營業」的收入

	個數	百分比
(1) 歸入機構總收入統籌辦理	59	52.2
(2) 獨立進行其他的運用（如實驗性、創發性方案）	8	7.1
(3) 繼續投入在該「生產與服務銷售」的開發上	43	38.1
(4) 依比例分配，部分歸入機構統籌辦理、部分繼續投入該「生產與服務銷售」上	25	22.1
(5) 將部分收入運用於員工的「分紅」與「績效獎金」	45	39.8
(6) 將部分收入儲存或信託，以作為員工日後的就業或創業輔導基金	6	5.3
(7) 將部分收入作為社區公益慈善活動之用	29	25.7
(8) 其他	2	1.8

N=113，複選

（六）機構在「產銷營業」的經營管理上所面臨的挑戰

受訪機構認為「負責管理／運作『產銷營業』的領導階層之相關經營知識技巧與經驗不足」是其投入產銷營業最大的挑戰，比例接近四成五（44.1%）；其次是「難以適時取得足夠的資金，限制了『產銷營業』的發展」、「法令限制，例如就服員與社工員人數要求、庇護工場員工薪資條件設限等」（比例均為37.8%）；第三則為「《勞基法》的基本工資要求，增加機構人事成本」和「難以引進兼具公益理念與經營管理知識之專業人才」，兩項均為36.9%。此結果顯示，臺灣社會企業之營運有三方面的挑戰必須克服，首先是人力資源，特別是領導與經營管理的人才，其次是相關的法令規範問題，第三則是財務資源的挑戰（見表4-13）。

表4-13　機構在「產銷營業」的經營管理上所面臨的挑戰

	個數	百分比
(1) 負責管理／運作「產銷營業」的領導階層之相關經營知識技巧與經驗不足	49	44.1
(2) 營銷事業與組織使命的融合不易	22	19.8
(3) 難以適時取得足夠的資金，限制了「產銷營業」的發展	42	37.8
(4) 社會大眾對於非營利組織經營產銷事業缺乏瞭解及認同	32	28.8
(5) 法令限制，例如就服員與社工員人數要求、庇護工場員工薪資條件設限等	42	37.8
(6)《勞基法》的基本工資要求，增加機構人事成本	41	36.9
(7)「產銷營業」單位選址困難，影響其順利運作	11	9.9
(8) 難以尋找「營利組織」的合作伙伴	17	15.3
(9) 難以尋找「非營利公益組織」的合作伙伴	11	9.9
(10) 同性質機構面臨的競爭壓力	30	27.0
(11) 難以開發產品的行銷管道	29	26.1
(12) 難以引進兼具公益理念與經營管理知識之專業人才	41	36.9
(13) 員工難以認同組織經營「產銷營業」以賺取營收的理念	11	9.9
(14) 員工流動率過高	21	18.9
(15) 可能喪失非營利組織免稅地位	16	14.4
(16) 其他	2	1.8

N=111，複選

（七）在經營「產銷營業」上所需要注重的經營管理能力

調查結果顯示絕大部分的受訪機構認為「行銷管理」是最需要注重的經營管理能力（86.8%）；位居第二為「生產管理」，比例為61.4%，第三

為「品質管理」（59.6%），以及第四為「人力資源管理」（57.9%）（見表4-14）。

表4-14　在經營「產銷營業」上所需要注重的經營管理能力

	個數	百分比
(1) 生產管理	70	61.4
(2) 行銷管理	99	86.8
(3) 人力資源管理	66	57.9
(4) 財務管理	54	47.4
(5) 志工管理	17	14.9
(6) 資訊管理	44	38.6
(7) 品質管理	68	59.6
(8) 法律稅務	21	18.4
(9) 語文能力	5	4.4
(10) 與政府的互動關係	47	41.2
(11) 與其他營利及非營利組織的互動關係	34	29.8
(12) 其他	2	1.8

N=114，複選

（八）目前急需要的人力資源

調查顯示，受訪機構最期待的人力資源為「具備認同組織理念且具產品製作、設計與研發能力之技術人員」（49.5%），其次為「行銷人才」，（48.6%），第三則為「具備認同組織理念且具商業管理相關背景之經營管理人才」（46.8%）。此結果顯示，臺灣社會企業雖然對於商管人才有高度需求，但是仍然期待此類人才能夠同時認同組織的公益使命（見表4-15）。

表4-15　機構「產銷營業」單位目前急需要的人力資源

	個數	百分比
(1) 具備認同組織理念且具商業管理相關背景之經營管理人才	52	46.8
(2) 具備商業管理相關背景之經營管理人才	17	15.3
(3) 具備認同組織理念且具產品製作、設計與研發能力之技術人員	55	49.5
(4) 具備產品製作、設計與研發能力之技術人員	31	27.9
(5) 社工專業人員	13	11.7
(6) 就業輔導人員	8	7.2
(7) 照顧服務人員	7	6.3
(8) 法律人才	2	1.8
(9) 財會人才	10	9.0
(10) 行銷人才	54	48.6
(11) 其他	3	2.7

N=111，複選

（九）機構的決策與執行單位如何因應「產銷營業」

　　臺灣社會企業在投入產銷營業的經營上，治理決策單位是否因而有所調整也是本研究關懷的議題，在調查中分別針對董理事會、執行長（總幹事、秘書長）以及社會企業單位主管三方面進行瞭解。有關董理事會的組成調整方面，多數的受訪機構表示，其並未因為社會企業單位的設立而進行董理事會的組織調整（78.1%）（見表4-16-1）。而在執行長（總幹事、秘書長）的調整方面，有超過四成以上的受訪機構表示，其「目前的執行長（總幹事、秘書長）雖無商業企管或與該產銷專業相關背景的專長，但已利用空餘時間積極進修相關的管理知識」（43.5%），但是仍有三成的機構表示其「目前的執行長（總幹事、秘書長）並無商業企管或與該產銷專業相關背景的專長」（見表4-16-2）。而有關部門主管表示，「目前的部門主管雖無商業企管或與該產銷專業相關背景的專長，但已利用空餘時

間積極進修相關的管理知識」的比例最高（34.3%），其次則是「目前的部門主管並無商業企管或與該產銷專業相關背景的專長」，其比例為28.4%（見表4-16-3）。

　　此結果顯示，臺灣一般社會企業機構在投入產銷營業單位的經營時，其董理事會的組織不會因此而產生大幅度的調整。但是在執行長（總幹事、秘書長）和部門主管兩個層級則有較大幅度的變化，機構雖然投入產銷營業的經營，但是要聘任能兼具認同機構宗旨及商業管理背景的人才，事實上是不太容易從就業市場中覓得，因而產生此二類人員均採取「利用空餘時間積極進修相關的管理知識」的方式，充實本身的經營管理能力。此外在聘任具備商管人才方面，在執行長（總幹事、秘書長）的層級有占25%，而部門主管部分更達37.3%，此現象也意謂了產銷營業單位對於第一線經營管理者具有商管知識的高度期待與要求。

表4-16　機構的決策與執行單位如何因應「產銷營業」而調整

表4-16-1　董理事會

	個數	百分比
(1) 董理事成員中擁有商業企管或財稅相關背景者比例提高	15	14.3
(2) 董理事成員中擁有法律與公共行政等相關背景者比例提高	3	2.8
(3) 董理事成員未因「產銷營業」單位的設立而進行調整	82	78.1
(4) 其他	5	4.8
合計	105	100.0
遺漏值	11	

表4-16-2 執行長（總幹事、秘書長）

	個數	百分比
(1) 聘請具有商業企管或財稅相關背景的執行長（總幹事、秘書長）	11	10.2
(2) 聘請具有與該產銷專業相關背景的執行長（總幹事、秘書長）	16	14.8
(3) 目前的執行長（總幹事、秘書長）並無商業企管或與該產銷專業相關背景的專長	33	30.6
(4) 目前的執行長（總幹事、秘書長）雖無商業企管或與該產銷專業相關背景的專長，但已利用空餘時間積極進修相關的管理知識	47	43.5
(5) 其他	1	0.9
合計	108	100.0
遺漏值	8	

表4-16-3 部門主管

	個數	百分比
(1) 聘請具有商業企管或財稅相關背景的部門主管	12	11.8
(2) 聘請具有與該產銷專業相關背景的部門主管	26	25.5
(3) 目前的部門主管並無商業企管或與該產銷專業相關背景的專長	29	28.4
(4) 目前的部門主管雖無商業企管或與該產銷專業相關背景的專長，但已利用空餘時間積極進修相關的管理知識	35	34.3
(5) 其他	0	0
合計	102	
遺漏值	14	

肆、討論與意涵

本文根據2010年臺灣社會企業的調查結果之部分數據為素材，將臺灣社會企業的組織特質以及經營管理現況做了一番耙梳。首先，就組織特質來看，在時間向度上，不但經營社會企業的母體NPO成立時間泰半集中於2001年之後，而這些機構開始經營社會企業的時間點也大都集中在2006年之後，顯示臺灣許多社會企業在經營事業體上，仍屬開創期居多。至於主要服務對象，多集中於身心障礙者、社區居民、老人、兒童青少年、中低收入者以及婦女，這些人口族群中除社區居民外，都是近年來政府各項福利服務措施所積極培力與照顧的「邊緣性群體」，呼應了社會企業創立的社會服務宗旨。而這樣的特質也反應在機構的運作型式上，大都設立服務工作隊、庇護工廠、生產圈、庇護商店居多，扶植弱勢群體就業的傾向可說較為明顯。若從收入來源來看，這些受訪機構經費收入的兩大來源，一為政府的補助款及委託款，其次為產銷營業收入，顯示政府對社會企業的經費支持扮演了很重要的角色。再從年度營業金額來看，以100萬以下者較多，其次則為101-300萬；不過，我們也發現年度營業金額在500萬至5,000萬元之間的組織也超過了三成的比例。

再者，以經營管理現況調查結果觀之，首先，就社會企業的產銷營業設立目的來看，以「創造弱勢團體就業機會」、「提升弱勢團體就業者的收入」較多，而「建立機構自給自足的能力」亦有相當比例而排居第三，顯示受訪組織成立社會企業產銷單位或部門，在服務弱勢之餘，仍舊希望透過經濟營業收入來挹注組織的運作資源。至於在產銷的收入狀況來看，表示有盈餘的組織較多，約四成七，但也有近二成四顯示呈現虧損的局面。若進一步詢問排除政府資源補助的營收狀況，則發現有四成五的組織表示呈現虧損，顯見政府的經費挹注對於發展社會企業的組織是相當重要的資源，但政府資源不可能永遠無止盡地持續補助，雖然機構在發展社會企業初期，不否認地確實需要有相關單位的扶持，但就中長期發展來看，社會企業還是必須自我發展一套可達損益平衡的資源運作模式，減少對外部資源的依賴。

　　其次，在經營管理的挑戰上，以負責營運與管理的領導階層相關經營知識與經驗的不足為最大挑戰與困境，此乃過去這些組織的核心運作人物都是以社會福利服務起家，如何服務受助者是其擅長的工作，但在跨入社會事業的經營領域後，原有的專長技能頓時失色，抓襟見肘的困境可想而見。因此，對於社會企業的經營者而言，需同時具備兩項特質，一是「溫暖的心」（有關既有社會公益的使命維繫與輸送），另一則是「冷靜的腦」（社會企業經營的成本收益的管理與規劃）。而其他挑戰則來自於資金的不足、對於產業發展的薪資與經營環境的規定等法令限制、以及難以找到同時兼具社會公益理念與經營知識之專業人才。從這次的調查結果思考，社會企業發展過程中，「財力」與「人力」此兩「力」的資源相當欠缺，常構成經營上的阻礙，但這也是臺灣所有NPO所面臨的普遍且共同的困境，但就社會企業而言，似乎對於經營的人力資源欠缺更感困窘。此外，有趣的是，這些受訪的組織普遍需要政府的資源挹注，但對於相關政府的法規與限制過多，也認為是一種發展挑戰，因而這些組織期待政府能藉由法規型塑一個更彈性或是更完善的社會企業發展環境。

　　最後，關於組織的決策與執行單位如何因應產銷的發展，研究團隊區分成「董理事會」、「執行長」、「社會企業部門主管」等三個職務別進行詢問。結果發現位處治理核心的「董理事會」有高達七成八的比例並未因社會企業的經營而進行成員的調整，反倒是負責實際營運與管理的執行長及部門主管等人士，雖然一開始不具備專業的商業管理知識，但會利用空餘時間，積極進修相關產業發展所需的專業知能，這也是目前臺灣社會企業經營者的一個普遍現象。然而，我們認為董理事會是一個組織的治理核心，同時也是社會企業的決策中樞，既然組織已朝向社會企業發展，在董理事會中也應逐漸引進相關管理背景的人才，協助組織在社會企業的前進道路上，有更多專業諮詢、建議與引領。

伍、結語

　　有關社會企業討論，與另一個名詞──「文創產業」，是臺灣近幾年來相當熱門的討論議題，許多學術研究、媒體報導，甚至是社會問題的解決，都與其牽涉上關係。但對於社會企業組織在臺灣的基本樣貌與特質為何，卻少有人探索。本研究團隊自2006年開始，即著手一系列的研究，從概念的釐清到組織發展現況與特質，甚至到個案的發掘都有一定的成果展現。儘管臺灣社會企業的營運現況，仍未達到整體的發展成熟期，也遭遇不同程度的外生與內發的經營管理挑戰，不過對於這些投入社會企業的受訪NPO而言，這是組織面對轉型或成長的必經之路。

　　最後，社會企業與一般企業一樣，必須面對環境的挑戰，也必須具有承擔經營風險的能力。社會企業必須兼顧「社會使命」與「經濟目標」雙重底線，這對於一個組織而言，猶如在跳雙人舞，若協調不佳即可能有跌倒與受傷的風險，而掌握此雙重底線的董理事會具有關鍵性的角色，因此有關社會企業的治理結構，這將是另一個值得關切的議題，期待能藉由不斷深化的探索與研究，讓社會大眾對臺灣社會企業的存在樣貌或營運特性，有更進一步的瞭解。

（本章內容修改、增刪自官有垣、王仕圖、杜承嶸（2014），〈臺灣的社會企業之組織特質與經營管理挑戰──2010年的調查數據分析〉，《中國第三部門研究》，第8卷，頁90-115。）

參考文獻

官有垣（2007），〈社會企業組織在臺灣地區的發展〉，《中國非營利評論》，第1卷，創刊號，頁146-181。

官有垣、王仕圖（2013），〈臺灣社會企業的能力建構與社會影響初探〉，《社區發展季刊》，第143期，頁51-67。

官有垣、陳錦棠、陸宛蘋、王仕圖（2012），《社會企業：臺灣與香港的比較》。臺北：巨流。

施淑惠（2013），〈當前政府推動社會企業的規劃與作法〉，《社區發展季刊》，第143期，頁7-18。

陳錦棠、官有垣、范明林、麥萍施、王仕圖、林楊潔心（2007），《香港、臺灣和上海兩岸三地社會企業初探研究報告》。香港：香港理工大學。

聯合報（2013/10/28），「願景工程：長照+社區，解決青年失業」專題報導。

Alter, S. K. (2006), "Social enterprise models and their mission and money relationships", In A. Nicholls (ed.), *Social Entrepreneurship-New Models of Sustainable Social Change*. New York: Oxford University Press.

Alter, S. K. (Updated November 27, 2007) , Social Enterprise Typology. http://www.4lenses.org/setypology/classification

Borzaga, C., and Solari, L.(2004), "Management challenges for social enterprises", In C. Borzaga and J. Defourny (eds.), *The Emergency of Social Enterprise*. London and New York: Routledge.

Borzaga, C., and Defourny, J. (2004), *The Emergency of Social Enterprise*. London and New York: Routledge.

Boschee, J. (2001), *The Social Enterprise Sourcebook: Profiles of Social Purpose Business Operated by Nonprofit Organizations*. Minneapolis, MN: Northland Institute.

Boschee, J. and McClurg, J., (2003), Toward a Better Understanding of Social Entrepreneurship: Some Important Distinctions. http://www.se-alliance.org/better_understanding.pdf

Dees, J. G. (1998),"Enterprising nonprofit", *Harvard Business Review*, Vol. 76 No. 1 pp. 55-67.

Dees, J. G., Emerson, J., & Economy, P. (2001), *Enterprising Nonprofits: A Toolkit for Social Entrepreneurs*. New York: John Wiley & Sons, Inc.

Defourny, J. & Nyssens, M. (2010), "Conceptions of Social Enterprise and Social Entrepreneurship in Europe and the United States: Convergences and Divergences", *Journal of Social Entrepreneurship*, Vol. 1 No. 1, pp. 32-53.

Emerson, J.(2001), "Understanding risk: The social entrepreneur, and risk management", In J. G. Dees, J. Emerson, and P. Economy (eds.), *Enterprising Nonprofits: A Toolkit for Social Entrepreneurs*. New York: John Wiley & Sons.

Frumkin, P. (2002), *On Being Nonprofit: A Conceptual and Policy Primer*. Cambridge, Mass.: Harvard University Press.

Herman, R. D., and Renz, D. O. (1998), "Nonprofit organizational effectiveness: contrasts between especially effective and less effective organizations", *Nonprofit Management and Leadership*, Vol. 9 No. 1 pp. 23-38.

Johnson, S. (2000), "Literature Review on Social Entrepreneurship," Canadian Centre for Social Entrepreneurship. http://www.bus.ualberta.ca/ccse/Publications/Publications/Lit.%20Review%20SE%20November%202000.rtf

Kerlin, J. A. (2006), "Social Enterprise in the United States and Europe: Understanding and Learning from the Difference", *Voluntas*, Vol. 17, pp. 247-263.

McLaughlin, T.(2001), "Financial management", In J. G. Dees, J. Emerson, and P. Economy (eds.), *Enterprising Nonprofits: A Toolkit for Social Entrepreneurs*. New York: John Wiley & Sons.

Pestoff, V. A. (1998), *Beyond the Market and the State*. Aldeshot: Ashgate.

Steinberg, R. (1997), "Overall evaluation of economic theories", *Voluntas*, Vol. 8 No. 2, pp. 179-204.

第五章
臺灣社區型社會企業的資源動員

王仕圖、官有垣、陳錦棠

壹、前言

　　1965年政府將社區發展列為重大社會政策項目之一，但是受限過去臺灣為一黨獨大的威權體系社會，社區發展的重點仍然強調人民的精神控制。過去影響臺灣社區發展的重要時程包括1987年臺灣解除戒嚴之後，民間組織開始大量產生；1991年政府修訂「社區發展工作綱要」，將社區組織採取人民團體型態運作，推動社區公共設施、生產福利及精神倫理等三大建設，故形成正式化的社區組織，同時開始導入促進社區產業的概念。而1990年代以後，政府部門開始體認到建構公民社會的重要性，同時重視社區組織發展，將其視為政府推動社區發展的力量（蕭玉煌，1999）。2000年以後，政府推動「挑戰2008：國家發展重點計畫」，推出「新故鄉社區營造計畫」，結合特有的文化傳統、空間環境與地方產業，進而發展地方魅力。2005年推動「臺灣健康社區六星計畫」，以產業發展、社福醫療、社區治安、人文教育、環境景觀、環保生態等六大面向作為社區發展的目標（王仕圖，2007）。從以上可以瞭解臺灣社區的產業發展是依附在社區發展的政策脈絡之下，同時也可以瞭解社區產業的發展，相當程度受到政府政策誘因的影響。

　　除了從社區發展面向作為促進社區產業發展的基礎之外，社區就業也是重要的一環，由於產業的開發需要人力資源，因此若能促進社區居民的就業機會，將能造就產業發展與降低失業問題，形成雙贏的局面。臺灣自1999年九二一地震以後，政府在災區推動「就業重建大軍計畫」，透過政府的雇用計畫，以滿足災後重建的大量人力需求，同時也藉此舒緩災後的失業問題以及提供受災戶部分經濟支持。2001年勞委會推出「永續就業工程計畫」，即期盼促進在地化就業環境及工作機會。2002年勞委會推行「多元就業開發方案」，期望結合政府及民間團體，藉由補助具創意性、地方性及發展性之經濟型或社會型計畫，促成在地產業發展，帶動工作機會，引導失業者參與計畫工作，維繫其勞動意願，重建工作自信心，培養再就業能力。

　　雖然臺灣社區組織的發展經常受到政府制度條件之影響，然而在政府

政策的驅動之下，促使社區組織產生自主意識，主動爭取各部門的資源，形成一股由下而上的公民社會運動。這股力量雖然以政府政策誘發的成分居多，但是近年來臺灣社會受到的災害衝擊、經濟問題、公民意識抬頭以及多元化社會發展也是重要的促成元素。社區解決經濟問題的研究文獻，特別是中高齡失業者，如新港餐廳雇用中高齡婦女；部分社區基於社區產業或生態特性，發展符合在地化生活的產業，如萬安社區的有機米產業、港邊社區的生態導覽產業、或以休閒觀光為主軸的文化產業等（邱連枝、官有垣，2009；王仕圖等人，2010）。根據Peredo與Chrisman（2006）的觀點，社區得以發展出社會企業，必須能建構共享的價值與創新性，同時對社區的社會經濟環境要能夠充分的掌握。多元的鉅視環境條件、社會性安排和文化價值扮演一個助長創業活動的關鍵性角色。因此臺灣社區型社會企業（community-based social enterprise，簡稱為CBSE）的發跡，相當程度是受到政府政策的影響（Kuan, 2007）。

　　基於以上的說明，本研究運用社會資本和資源動員觀點，探討臺灣CBSE的現狀特性。運用此二理論主要是基於CBSE的發展條件，需要透過社區居民參與，在社區內取得共識之下，再從中運用居民人際關係網絡，以獲得社會企業發展所需的資源。本研究在分析方法上主要有兩個部分，第一部分是運用2009年臺灣經濟部委託的「臺灣慈善能力建構之研究──抗貧的經驗與策略計畫」，該項計畫在2010年5月進行問卷調查，研究者運用三個條件選取CBSE的樣本，首先是填答者選取其組織類型為「社區發展協會」，其次是組織宗旨填答為「社區營造」者，最後則是以「社區居民」為主要服務對象者。經由交叉比對之後，本研究選取43家CBSE，以該調查資料的數據作為本研究的討論依據。另外，本研究選取兩家CBSE作為案例進行個案討論，分別是臺灣中部的龍眼林社區和臺灣東部的萬安社區。這些社區均以發展在地化產業為主要特色，本研究即藉由他們在形成產業特色的過程，如何形成內部的共識、整合各方力量與資源，以共同努力完成CBSE所設定的社會目標，作為本研究的分析目的。

貳、文獻探討

一、社區型社會企業

　　傳統上臺灣社區組織的主要功能著重在福利服務與提供照顧，其中服務對象多以老年人口居多，然而社區組織在社區中的服務除了以社區老人為對象以外，其他議題也可以成為社區組織提供服務的領域，例如改善社區居民的貧窮問題、婦女就業問題，以及產業發展等。然而這類問題的處理上，社區組織更需要具備多元化的支持網絡和資源動員能力，才能夠面對更為複雜的社區問題。Bowen等人（2000: 3）指出：「所有的社區面臨到社區作為一個集體，必須採取行動的情境；所有社區面臨脈絡性變遷和挑戰，其中也包含了健康與福祉議題；以及所有社區均包含了正式組織與非正式支持的組成。」因此，社區組織也是展現社區集體行動能力的重要場域。

　　雖然社區是許多居民共同生活的地方，但社會快速變遷之下，人與人的關係疏離，社區概念不再是傳統農業社會中，以親屬或鄰里網絡關係結構為主要互動的地方，社區中的居民不容易產生交集。因此，必須有組織作為互動的平臺，才可能形成集體行動，並對社區產生影響力，如同McCarthy與Wolfson（1996）所說，代理機制是發展與擴散集體行動的關鍵性因素，社區組織就是居民的重要代理機制。Milofsky與Romo（1988）也認為社區組織可以形成整合的力量，凝聚社區居民的需要和理想，結合社區民眾的力量，共同達成社區的目標。故社區組織可以成為一個強而有力的公共與具備文化建置的社會系統。

　　面對多元化的社區問題時，更需要不同部門的協調合作，才能有效回應社區相關問題。社區組織發展社會企業的現象，某種程度也是回應這樣的發展趨勢。Peredo與Chrisman（2006: 310）界定社區型事業組織的概念為：「社區積極地整合企業家和事業以追求共同利益。因此它是一種鑲嵌在社區既存的社會結構下，具備創業精神地建構與運作新型態事業過程下的結果」。

Peredo與Chrisman（2006: 316-318）認為社會企業的發展會受到四個條件影響，分別為：

1. 觸發社會／經濟的壓力（triggered social/economic stress）。
2. 為一種漸進式學習的產物（a product of incremental learning）。
3. 依賴於社會資本（dependent on social capital）。
4. 社區的規模（community size）。

首先，CBSE的發展是基於社區需要，解決經濟與社會的問題。社區內的問題包含：經濟危機和個人機會不足、社會解體的過程、社區或次團體與主流社會產生社會疏離、環境惡化、災後重建與大型企業的變動性。CBSE即是被期待可以發展一些因應威脅社區居民生活的領域，因此在投入社會企業的工作仍需要社區居民的積極參與，才能開創經濟機會，同時發揮其社會價值。其次，CBSE是一個根植於集體經驗的結果，經由經驗所產生的知識累積，將有助於社區投入特定產業的開發。第三，社會資本是社區的主要資源，社區本身也是CBSE最主要、也是最具有價值的資源。最後，社區的規模也會影響CBSE的運作，CBSE的成形最好能夠為社區所擁有，或者具備足夠的資源投入。然而一般社區若較為貧困，將沒有足夠的資源作為CBSE的運作基礎，故基於資源支配的能力，CBSE所在的社區不宜太小，若能維持在中大型的社區規模，較有利於CBSE的運作。

將社區視為一個企業家，一個CBSE的建構和表現會受到社區如何整合相關的方法與價值，其中包含傳統或新的技術、經驗、合作等創新方法的影響。社區因應社區內部的現象或問題，經由發展商業運作模式，將可能成為一種價值建立與創新的作法，這樣的方式在紓解貧窮問題或維護社區生態環境上，都有相當程度的功能存在（Peredo and Chrisman, 2006: 309）。在這樣的過程中，CBSE可能成為拉近社區居民的力量，透過社區共同關懷社區內的某些議題，促成特定產業的發展，或者取得更多資源以照顧社區中需要照顧的人群。

二、社會資本理論

社會資本理論在社會科學研究領域上受到重視，主要是受到Putnam

（1993; 2000）相關著作的影響。Putnam（1993）界定「社會資本」
（social capital）為：「社會組織具備諸多功能，如信任、規範與網絡，其
可經由協調合作的行動促進社會效率」。亦即人們共同投身公共事務或形
成團體，進而產生互動關係、連結網絡與共同價值規範，使參與者的行動
有所依循，並由此基礎形成對彼此的信任。這不但有利於人們連結關係，
共同為集體目標進行合作，人與人之間的網絡互動、組織與組織之間的資
源連結，可以構成整體社會良性運作的基石。同時，Putnam（2000）探究
社會資本的同時，更著眼於當代諸多社會問題的產生，例如，傳統社會制
度的崩潰、人際關係的冷漠、信任感的降低、低度的政治參與率、婚姻制
度的不穩定、高犯罪率等。這些問題皆肇因於人們不願意有更活絡的社會
參與及互動，以致社會資本無法持續累積，導致各種社會問題持續惡化。

　　Coleman（1990）主張社會資本存在於人際間的關係結構中，此為個
人的資產，而此資產對於行動者的價值，在於它可以被行動者用來實現他
們的利益。林南（2001：3）指出：「資本是在市場中具有預期回報價值
的資源投資，而社會資本嵌入於社會網絡中，在有目的之行動中可以獲得
或調用的一種資源」。林南（2001）曾歸納社會資本的陳述，認為其主要
觀點有三個範式：(1) 社會網絡和嵌入資源、(2) 社團與民間參與、(3) 普遍
信任與不信任。將此觀點應用於組織的層次上，有一個前提要件，也就是
個人必須成為組織的成員，或參與組織活動，則社會資本才能有效形成。

　　NPO在社會資本的產生與共享上，有其重要的正向意義與角色。其所
具有的中介角色與公益性質，能讓人們有共同結社與討論的機會與管道，
產生與凝聚活絡的網絡關係與共識；透過持續參與的過程，亦能逐漸形成
互助合作關係，以及願意彼此信任與遵守的價值規範。這些社會資本的產
生與積累，近似公共財的特性並為參與者共同分享。再者，在現代社會
中，人們有不同的背景與地位，不再是依循過去的封閉性血緣或地緣認同
與信任；透過現代NPO的開放性參與及自發性社交活動，人們有較多元的
互動關係與瞭解，參與者彼此的網絡關係將有交集湊合的可能，這將產生
「橋樑」（bridging）般的效果，參與者能有更多的資訊交流與資源分享，
使社會資本具有流動性，將人們信任的範圍與程度能從有限度的傳統地域

社群或宗族認同解放出來,進而在彼此願意信任與分享的環境下,產生更寬廣的公共信任。如此將有利於更大規模的合作與集體行動產生,促成社會的和諧運作與繁盛發展(Fukuyama, 1994; Lin, 2001)。Putnam(1994: 153-57)則更強調公民社群(civic community)並不是經濟富裕的產物;事實上,從因果關係來看,公民社群不只帶來政治參與,也促進了商業合作,因此是經濟發展的原因,而不是後果。由於公民社區的形成,促進了人與人之間合作信任,形成一種社會資本的力量。

三、資源動員觀點

資源動員理論著重於政治性與組織性的議題,強調組織化集體行動的展現,以增加資源取得的可能(Jenkins and Perrow, 1977)。McCarthy 和 Wolfson(1996)指出,有關資源動員理論的討論著重於社會運動與政治權力對立的關係。本研究的「資源動員」,著重於社區組織中可以運用的人力、物力和財務等資源。McCarthy 和 Wolfson(1996)也指出部分研究焦點在於,著重集體行動者的資源動員型態和動員數量,分析地區組織在整體動員過程中,組織的角色、策略以及整體組織的結構。

過去許多研究對於資源動員的討論,多數會著重在金錢、勞動者和法令規範作為資源標目,但是此現象過度強調金錢作為一種資源,而忽略自願勞動者作為集體行動的重要性。CBSE也是立基於社區居民對社區的關懷,自願性地投身於社會企業的運作。McCarthy與Wolfson(1996)從地方動員的角度,提出不同於以往的動員模式,他們認為有三個動員的模式,一為「代理機制」(agency);二為「策略」(strategy);三為「組織」(organization)。

「代理機制」是發展與擴散集體行動的關鍵性因素,此處指積極的行動者投入集體行動的數量,而非行動者的才能。由此代理機制可以瞭解社區組織結構的資源角色,其作為社區發展的重要推動者,可以動員資源的數量和型態將有助於瞭解社區組織的運作。Fireman與Gamson(1979)從代理機制或組織的領導作為資源動員的模式,指出此一模式可透過這樣的代理機制獲得以下的作用,首先可以協助組織成員瞭解他們的共同利害關

係；第二是可留意相關者可能帶來的機會與威脅；第三為可提出行動的路線；第四為凝聚共識與溝通；第五為有效形成決策；第六為整合行動。所以，組織的專業或具有經營能力的領導者，將可為組織帶來豐沛的各類資源，同時在組織的核心領導人物中，若能為組織對外關係建立連結的網絡關係，對社區組織的資源動員建構而言，也是一種重要的社會資本。

其次，在「策略」部分，過去有關組織研究或社會運動的研究，策略角色對團體是否成功，具有重要的決定性關鍵，一般的策略可以包含三類，一類是公民教育，以便吸引一般大眾；第二是直接服務，服務那些需要協助的人；第三則是結構變遷，也就是企圖改變現狀，包含法律層面、權威、甚至有關體制的改變（McCarthy and Wolfson, 1996: 1072）。此外，NPO在策略的考量上，還得注意環境的變遷因素（Barman, 2002），有鑑於社區的腹地較少，多數的社區組織必須仰賴外部資源的投入，才可能有效推展相關的社區服務。因此社區組織與外部環境之間的互動，必然是影響該組織取得資源的重要關鍵，所以有時組織可能為了因應環境資源的取得，而必須調整本身的組織結構（Milofsky and Romo, 1988）。

最後，有關組織的部分，強調團體活動的組織所產生的動員力，部分的分析會著重在正式組織化的過程，因此可能造成關懷面向強調集中化和科層化的問題。事實上，許多地區性志願組織的科層化是比較扁平而沒有太大變異的，所以瞭解地區性組織，若著重在工作團體的結構以及領導的過程，可能更為重要（McCarthy and Wolfson, 1996）。

參、臺灣2010年社區型社會企業的調查分析

本文利用2010年所進行的問卷調查資料，探討臺灣CBSE的基本樣貌。討論的項目包括機構的成立時間，CBSE的起始時間、設立目的、營運狀況、年度營業金額，就業規模及產銷營業管道等方面。

一、成立的時間

在CBSE母機構的成立時間方面（見表5-1），以2001年至2005年之間最多，共有18個組織（42.9%）；其次為1996-2000年之間，計有9個組織（21.4%）。臺灣CBSE的母機構在2001年後有較大幅度的成長，可能是受到政府在2001年開始推展就業政策密切相關，政府在「多元就業開發方案」中，補助對象均以民間NPO為主，造成在此時期社區型NPO數目快速增加。

表5-1　臺灣CBSE母機構的成立時間

	個數	百分比	累積百分比
(1) 1990年之前	2	4.8	4.8
(2) 1991-1995年	8	19.0	23.8
(3) 1996-2000年	9	21.4	45.2
(4) 2001-2005年	18	42.9	88.1
(5) 2006年迄今	5	11.9	100.0
合計	42	100.0	

二、投入社會企業的時間與主要目標

臺灣社區組織投入社會企業的起始時間（見表5-2），調查發現以2006年迄今者占最多數，共有19個組織（50.0%），且合計約有81.6%的NPO於2001年後才開始經營社會企業。此調查結果也呼應臺灣CBSE發展的歷史脈絡，與回應重大災害（九二一大地震）、失業問題，以及解決社區經濟問題（如失業回鄉的衝擊）有關。

表5-2　臺灣CBSE經營之起始時間

	個數	百分比	累積百分比
(1) 1990年之前	0	0.0	0.0
(2) 1991-1995年之間	3	7.9	7.9
(3) 1996-2000年之間	4	10.5	18.4
(4) 2001-2005年之間	12	31.6	50.0
(5) 2006年迄今	19	50.0	100
合計	38	100.0	

　　更進一步探究CBSE的設立目的（見表5-3），受訪組織認為其設立目的依序為「有助於社區發展的活化」（66.7%）、「創造弱勢團體就業機會」（61.9%）、「可向政府申請相關經費補助」（57.1%），以及「建立機構自給自足的能力」（52.4%）。此結果顯示，整體而言，若對照Defourny（2001）提出從經濟與社會兩個層面來解釋CBSE的內涵，臺灣CBSE設立的社會目的是要活化社區的發展，並創造社區內弱勢團體的就業機會與收入；另一方面，其經濟目的是期盼從事產銷營業能獲得更多政府資源的挹注之外，更能由從事產銷營業的收入，增進機構的自給自足能力。此驗證了Peredo與Chrisman（2006）的觀點，即CBSE的發展是基於社區需要而解決經濟與社會的問題，例如舒緩社區內的經濟危機和個人機會不足問題。

表5-3　臺灣CBSE之設立目的

	個數	百分比
(1) 可向政府申請相關的經費補助	24	57.1
(2) 提供職業訓練	18	42.9
(3) 創造弱勢團體就業機會	26	61.9
(4) 提升弱勢團體就業者的收入	18	42.9
(5) 增進弱勢團體的社會適應能力	11	26.2
(6) 建立機構自給自足的能力	22	52.4
(7) 滿足弱勢團體個別之需要（如復健、彈性工時等）	4	9.5
(8) 可有效提升機構的知名度	10	23.8
(9) 增加機構的經費收入	14	33.3
(10) 舒緩社區的社會及經濟問題	13	31.0
(11) 有助於社區發展的活化	28	66.7

*本題複選

三、運作模式

　　有關臺灣CBSE的運作形式方面，依「服務型態」區分（見表5-4），以「生態、景點觀光」之比例最高（45.0%），其次為「生產圈」（32.5%），再次之為「服務工作隊」（30.0%）。由此結果顯示CBSE相當著重和當地產業或生態系統結合，由於臺灣許多社區本身具備良好的生態教育條件，加以近年來對於環境保護的意識抬頭，故CBSE發展出和在地生態或產業結合的運作模式。由於臺灣CBSE主要是運用在地社區資源，協助當地居民發展地方產業、產品與服務，並有協助振興地方經濟、改善地方生活品質、充實居民工作能力、提升居民公共參與的意願等功用，因此CBSE的類型才會以生態景點觀光、餐飲服務及產品製作等與社區觀光或社區產業有關之類型呈現。

表5-4　依「服務型態」區分CBSE之運作形式

服務型態	次數	百分比
庇護工場	7	17.5
庇護商店	9	23.1
生產圈	13	32.5
服務工作隊	12	30.0
居家服務	1	2.5
生態、觀光景點	18	45.0
資本、資金、專業技術	1	2.5
跳蚤市場	3	7.5

* 本題複選

四、運作條件

在主要經費收入方面（見表5-5），超過七成的CBSE組織表示其主要經費來源為「政府補助及委託款」（73.8%），其次為「產銷營業收入」（64.3%）。除此二者之外，僅只有「會費收入」的比例超過三成（33.3%），其餘經費收入所占的比例並不高。由上述調查結果顯示，「政府補助及委託款」及「產銷營業收入」是目前臺灣CBSE的主要經費收入來源。而「政府補助及委託款」的比例高居首位，此數據也與官有垣（2007）的研究結果指出社會企業的發展因素之一為「政府的政策誘發與經費補助」的結果吻合，同時符應Kuan與Wang（2010）有關政府政策與補助對於社會企業發展具有重大影響之論述。此結果相當程度符應Barman（2002）的論點，即在策略的考量上，社區組織需注意環境的變遷因素，鑑於社區的腹地較少，多數社區組織必須仰賴外部資源的投入，才可能有效推展相關的社區服務。

表 5-5　臺灣CBSE主要經費收入

	個數	百分比
(1) 產銷營業收入	27	64.3
(2) 一般捐款	7	16.7
(3) 政府補助及委託款	31	73.8
(4) 會費收入	14	33.3
(5) 孳息	1	2.4
(6) 其他收入	1	2.4

* 本題複選

　　在營收狀況方面（見表5-6），臺灣CBSE最近一年的整體營收狀況，約有四成五（45.2%）認為其最近一年的收入狀況為「已有盈餘」，超過七成六（76.2%）認為其收入狀況為「已有盈餘」或「損益平衡」，然而也有近二成四（23.8%）認為其收入狀況「呈現虧損」。再進一步探究扣除政府補助後的營收狀況（見表5-7），組織財務狀況為「損益平衡」的百分比變化不大，但是「已有盈餘」的比例從45.2%下降至23.7%，而「呈現虧損」的比例攀升至47.4%，與扣除政府補助前的比例，呈現虧損的CBSE成長將近一倍。由此結果顯示，臺灣CBSE的經營現狀而言，若無政府資源的挹注，恐難有較長期且穩定的經營與發展。易言之，政府經費的挹注仍在扶持CBSE的發展上扮演了重要的角色。

表5-6　臺灣CBSE最近一年整體營收狀況

	個數	百分比
(1) 已有盈餘	19	45.2
(2) 呈現虧損	10	23.8
(3) 損益平衡	13	31.0
合計	42	100.0

表5-7   扣除政府相關單位經費補助後的營收狀況

	個數	百分比
(1) 已有盈餘	9	23.7
(2) 呈現虧損	18	47.4
(3) 損益平衡	11	28.9
合計	38	100.0

五、服務或產品的銷售管道

臺灣CBSE的主要銷售與服務管道方面（見表5-8），最主要的銷售與服務方式為「機構內部單位自銷」（51.2%），其次為「架設網站，提供網路購物」（46.3%），再次之為「與其他組織合作販售產品與服務」（34.1%）與「社區人際互動網絡行銷—呷好道相報！」（31.7%）。由上述調查結果顯示，臺灣CBSE的銷售與服務管道與社會資本息息相關。不管是對機構內部的自銷，或者是架設網站、與其他組織合作販售，乃至於透過社區人際互動網絡行銷等銷售服務管道，都與社會資本中的信任、網絡連結與共同的價值觀念等元素有關。尤其是「機構內部單位自銷」的比例超過五成的結果，也顯示CBSE員工對於組織產品或服務的信任與認同，也更進一步展現互惠與互助的協力機制。而「網路虛擬的購物平臺」及「與其他組織合作販售」，也都是立基於資訊管道暢通下，彼此間的信任與共同價值規範的運作模式。「社區人際互動網絡行銷」更是利用社會網絡的關係，以促成不同資源相互連結與轉化的過程。

社區居民對於在地社區所進行的產銷營業活動有高度的認同與信任，並進一步協助推廣CBSE所販售的產品或服務，這同時也是CBSE透過社會資本的累積，取得更多的社區居民或外部資源認同，以銷售其所販售的服務或產品。從社會目標面觀之，CBSE產銷服務的盈餘或目的將直接用於社區的照顧服務或解決社區社會問題上，也有助於促使社區居民對於CBSE的產銷營業項目有較高的認同感，進而願意協助推廣產銷服務的服務或產品。因此，從CBSE的產銷與服務管道方面觀之，除了展現CBSE與

社會資本的密切關係之外，更是因為CBSE對於社區公益能力的展現，促使社區居民對於CBSE與社區的認同與凝聚力。

表5-8　臺灣CBSE的主要銷售與服務管道

	個數	百分比
(1) 在庇護工場或庇護商店進行銷售	7	17.1
(2) 機構內部單位自銷	21	51.2
(3) 架設網站，提供網路購物	19	46.3
(4) 於一般商店寄賣（如便利商店）	5	12.2
(5) 透過政府協助銷售	10	24.4
(6) 提供郵購服務	5	12.2
(7) 園遊會義賣	6	14.6
(8) 與其他組織合作販售產品與服務	14	34.1
(9) 社區人際互動網絡行銷—呷好道相報！	13	31.7
(10) 其他	3	7.3

＊本題複選

肆、社區型社會企業之個案分析

一、南投龍眼林福利協會

位於臺灣中部南投縣中寮鄉的龍眼林福利協會，主要的服務範圍包含區域內的永和、永芳、爽文、龍岩、龍安、清水及內城七個村落。該地區總人口約為5,000人，而該福利協會所在地為龍安村。1999年九二一地震災後，社區以原來的社區營造綱要計畫導入重建工作，並成立重建工作站。由於重建工作上的實際需求，龍安村重建工作站的工作逐漸擴大至北中寮各社區，並改名為「北中寮重建工作站」。由於重建工作極具消耗性與艱難性，尤其需要溝通協調以及知識、常識的學習，因此重建工作站逐漸以

社區學習的機能來從事重建工作，並發展為常態性的社區教育平臺，成立
「龍眼林社區學園」。社區學園由於業務逐漸多樣化、多元化，在組織上
已難以負荷，因此由在地居民於2001年7月，正式向南投縣政府申請成立
「社團法人龍眼林福利協會」。

　　龍眼林福利協會在組織分工上，除了設有會員大會、理監事會、理事
長與總幹事外，根據業務需求區分有社區營造組、會務組、社會福利組、
產業發展組與資訊組。社造組負責社區總體營造；會務組掌管出納與會
計；社會福利組包含青年、兒童物資捐贈服務、高風險家庭兒少服務、關
懷據點服務、日間照顧服務與老人餐飲服務；產業發展組內有休閒產業及
旅遊服務、農產加工開發行銷；資訊組進行資料保存建檔與數位中心資訊
教育。

　　餐飲服務緣起於九二一後由原龍安村村長所成立的公共食堂，繼而點
燃了送餐服務。中寮鄉的人口結構以老人與小孩居多，年輕人多半外出工
作，所以獨居老人的比例相當高，也因為居住於偏遠山間，生活機能不比
都市。為使老年人口能夠在地安享晚年生活，免於自行烹煮的安全性威
脅，成立伙食堂進而轉型為長者口中的「龍眼林飯廳」。「龍眼林飯廳」
服務至今有十餘年，目前服務全鄉老年人口，每日除提供長者午、晚餐的
營養衛生餐食之外，亦由當地送餐志工，每日提供至少二次的關懷訪視。
在推動老人送餐的同時，也推動老人日間照顧工作，於2000年在龍安社區
活動中心，開辦老人日間服務，其中有平常的餐飲調養、促進健康的活
動、手工藝品的製作及各項靜態和動態的活動。除了推動老人福利之外，
協會也推動兒童福利及農村整體發展的規劃，例如兒童助學金的贊助、兒
童助學認養的協助、社區數位中心的建置與數位教育。

　　有關產業發展方面，龍眼林社區絕大多數居民以務農為主，在傳統產
業的部分以在地特色農產品及農產加工品為主，項目有龍眼、柳丁、香
蕉、洛神、桑椹等鮮品及加工品。在龍眼林福利協會長期性的推廣，辦理
大型活動結合區域內居民共同行銷下，已打造出龍眼林為龍眼的故鄉的特
色，為鄉內農民帶進豐碩的收入。此外，龍眼林福利協會重要收入來源為
農產品加工，為了避免當地農民被剝削，於是研發農產銷售系統，以高於

盤商價格收購當地生產過剩的農產品，經加工、包裝後銷售出去，所得收入回歸到協會。協會首任總幹事廖先生表示，2006年開始透過行政院勞工委員會推動的「多元就業開發方案」，申請補助社區就業人力，一方面創造社區就業人口，另一項重要的工作是為了協助社區農產品加工及串聯周邊觀光景點，透過協會結合地區農業轉型休閒農業的推廣、農特產品的研發與行銷，使在地農民能夠增加農產品的收入，更能促進更多在地就業機會，穩定農村經濟。

如同Peredo與Chrisman（2006）所說，CBSE的形成需要一種漸進學習的過程，龍眼林福利協會在產業推動方面，社區對於農產品加工、宣導策略、產業特色的定位並沒有具體判斷的能力，雖然組織成員的平均教育程度不高，而且不具備特定專業背景，然而社區幹部在各種會議討論的過程中，蒐集了各種社區的需求之後，運用地震災後各種資源進駐的優勢和便利性，能夠連結到滿足其社區需求的各項資源。例如社區內有建立數位學習的社區學院，院內的電腦系統和網絡設備均由企業免費提供，再透過專業師資進駐社區的意願甚高，以及民眾在災後重建的高度需要，故容易習得社區居民所需要的專長。

二、臺東縣池上鄉萬安社區發展協會

根據臺東縣戶政2011年人口統計，萬安村的家戶數為153戶，人口數為401人，其中男性225人，女性176人。聚落主要以樹林莊、魏厝、龍仔尾三個主要聚落分布。居民以閩南人及客家人為主，當中客家人占多數，約70%。農作生產活動及民俗祭祀為維繫鄰里關係和影響社區活動之重要因素，現有的「萬安社區發展協會」成立於1992年，為推動社會企業發展的重要社區組織。社區發展協會的成員多為當地居民，社區組織除了會員大會、理監事會等治理結構之外，行政單位設有總幹事、文書、會計、行政助理，為一扁平的組織結構，符合小型社區組織的分工模式。此外，由於社區的主要經濟作物為稻米，因此在社區領導者努力之下，社區成立「稻米原鄉館」，成為稻米產業推廣的重要地方，目前已成為臺東縣池上米食文化參訪解說展覽場、遊客諮詢、休息據點以及村民重要休閒活動場

所。除了稻米原鄉館外，社區組織所推展的團隊還包括：有機米產銷班、社區巡守隊、關懷天使隊、媽媽教室、長青槌球隊等。

臺東池上米遠近馳名，萬安更是池上米的重要產地之一。農民精益求精的技術加上居民對有機環境的共識，更是萬安有機米屹立不搖的主要原因，連續三年的全國米王都出自這裡，也讓萬安社區成為全臺灣區塊最完整、面積最大的有機米專業區。萬安社區發展協會成立以來，一直朝向有機村的目標努力，但除了稻米的耕作過程要求是有機的之外，近幾年更將有機的概念深化到每位居民的日常生活當中。

稻米原鄉館為該CBSE推動有機米產業的重要據點，該據點原為1971年池上農會建置的一座農業肥料倉庫，到了1991年，因該空間不敷使用，農會於是另尋地點建置倉庫，原有之倉庫即成為閒置倉庫。經過當地文史工作者的努力，以及行政院文化建設委員會與臺東縣立文化局的支援下，社區組織於2003年提出「稻米原鄉館」的計畫，作為池上米食文化參訪解說及展示的場所，並作為社區民眾休閒活動中心，同時也是旅遊服務、諮詢的據點。稻米原鄉館於2004年時正式落成啟用，除維持原有基本結構外，另建造二樓閣樓，作為遊客用餐、品茗、喝咖啡及閱讀、賞景之處。「稻米原鄉館」不僅是萬安社區的門面，也是地方產業重要行銷據點，更是推動當地民宿、休閒旅遊的對外窗口。

另外，萬安社區於2005年已經成立「社區產業福利社」，其組織章程第三十三條特別規定：本社年終結算後有盈餘時，以35%作公益金，由社務會決議，作為辦理社區福利、扶助支持、康樂活動或公共衛生設備經費。此一結果亦顯示社區組織在創造產業的發展下，仍期許能夠對社區的福利有所貢獻。

伍、研究發現與討論

從本研究的討論過程中，可以瞭解臺灣CBSE的發展概況，雖然政府的政策宣示早於1960年代即重視產業發展，然而社區產業能夠成為社區的

共識，仍然得在1990年代以後，才成為較為普遍的觀念。而CBSE的成立，原因主要可以歸納二大方向，一方面期待可以為社區爭取更豐富的資源，另一方面則是希望能為社區中的弱勢人群創造就業機會，以增加弱勢者的經濟收入。這樣的動機也反應在研究分析資料裡面，有關經費收入的討論部分，可以發現政府所提供的財務支持占非常高的比例。

政府所提供的政策誘因確實是促進CBSE發展的重要動力，然而政府在提供資源之際，並非齊頭式平等之作法，政府的財務支持是選擇性地鼓勵社區能夠動員其成員，共同規劃社區未來的發展方向，如同McCarthy 與 Wolfson（1996）所強調，社區組織是期望社區發展的重要代理機制，社區的領導者必須帶領社區居民發掘社區的問題，促使社區成員瞭解其共同的利害關係，同時從中找到解決問題的策略與方法，而政府所提供的財務支持即成為社區組織投入社會企業的重要推動力量。譬如，龍眼林福利協會雖然是因為地震災害而形成的社區組織，然而社區的領導者觀察發現社區的產業（龍眼）因為季節性問題，導致產品在中元節之後，其經濟價值大幅滑落，而社區組織領導者看到此一問題，即於中元節後進行龍眼的收購，再透過與政府合作的模式辦理龍眼林文化季活動，一方面行銷龍眼相關的產品達到產業行銷的效用，另一方面則利用此一活動將龍眼所製成的加工產品加以販售，以創造更高的產品價值。而萬安社區所建置的稻米原鄉館，也是在與政府的合作模式下，將該場所作為行銷社區有機稻米的重要通路。

社區投入產業的發展，除了需要集體行動力量動員資源外，更需要形成社區的公共信任，這樣的信任關係必須能夠從傳統的宗族關係解放出來，才能形成共享的結構體系（Fukuyama, 1994）。從本研究調查發現CBSE的產品銷售管道，相當程度是仰賴人際之間的關係網絡，而且此一網絡必須是能夠加以動員的關係，如同Lin（2001）所言，社會資本是鑲嵌於社會網絡中，且可以在行動過程中，成為可調用或獲得的資源。研究中CBSE的產品不管是內部銷售、與其他組織合作販售、或由社區人際互動網絡之管道，均反映一種社會資本的運作模式。

CBSE得以發展，社區內的公民參與投入是關鍵性的力量，而社區組

織的領導者必須能夠透過文化價值的灌輸過程，教育當地居民，提升其在地化的認同，同時化為集體的行動，才能實踐社會企業的理想。龍眼林福利協會不管在送餐服務、龍眼文化季的推展上，其得以成功的要素之一是仰賴一批願意長期付出的志工人力。社區在推動社會企業的過程中，志工也成為一項重要的社會資本，由於志工均來自社區內部的民眾，容易形成內部一致性的文化價值，故成為一個同質性的團體，而對於志工團體，一旦賦予其推展社區產業的任務，在共同的生活經驗條件與彼此間的高度信任下，有利於促進CBSE的發展。

綜合以上的討論，臺灣CBSE的發展與政府的政策息息相關，從調查資料的結果發現可以瞭解社區組織發展社會企業的過程中，政府仍然是財務資源的重要支持者。政府的資源雖然存在，但是仍需要社區組織主動爭取，因此提出一個具備創新性的經營策略，成為是否能夠獲取政府資源的重要關鍵。再者，從臺灣幾個案例的觀察，社區組織投入社會企業的經營，需要考量社區在地化的條件，此一現象符合Peredo與Chrisman（2006）有關CBSE運作的特徵，即「以社區原有的技能（產業）為基礎」、「仰賴社區居民的參與」與「具多重目標」。最後，基於CBSE的推展和社區內的人民密切相關，故社會資本所主張之網絡關係與信任等觀點，可以成為支持CBSE發展的重要力量，也是社會企業發展得以成功需要仰賴的媒介。

參考文獻

王仕圖、官有垣、林家緯與張翠予（2010），〈工作整合型社會企業的角色與功能——臺灣與香港的比較分析〉，《人文社會科學研究》，第4卷，第2期，頁1-25。

官有垣（2007），〈社會企業組織在臺灣地區的發展〉，《中國非營利評論》，第1卷（創刊號），頁146-181。

林南（2001），〈社會資本：爭鳴的範式和實證的檢驗〉，《香港社會學學報》，第2期，頁1-38。

邱連枝、官有垣（2009），〈非營利社區文化產業的運作與影響：苗栗縣社區營造組織的兩個個案研究〉，《國家與社會學報》，第7期，頁29-86。

蕭玉煌（1999），〈組織再造——社區組織工作省思與前瞻〉，《社區發展季刊》，第87期，頁16-34。

Barman, E. (2002), "Asserting difference: the strategic response of nonprofit organizations to competition", *Social Forces*, Vol. 80 No. 4, pp. 1191-1222.

Bowen, G. L., Martin, J. A., Mancini, J. A., and Nelson, J. P. (2000), "Community capacity: antecedents and consequences", *Journal of Community Practice*, Vol. 8 No. 2, pp. 1-21.

Coleman, J. S. (1988), "Social capital in the creation of human capital", *American Journal of Sociology*, Vol. 94, pp. 95-120.

Fireman, B., and Gamson, W. A. (1979), "Utilitarian logic in the resource mobilization perspective", In Zald, M. N. & McCarthy, J. D. (Eds.), *The Dynamics of Social Movements: Resource Mobilization, Social Control, and Tactics*, Cambridge: Winthrop Press, pp. 8-44.

Fukuyama, F. (1994) *Trust: The Social Virtues and the Creation of Prosperity*, New York: Free Press.

Jenkins, J. C., and Perrow, C. (1977), "Insurgency of the powerless: farm worker movement (1946-1972)", *American Sociological Review*, Vol. 42 No. 2, pp. 249-268.

Kuan, Y. Y., and Wang, S. T. (2010), "The impact of public authorities on the development of social enterprises in Taiwan", *Journal of Public Affairs Review*, Vol. 11 No. 1, pp. 1-22.

McCarthy, J. D., and Wolfson, M. (1996), "Resource mobilization by local social movement organizations: agency, strategy, and organization in the movement against drinking and driving", *American Sociological Review*, Vol. 61 No. 6, pp. 1070-1088.

Milofsky, C., and Romo, F. P. (1988), "The structure of funding arenas for neighborhood based organizations", in Milofsky C. (ed.) *Community Organizations: Studies in Resource Mobilization and Exchange*, New York: Oxford University Press, pp. 217-276.

Peredo, A. M., and Chrisman, J. J. (2006), "Toward a theory of community-based enterprise", *Academy of Management Review*, Vol. 31 No. 2, pp. 309-328.

Putnam, R. D., Leonardi, R., and Nanetti, R. Y. (1993), *Making Democracy Work: Civic Traditions in Modern Italy*, Princeton, NJ: Princeton University Press.

Putnam, R. D. (2000), *Bowling Alone: The Collapse and Revival of American Community*, NY: Touchstone.

Wallace, S. L. (1999), "Social entrepreneurship: the role of social purposes in facilitating community economic development", *Journal of Developmental Entrepreneurship*, Vol. 4 No. 2, pp. 153-174.

Woolcock, M., and Narayan, D. (2000), "Social capital: implications for development theory, research, and policy", *World Bank Research Observer*, Vol. 15 No. 2, pp. 1-49.

第六章
社會企業的跨界治理
臺灣社會企業與營利部門之互動合作關係

官有垣、王仕圖

壹、前言

社會企業議題的討論目前在兩岸三地正方興未艾（官有垣，2007；官有垣等人，2012），針對該類型組織的角色功能、經營管理、社會影響、政府與公共政策的驅動、跨國的比較研究等面向的研究與政策實務性質的文章如雨後春筍般地冒出。究其實，社會企業的運作具有相當濃厚的跨組織與跨部門性質。然而，針對公共政策與政府的方案措施如何影響社會企業發展的研究所在多有（Borzaga and Defourny, 2004; Nyssens, 2006; UNDP, 2008; Chan et al.; 2011; Chan and Lai, 2013; Kuan and Wang, 2010, 2013）；反之，聚焦於社會企業組織與營利的企業公司（FPO）兩者互動合作關係的研究則較為少見（例外的可參考Austin et al., 2006; Doherty et al., 2009；池祥麟，2009）。這類研究多半探究社會企業為何有必要與FPO互動合作；可以為各自組織帶來哪些利益與缺失、如何互動合作；可區分為哪些類型模式，而這些模式內涵對於兩造之間的合作具有什麼啟示？

本文作者與香港理工大學的陳錦棠教授，從事臺灣與香港的社會企業比較研究啟始於2005年。三人在2006年中組成研究團隊，從事「香港、臺灣和上海兩岸三地社會企業的能力建構」研究，第一次臺港社會企業的問卷調查於焉產生。接著在2010年，研究團隊從事臺港社會企業比較研究的第二次問卷調查，並於三年後（即2013年4月）進行第三次的調查。三次問卷調查的樣本總數與回收數呈現如下：就臺灣的部分而言，研究團隊於2006年5月對臺灣91家庇護型（工作整合）身心障礙社會企業組織、24家地方社區型社會企業以及9家社會合作社，合計124家社會企業寄發問卷，經過電話追蹤及電子郵件回覆等方式，共成功訪問了43家社企組織，回收率達34.7%。2010年的問卷調查，樣本總數為426家社會企業（包含工作整合型、社區發展型、社會合作社、服務提供與產品銷售型、公益創投與其他類型的社會企業等），回收116家，回收率為27.2%。2013年4月的問卷調查，樣本共計發放430家社會企業（包含工作整合型、社區發展型、社會合作社，服務提供與產品銷售、公益創投與其他類型等），計回收110家，回收率為25.6%。

　　本章以貫時性的研究途徑，採擷上述三個調查研究（2006, 2010,
2013）相關數據，分析臺灣的社會企業與營利的企業公司，從2000年中期
迄今互動關係的演變。本章的結構除了「前言」，介紹研究目的之外，下
一節將從理論概念與互動關係類型的角度，論述跨界合作對社會企業運作
的重要性。尤其，Austin（2000）所建構的NPO與FPO的互動合作的光譜
架構，將是第三節分析臺灣社會企業與FPO兩者互動合作關係的主要概念
參照依據；第四節則為本章的研究意涵與結論。

貳、跨界合作對社會企業運作的重要性──概念與類型

　　Dart（2004）、Emerson和Twersky（1996）、Johnson（2001）、Low
（2006），以及Spear等人（2009）皆強調，整體來說，社會企業組織是非
營利部門中的一個次部門；然而社會企業的組織特性與行為，卻混合了非
營利與營利成分，亦即：(1) 從重視社會使命的單純底線，轉變為同時重
視社會使命與金錢營收的雙重底線；(2) 從傳統瞭解的非營利服務，轉變
為使用企業組織的規劃設計工具與商業概念來經營組織；以及(3) 從依賴
捐款、會費及政府的補助與委託款，轉變為頻繁地增加雙重底線的重視賺
取所得，以及將部分盈餘重新投資到營收的事業上（Dart, 2004: 415）。當
吾人聚焦於檢視組織的管理型態，可以輕易發現，社會企業需要擁有提供
社會目的之服務與產品，以及商業管理的雙重技能。

　　Dees在*Harvard Business Review*（V.76, No.1）中"Enterprising Nonprofits"
（1998: 66）一文中強調，NPO若要成為社會企業，基本上需要具備做生意
的能力，同時也要有能力管理組織文化的改變。對於所有的NPO而言，管
理的技術與知識是很重要的，但是商業化所要求的專業、知識，以及態
度，一般來說在商業世界裡比較容易存在。NPO的管理者若要有效開發商
業的手段與措施，需要訓練自己擁有商業管理的方法。對外尋求援助的方
法不外乎，一者，NPO的董事會成員若有企業界的高階經理人，NPO的管

理者較容易接近而向他們學習其商業經營的經驗；再者，NPO的管理者亦可向企管顧問團體請教與學習，或到大學商管學院上課求取相關知識；當然，NPO邁向商業化經營過程中，也可以與營利的企業公司組成聯盟，請其提供必要的管理與生產技術，以及企業經營的相關訓練。

　　以上的論點反映了NPO朝向社會企業經營的過程，或組織本身已是不折不扣強調「雙重底線」（社會目的與經濟目的）實踐的社會企業，跨界（尤其是與營利的企業部門）尋求支援與合作的必要性與重要性。社會學的相關理論中，分析組織的跨界互動合作關係的議題，最常被引用的即是「資源依賴理論」以及「交易成本理論」，前者強調在資源有限的情況下，組織如何管理與舒緩外部的依賴與不確定；後者則強調組織間的合作是一種能夠降低交易成本的機制，並極大化彼此的經濟利益（康峰菁，2011；Guo and Acar, 2005）。然而，組織之間的互動合作動機絕非僅從合作與否為考量，尤有甚者，組織會策略性地思考該與哪種類型的組織合作、或是應採用哪種合作形式進行（康峰菁，2011：5；Einbinder et al., 2000）。

　　池祥麟（2009）在其探討「非營利組織與營利部門的互動關係」一文指出，NPO與FPO的跨界合作對兩造而言，各有其合作的好處與誘因。對於前者，其誘因為：「非營利組織可以從與公司進行合作時，獲得額外的財務資源、產品與服務、知名度、營運活動之支援、科技與專業知識，以及新的觀點與展望。」（p. 182）；而後者的誘因則為：「企業可以從與非營利組織進行合作時，提升形象與改善名聲、提升員工的道德或倫理觀念、塑造團隊合作與關懷社會的企業文化、有助於招募員工並降低員工離職率、提升消費者購買意願與股東購股意願、提升公司長期價值等。」（p. 181）此現象也反映了，近年來企業機構日漸增加在公益活動的參與，並朝向系統性、長期性，以及樂於與其他兩個部門的機構建立伙伴關係，一起推動公益活動，而不只是短暫性地捐款或捐贈企業的產品而已。這種體認企業應參與解決社會問題、改善社區生活品質，並將企業的營利行為與本身應盡的社會責任做一連結，即謂之為「企業社會責任」，或「企業的公益慈善行為」（官有垣、涂瑞德，2000；Smith, 1994）。

　　至於NPO與企業組織進行跨界合作可含括哪些合作的模式？池祥麟（2009：182-185）認為包含從傳統、簡單的「企業慈善捐贈」至相當策略性、比較複雜的「與企業合資」（joint venture）等七類，兩類模式中間尚有「企業基金會」（corporate foundations）、「許可協議」（licensing agreements）、「贊助」、「以交易為基礎的贊助」（transaction-based promotions）、「參與型贊助」（joint issue promotions）等。

　　以上對於NPO與企業組織的互動合作加以類型化，有其價值，但較缺乏動態時間演變的觀察。隨著時間的推進，兩造之間這種合作形式會有什麼樣的演變呢？Austin（2000）建構的NPO與FPO策略合作的光譜連續體，即是以動態的觀點來說明這種跨界合作關係的演變。Austin（2000: 71）指出，NPO與企業公司之間的互動合作經常可被視為是一種光譜的連續體（collaboration continuum，簡稱為CC），而在此光譜連續體中存在著不同類型的合作。每一種類型的合作有其獨有的特質與功能，某些合作的演變也許從一種類型（type）或階段（stage）到另一種類型或階段。

　　Austin（2000: 71）認為此光譜連續體包含了三種類型或階段的合作關係：(1) 慈善階段（philanthropic）、(2) 交易階段（transactional）、(3) 整合階段（integrative）。在慈善階段時，NPO與企業公司之間合作關係的性質，大體皆為慈善性質的捐贈者與接受者之間的關係，此特質大致反映在今日的NPO與企業公司之間的合作關係樣貌，但是有愈來愈多的NPO及企業公司彼此的合作關係進展到下個階段，亦即「交易階段」。在交易階段時，存在著明顯針對特定活動而來的資源交換現象，譬如「善因行銷」（cause-related marketing）、「特定事情與活動的贊助」（event sponsorships），以及「契約式的活動安排」（contractual service arrangements）等皆可被歸納入此範疇。最後，某些合作會向前跨入「整合階段」，亦即NPO與企業公司兩造伙伴之組織宗旨、工作人員，以及活動會逐漸整合為一，進而形成集體行動，甚至組織之間的整合。此類型的合作類似於「合資經營」（joint venture），同時也是臻至較高層次的策略性合作。

　　Austin（2000: 72）製表說明這種光譜連續體的內涵（詳見表6-1）。

　　他強調，假使這種合作關係沿著這條光譜連續體向前推進，NPO與企業公司之間的伙伴關係也會跟著改變：(1) 這兩類組織的工作人員參與活動的程度會從「低度」到「高度」；(2) 合作對於兩造組織宗旨實踐的重要性也會由「邊緣」轉變到「核心」；(3) 各類資源（如財務、實物、非具體的資源等）投入於此合作上的強度則會從「小」轉變為「大」；(4) 兩造合作需納入的行動合作範圍則從「狹窄」演變為「寬廣」；(5) 兩造互動程度的演變將從慈善階段僅是年度捐款的「稀疏」接觸，進入「交易階段」與「整合階段」不斷增加的「密集」程度；(6) 合作關係管理複雜性的演變則從「簡單」的工作任務，轉變為「複雜」的管理要求；(7) 合作的策略價值則從「不重要」轉變到「重要」。

　　接著Austin（2000: 72）提醒讀者上述的光譜內涵，尤其是互動關係本質的演變的另一個重點，即兩造合作者在此光譜連續體上可以根據他們彼此需求，討論何種類型的互動關係是他們所要的，這種互動關係應該如何演變，以及他們希望這種互動關係走向何處，而擺放他們所適合的互動關係類型。再者，需要注意的是，在此光譜上，合作關係的向前推進絕非自動、必然，有時關係也會倒退，亦即，此種光譜連續體絕非是一種「規範性」模式，換言之，某一個階段的合作關係不必然會比另一個階段為佳。在此光譜上的移動是兩造組織之間有意識決定與外顯行動的結果。譬如，某些合作伙伴也許會認為較低程度的活動參與也許更適合他們目前的狀況、目標或策略（Sinclair and Galaskiewicz, 1997）。整體而言，Austin（2000）所發展的光譜連續體，實有助於吾人更有系統與策略地思考NPO與企業公司互動合作開展出來的形貌與內涵。

表6-1　非營利與營利組織的跨界合作關係之光譜

關係的本質	第一階段 （慈善階段）			第二階段 （交易階段）			第三階段 （整合階段）
參與程度	低	⇒	⇒	⇒			高
合作對於使命的重要性	邊緣	⇒	⇒	⇒			核心
資源投入的強度	小	⇒	⇒	⇒			大
活動的範圍	窄	⇒	⇒	⇒			寬
互動的程度	稀疏	⇒	⇒	⇒			密集
管理的複雜性	簡單	⇒	⇒	⇒			複雜
策略的價值	不重要	⇒	⇒	⇒			重要

資料來源：James E. Austin (2000), "Strategic Collaboration Between Nonprofits and Businesses," *Nonprofit and Voluntary Sector Quarterly*, Vol. 29 No. 1, pp. 69-97. 同時亦參考修改自池祥麟（2009：186），表8-1

　　本文以下的實證資料分析，即是根據Austin（2000）所建構的NPO與FPO的互動合作的光譜內涵為之，且由於是擷取三次的調查數據（2006, 2010, 2013）分析臺灣的社會企業與FPO的互動合作關係，更具有動態與時間演變的特質。

參、社會企業與營利組織的互動關係──調查數據分析

一、銷售與服務的對象

　　首先，本文分析2006至2013三次調查數據中，有關臺灣社會企業的產品與服務的銷售對象。表6-2顯示，從2006至2013年期間，「一般消費者」皆為社會企業的服務與產品的最主要對象（97.6%, 88.6%, 93.5%）；其次「政府單位」（61.9%, 52.6%, 60.2%），第三乃為「企業公司」（54.8%,

43.9%, 51.9%）。此一結果顯示，臺灣的社會企業相當重視開發「企業公司」為其產品與服務的銷售對象。例如，心路社會福利基金會在高雄的「一家工場」以生產手工香皂聞名，工場的吳主任提及，曾在一年內接獲來自企業公司數筆50-100萬顆手工香皂的訂單，獲致相當的利潤，同時也有其他的收穫：

> 我認為那是「一家工場」非常有意義的訂單，它讓更多人知道
> 「一家工場」，加入關心我們的行列，更重要的是反映「一家工
> 場」是有能力接大訂單生產與出貨。收穫非常大！
>
> （訪談-A，2006/4/19）

表6-2　臺灣社會企業的服務與產品銷售對象

	2006（n=42）百分比	2010（n=114）百分比	2013（n=108）百分比
(1) 政府單位	61.9	52.6	60.2
(2) 企業公司	54.8	43.9	51.9
(4) 一般消費者	97.6	88.6	93.5
(5) 社會弱勢群體	26.2	19.3	13.9
(6) 社員或會員	11.9	20.2	19.4
(7) 機構的職工、眷屬、義工	40.5	21.9	28.7
(8) 海外的公司	NA	0	NA
(9) 海外的民間團體	NA	0.9	NA
(10) 其他	7.1	2.6	0.0

*本題複選；NA：當年度的問卷並未設計此問項

二、社會企業的產品或服務與營利組織相較之優劣勢

在2006年與2010年二次的調查中，對社會企業受訪者問及，其產品或服務和一般FPO相比，是否具備相對的優勢。表6-3顯示，受訪者於二次的調查中皆強調，其所生產的產品或提供之服務是較具有優勢的（54.8%, 58.7%），雖然也有將近四成多的受訪者（45.2%, 41.3%）不如此認為。

表6-3 臺灣社會企業與營利組織的產品或服務提供之優劣比較

	2006（n=42）	2010（n=109）
	百分比	百分比
(1) 較具優勢	54.8	58.7
(2) 與其他組織無異	45.2	41.3
合計	100.0	100.0

　　進一步，研究者欲瞭解其具備的優勢內容方面為何？表6-3-1指出，2006年的調查，受訪者強調「產品／服務含有其他附加價值（例如具有公益行銷／社福目的）」（91.3%）的比例最高，顯示大多數的社會企業均認為消費者會認同其社會使命，而購買他們的產品或服務；其次有六成五（65.2%）左右的受訪者認為其「產品／服務品質」具備優勢。此外，由表6-3-1的數據也可看出，由於臺灣從事社會企業運作的機構規模普遍不大，因此，受訪者認為「產品／服務的品牌」（43.5%）與「產品／服務價格」（43.5%）具備優勢者之比例較低。至於2010年的調查，其結果則與前次的調查稍有不同，雖然受訪者皆強調「產品／服務含有其他附加價值（例如具有公益行銷／社福目的）」（40.6%）、「產品／服務品質」（51.6%）的重要性，然而，受訪者更加看重「產品／服務與地方特色、特產結合」（79.7%），此亦顯示社會企業的創新精神，在產品與服務的生產與提供過程中，扮演了舉足輕重的角色。

表6-3-1　臺灣社會企業與營利組織比較產品或服務提供的優勢內容

	2006（n=23） 百分比	2010（n=64） 百分比
(1) 產品／服務價格	43.5	35.9
(2) 產品／服務的品質	65.2	51.6
(3) 產品品牌	43.5	37.5
(4) 產品／服務含有其他附加價值（例如具有公益行銷／社福目的）	91.3	40.6
(5) 產品／服務與地方特色、特產結合	NA	79.7
(6) 其他	8.7	0.0

*本題複選；NA：當年度的問卷並未設計此問項

三、社會企業與營利組織的合作經驗與內涵

在臺灣，社會企業與FPO的合作關係方面，表6-4顯示，2006年與2010年二次的調查皆指出，有近六成（56.6%, 58.2%）的受訪社會企業表示曾與企業有過任何形式的合作關係，不過也有四成左右（43.4%, 41.8%）表示沒有任何合作關係。此結果正面的意義意謂，在臺灣較多數的社會企業與營利的企業公司有過合作的經驗，不過亦有相當比例的社會企業未曾有過此種合作的經驗。若跨界的互動合作對於社會企業的經營與發展有其一定的正向影響，那麼值得我們追問與探究的是，臺灣社會企業的營運上，為何還是有相當比例是關起門來自家運作，不與企業部門來往？惟研究團隊在與數家不同類型的社會企業進行訪談時，發現其中一個解釋因素是其反應，未與FPO互動是因為營利企業較沒有意願與社會企業互動。此現象意謂臺灣的社會企業面臨外在環境的不確定因素較高，應該是更有意願、更希望與能夠取得經營管理技術與經驗的FPO，進行組織之間的正式或非正式之合作互動，以舒緩環境不確定因素對組織發展的影響（Galaskiewicz, 1985; Milliken, 1987; Oliver, 1990; Foster and Meinhard, 2002）。

表6-4　臺灣社會企業成立迄今有無與營利組織有過任何形式合作

	2010（n=113）	2013（n=110）
	百分比	百分比
(1) 有	56.6	58.2
(2) 無	43.4	41.8
合計	100.0	100.0

　　接著，探究這三次調查所顯示的社會企業與一般商業組織的合作內涵（見表6-5），分別說明如下：

　　2006年的調查結果顯示，社會企業與FPO合作項目最為頻繁的是「與企業合作生產或使用其銷售通路（產品製作、企業代售組織產品、提供產品予組織販售）」（55.0%）；其次是「企業提供相關的諮詢與輔導」（32.5%）以及「與企業合作進行機構內的員工訓練」（30.0%）；再其次則是「企業提供經費贊助（聯名卡、定期或不定期捐款、裝修費用、銷售比例的回饋）」（27.5%）。

　　2010年的調查結果顯示，「與企業合作生產或使用其銷售通路（產品製作、企業代售組織產品、提供產品予組織販售）」（52.4%）依舊是臺灣社會企業與FPO合作最頻繁的項目；其次是「為企業組織代工產品（製作、包裝、加工等）」（33.3%）；再其次是「與企業合作進行機構內的員工訓練」（30.2%）；第四與之後依序為「企業提供經費贊助（聯名卡、定期或不定期捐款、裝修費用、銷售比例的回饋）」（20.6%）、「企業提供較低成本的原物料」（19.0%），以及「企業提供銷貨的地點、場地等設備」（17.5%）。

　　2013年的調查結果顯示與之前的二次調查一樣，「與企業合作生產或使用其銷售通路（產品製作、企業代售組織產品、提供產品予組織販售）」（59.4%）為臺灣社會企業與FPO合作最頻繁的項目；其次是「企業購買所生產之產品或服務」（37.5%）；再其次是「與企業合作進行機構內的員工訓練」（29.7%）；第四則為「企業提供經費贊助（聯名卡、定期或不定期捐款、裝修費用、銷售比例的回饋）」（28.1%）與「企業

提供銷貨的地點、場地等設備」（28.1%），以及「與企業合作進行產品之研發」（23.4%）；最後，亦可見「企業提供志願服務人力，協助生產與銷售」（21.9%）、「企業提供較低成本的原物料」（21.9%），以及「為企業組織代工產品（製作、包裝、加工等）」（20.3%）等的合作模式也都占有一定的比例。此外，2013年的調查也指出，社會企業與FPO較為複雜、深層的合作關係亦逐漸浮現出來，例如「企業提供專業人力進駐」（9.4%），惟「企業參與機構的決策制訂（如參與董事會）」（0.0%）則未曾有之。

　　以上三次調查數據分析臺灣社會企業與一般商業組織的合作內涵，若根據Austin（2000）所建構的「非營利與營利組織的跨界合作關係之光譜」觀之，其最普遍的合作類型或階段，顯然是「交易」型的合作關係，其次是「慈善」型的合作關係，至於「整合」型的合作關係，例如，「企業提供專業人力進駐」以及「企業參與機構的決策制訂（如參與董事會）」則甚少出現。

　　不過，值得注意的現象是，本研究的結果亦相當程度符合Austin（2000）的觀察，即兩造之間在此光譜上的合作關係，其向前推進絕非自動、必然，有時也有可能發生關係的倒退，亦即，此種光譜連續體絕非是一種「規範性」的模式，換言之，某一個階段的合作關係不必然會比另一個階段為佳，在此光譜上的移動是兩造組織之間有意識的決定與外顯行動的結果。本研究的2006年與2010年的數據均顯示臺灣社會企業與FPO的合作關係類型是以「交易」為主，「慈善」副之；然而，到了2013年，各個合作項目的數據顯示，「交易」與「慈善」類型的比例交錯為之，譬如「企業購買所生產之產品或服務」（37.5%）屬於「慈善」類型的範疇，其比重即高於「與企業合作進行機構內的員工訓練」（29.7%）（屬於「交易」型）；接著「與企業合作進行機構內的員工訓練」（29.7%）（屬於「交易」型）的比重又高於「企業提供經費贊助（聯名卡、定期或不定期捐款、裝修費用、銷售比例的回饋」（28.1%）與「企業提供銷貨的地點、場地等設備）」（28.1%）（屬於「慈善」型）。

表6-5　臺灣社會企業的在經營「產銷營業」上，與企業之合作內涵

	2006 （n=40） 百分比	2010 （n=63） 百分比	2013 （n=64） 百分比
(1) 與企業合作進行機構內的員工訓練	30.0	30.2	29.7
(2) 協助企業訓練員工並就業	NA	6.3	12.5
(3) 與企業合作生產或使用其銷售通路 　　（產品製作、企業代售組織產品、 　　提供產品予組織販售）	55.0	52.4	59.4
(4) 與企業合作進行產品之研發	NA	NA	23.4
(5) 企業參與機構的決策制訂（如參與 　　董理事會）	NA	NA	0.0
(6) 企業提供經費贊助（聯名卡、定期 　　或不定期捐款、裝修費用、銷售比 　　例的回饋）	27.5	20.6	28.1
(7) 企業提供經營財務管理策略	NA	6.3	9.4
(8) 企業提供相關的諮詢與輔導	32.5	NA	NA
(9) 企業提供專業人力進駐	NA	6.3	9.4
(10) 企業提供志願服務人力，協助生產 　　與銷售	NA	6.3	21.9
(11) 企業提供銷貨的地點、場地等設備	NA	17.5	28.1
(12) 企業提供較低成本的原物料	NA	19.0	21.9
(13) 為企業組織代工產品（製作、包 　　裝、加工等）	NA	33.3	20.3
(14) 企業購買所生產之產品或服務	NA	NA	37.5
(15) 其他	0.0	1.6	1.6

*本題複選；NA：當年度的問卷並未設計此問項

四、社會企業選擇營利組織為合作伙伴的原則

臺灣社會企業如何選擇FPO為合作的伙伴，其認為合作的企業公司需具備哪些特質才符合要求？表6-6列出三個年度（2006, 2010, 2013）調查中的特質項目，數據顯示其結果有相當的一致性，亦即從2006年至2013年期間，臺灣社會企業與FPO的合作，最看重的幾個特質依序是：(1)「企業認同本機構的理念與產品」（70.0%, 68.8%, 70.3%）；(2) 展現高度社會責任的企業（2013-56.3%）、「企業形象、知名度良好」（52.5%, 35.9%, 50.0%）；(3)「企業與本機構有良好互動經驗」（50.0%, 53.1%, 50.0%）；(4)「企業的管理、生產技術與經驗符合機構需求，且願意分享之」（45.0%, 34.4%,34.4%）；(5)「企業的產品（服務）品質良好」（47.5%,31.3%,28.1%）；(6)「企業具有良好的通路系統」（2010-31.3%, 2013-32.8%）。

上述調查結果顯示，臺灣社會企業在尋求與FPO合作時，最重視的是企業是否能認同本機構的理念與產品、是否展現高度的企業社會責任、企業是否有好的形象與知名度、企業過往與本機構是否有良好的互動經驗；其次重視的是，企業的管理、生產技術與經驗符合本機構的需求，且也願意分享之，同時企業的產品品質良好，且具有很好的通路系統。

若將以上的合作特質分為兩大類型，第一類為「**社會特質**」（social characteristics），意指重視合作的FPO是否有好的名聲、形象、社會公益理念，以及願意與社會企業維繫持久、良好的互動關係等；第二類為「**企業經營能力**」（business capacity），意謂重視合作的FPO之規模、財務、市場行銷管道等的實力。如表6-7顯示，「社會特質」包括的項目有：(1) 企業認同本機構的理念與產品；(2) 展現高度社會責任的企業；(3) 企業形象、知名度良好；(4) 企業與本機構有良好互動經驗，以及(5) 機構熟識企業老闆或高階主管等。而「企業經營能力」則包含有：(1) 企業的管理、生產技術與經驗符合機構需求，且願意分享之；(2) 企業具有良好的通路系統；(3) 企業的產品（服務）品質良好；(4) 企業具一定的資產規模，以及(5) 企業為跨國性質的組織。很顯然，臺灣的社會企業與營利組織合

作，最看重的是FPO是否具備的「社會特質」，而非純然從其是否具備
「企業經營能力」來考量，此突顯臺灣的社會企業在追求盈利和企業資助
的同時，重視對社會價值及理念追求的堅持。

表6-6　臺灣社會企業與營利組織合作的原因

	2006 (n=40) 百分比	2010 (n=64) 百分比	2013 (n=64) 百分比
(1) 企業形象、知名度良好	52.5	35.9	50.0
(2) 展現高度社會責任的企業	NA	NA	56.3
(3) 企業認同本機構的理念與產品	70.0	68.8	70.3
(4) 企業具有良好的通路系統	NA	31.3	32.8
(5) 企業與本機構有良好互動經驗	50.0	53.1	50.0
(6) 機構熟識企業老闆或高階主管	NA	NA	21.8
(7) 企業的管理、生產技術與經驗符合機構需求，且願意分享之	45.0	34.4	34.4
(8) 企業的產品（服務）品質良好	47.5	31.3	28.1
(9) 企業為跨國性質的組織	NA	NA	1.6
(10) 企業具一定的資產規模	NA	10.9	10.9
(11) 其他	12.5	0.0	1.6

*本題複選；NA：當年度的問卷並未設計此問項

表6-7　臺灣社會企業與營利組織合作所考量的兩類特質

社會特質	企業經營能力
(1) 企業認同本機構的理念與產品	(1) 企業的管理、生產技術與經驗符合機構需求，且願意分享之
(2) 展現高度社會責任的企業	(2) 企業具有良好的通路系統
(3) 企業形象、知名度良好	(3) 企業的產品（服務）品質良好
(4) 企業與本機構有良好互動經驗	(4) 企業具一定的資產規模
(5) 機構熟識企業老闆或高階主管	(5) 企業為跨國性質的組織

肆、意涵與結論

　　本章啟始即強調，從NPO的角度界定社會企業，則「社會企業」基本上是指一個私人性質非以營利為目的之組織，致力於提供「社會財」，除了有NPO的傳統經費（如捐款與志願服務的參與）來源外，其還有相當部分包括商業的營利收入以及商業上的活動（Borzaga and Solari, 2004; Kerlin, 2006; Kingma, 1997）。因此，社會企業的運作過程與FPO會有各種各樣、正式或非正式的互動合作情形，自是顯而易見，不論是前者學習後者的管理營運的知識與經驗、合作生產與販售產品與服務之提供、專業人力的職前與在職訓練，或是後者直接捐贈金錢或實物給前者、提供較低價格的原物料、購買前者的產品與服務、提供企業志工，甚至參與前者的董事會等，皆是常見的合作模式。本章基於Austin（2000）的合作光譜架構來分析臺灣的社會企業自2006年迄今與FPO的互動關係，分析資料係取自臺灣社會企業的三次調查研究（2006, 2010, 2013）的相關數據，研究發現可做出如下的歸納與意涵：

　　第一，「企業公司」在臺灣社會企業的產品與服務的銷售對象中，僅次於「一般消費者」與「政府單位」，顯見臺灣的社會企業相當重視開發「企業公司」為其產品與服務的銷售對象。然而值得進一步觀察的是，雖然社會企業重視開發FPO為其產品與服務銷售的對象，但這類銷售是屬於

「任意銷售」、「節日銷售」，還是「契約銷售」？所謂「任意銷售」是指，社會企業在產品與服務生產與製成後，不論有無採取行銷推廣的手段，靜待消費者上門或透過郵購等其他方式購買；而「節日銷售」是指，社會企業利用一年中的重要節日來臨前，如新年、中秋、端午等，製作配合節日慶祝的產品對外販售，如中秋月餅、端午龍舟禮盒等。一般而言，以上這兩種銷售模式最常見於目前臺灣社會企業的運作。至於「契約銷售」，強調社會企業尋找對自己組織所生產的產品與提供的服務有興趣的公司行號，與之簽訂一定時間與一定數量的銷售契約而按約提供，此銷售模式比前兩種更具有穩定性與持續性；惟契約銷售的推動成效，相當程度考驗社會企業的組織能量、產品品質的穩定度，以及產品價格的市場是否具有競爭性。

第二，有超過半數的受訪社會企業很有自信地表示，其產品或服務的和一般商業的FPO相比，是較具有優勢的；而具備的優勢內容為「產品／服務含有其他附加價值（例如具有公益行銷／社福目的）」、「產品／服務品質」，以及「產品／服務與地方特色、特產結合」，顯示社會企業的創新精神在產品與服務的生產與提供過程中，扮演了舉足輕重的角色。然則，「產品／服務品質」與「創新精神」如何維繫與持續，恐怕也是社會企業時刻不可或忘的主題。

第三，臺灣的社會企業與FPO的合作經驗方面，有近六成受訪社會企業表示曾與企業有過任何形式的合作關係，此結果具有相當正面的意義；不過亦有相當比例的社會企業未曾有過此種合作的經驗。為何還是有相當比例的社會企業依然是關起門來自家運作，不與企業部門來往？是社會企業的組織文化鑲嵌於慈善、公益使命但卻需要融入商業運作的思維，使其對與FPO互動合作有所顧慮與遲疑（Adamson, 2003; Phillips, 2006）？抑或是FPO沒有意願？若有意願，後者挑選前者合作的誘因為何？這些問題值得吾人進一步探究。

第四，根據Austin（2000）所建構的「非營利與營利組織的跨界合作關係之光譜」觀之，三次調查數據分析臺灣社會企業與一般商業組織的合作內涵，其最普遍的合作類型或階段是「交易」型的合作關係，其次是

「慈善」型的合作關係，至於「整合」型的合作關係，例如，「企業提供專業人力進駐」以及「企業參與機構的決策制訂（如參與其董事會）」甚少出現。

第五，本研究結果相當程度證實了Austin（2000）的觀察，即兩造之間在此光譜上的合作關係，向前推進絕非自動、必然，有時也有可能發生關係的倒退，亦即，此種光譜連續體絕非是一種「規範性」的模式；換言之，某一個階段的合作關係不必然會比另一個階段為佳，在此光譜上的移動是兩造組織之間有意識的決定與外顯行動的結果。尤其2013年的調查數據顯示，「慈善」型的合作關係在臺灣的社會企業與FPO的互動中亦扮演了顯著的角色，雖然從2006年至2013年一來走來，「交易」型的合作關係皆比「慈善」型的合作關係來的普遍。因此，本研究結果認同Austin（2000）指出NPO與FPO的合作關係會沿著這條光譜連續體向前推進，然而有時也有可能發生關係倒退的現象。不過，Austin（2000）的光譜連續體之箭頭卻是單向往前推進，無法顯示有到退回轉的情形。本文作者認為有必要在此光譜連續體的箭頭下方加上迴路符號，如表6-1-1所示。

第六，臺灣的社會企業在尋求與FPO合作時，最為重視的是企業能否認同本組織的理念與產品、是否展現高度的企業社會責任、企業是否有好的形象與知名度、企業過往與本組織是否有良好的互動經驗；其次重視的是，企業的管理、生產技術與經驗符合本組織的需求，且願意分享之，同時企業的產品品質良好，且具有良好的通路系統。顯然，臺灣的社會企業與FPO合作，最看重的是其是否具備的「社會特質」，而非純然從「企業經營能力」來考量，此突顯臺灣社會企業在追求利潤和企業資助的同時，對社會價值及理念追求的堅持。

表6-1-1　修訂後的非營利與營利組織的跨界合作關係之光譜

關係的本質	第一階段 （慈善階段）	第二階段 （交易階段）			第三階段 （整合階段）
參與程度	低	⇒	⇒	⇒	高
		⊃	⊃	⊃	
合作對於使命的重要性	邊緣	⇒	⇒	⇒	核心
		⊃	⊃	⊃	
資源投入的強度	小	⇒	⇒	⇒	大
		⊃	⊃	⊃	
活動的範圍	窄	⇒	⇒	⇒	寬
		⊃	⊃	⊃	
互動的程度	稀疏	⇒	⇒	⇒	密集
		⊃	⊃	⊃	
管理的複雜性	簡單	⇒	⇒	⇒	複雜
		⊃	⊃	⊃	
策略的價值	不重要	⇒	⇒	⇒	重要
		⊃	⊃	⊃	

資料來源：修訂自本文的表6-1

　　最後，本文強調的是，Austin（2000）建構的「非營利與營利組織的跨界合作關係之光譜」給吾人帶來的一個重要啟示為，每一種關係類型或階段都有其特有的目的與功能，在整個合作的過程中，皆有其相對的重要性，以及從此一階段或類型轉變到另一階段或類型的潛能，重要的是，社會企業與FPO兩造之間宜清楚思考，彼此在互動合作過程中要開展出什麼樣的合作形貌與內涵。

（本章內容修改、增刪自官有垣、王仕圖（2015），〈臺灣的社會企業與營利部門之互動合作關係──2006～2013年的調查分析〉，《社區發展季刊》，第152期，頁163-179。）

參考文獻

官有垣、涂瑞德（2000），〈企業的社會責任及與第三部門的合作關係〉，《地方研考電子簡訊》，第四期，2000/3/5。

官有垣 （2007），〈社會企業組織在臺灣地區的發展〉，《中國非營利評論》，第1卷，創刊號，頁146-182。

官有垣、陳錦棠、陸宛蘋、王仕圖（2012），《社會企業：臺灣與香港的比較》。臺北：巨流。

池祥麟（2009），〈非營利組織與企業的互動關係〉，收錄於蕭新煌等人（編著），《非營利部門：組織與運作》，第二版，第八章。臺北：巨流。

康峰菁（2011），〈從組織間關係探討美國人群服務組織合作之影響因素〉，博士班專題討論論文，未發表。

訪談-A: 訪談心路基金會「一家工場」吳主任，地點：高雄市「一家工場」主任辦公室，2006/4/19。

Adamson, D. (2003), *Final Report to SEN/WDA, Programme for Community Regeneration*, University of Glamorgan, Pontypridd.

Austin, J. E. (2000), "Strategic collaboration between nonprofits and businesses", *Nonprofit & Voluntary Sector Quarterly*, Vol. 29 No. 1, pp. 69-97.

Austin, J. E., Leonard, H. B., and Reficco, E. (2006), "Social entrepreneurship: it is for corporations, too", in Nicholls, A. (ed.), *Social Entrepreneurship: New Models of Sustainable Social Change*, New York: Oxford University Press.

Borzaga, C. and Defourny, J. (2004), *The Emergence of Social Enterprise*, London & New York: Routledge.

Borzaga, C., and Solari, L. (2004), "Management challenges for social enterprises", in Borzaga, C. and Defourny, J. (Eds.), *The Emergency of Social Enterprise*, London and New York: Routledge.

Chan, K. T., Kuan, Y.Y., Wang, S.T. (2011). "Similarities and divergences: comparison of social enterprises in Hong Kong and Taiwan", *Social Enterprise Journal*, Vol. 7 No. 1, pp. 33-49.

Chan, K. T., & Lai, K. W. (2013), "Development of social enterprise in Hong Kong: a review of policy initiatives", Paper presented at the *4th EMES International Research Conference on Social Enterprise*, Liege, Belgium, July 1-4 2013.

Dart, R. (2004), "The legitimacy of social enterprise", *Nonprofit Management & Leadership*, Vol. 14 No. 4, pp. 411-424.

Dees J.G (1998), "Enterprising nonprofits", *Harvard Business Review*, Vol. 76 No. 1, pp. 55-67.

Doherty, B., Foster G., Mason C., Meehan J., Meehan K., Rotheroe, N., and Royce M. (2009), *Management for Social Enterprise*, Los Angels: SAGE.

Emerson, J., and Twersky, F. (Eds.) (1996), *New Social Entrepreneurs: The Success, Challenge, and Lessons of Nonprofit Enterprise Creation*. San Francisco: Roberts Foundation.

Einbinder, S. D., P. J. Robertson, et al. (2000), "Inter-organizational collaboration in social service organizations: a study of prerequisites to success", *Journal of Children & Poverty*, Vol. 6 No. 2, pp. 119-140.

Foster, M. L., and Meinhard, A. G. (2002), "A regression model explaining predisposition to collaborate", *Nonprofit and Voluntary Sector Quarterly*, Vol. 31 No. 4, pp. 549-564.

Galaskiewicz, J. (1985), "Inter-organizational relations", *Annual Review of Sociology*, Vol. 11, pp. 281-304.

Guo, C., & Acar, M. (2005), "Understanding collaboration among nonprofit organizations: combining resource dependency, institutional, and network perspectives", *Nonprofit and Voluntary Sector Quarterly*, Vol. 34 No. 3, pp. 340-361.

Johnson, S. (2001), *Social Enterprise Literature Review*, Edmonton, Alberta: Canadian Centre for Social Entrepreneurship.

Kerlin, J. (2006), "Social enterprise in the United States and Europe: understanding and learning from the differences", *Voluntas*, Vol. 7 No. 3, pp. 247-263.

Kingma, B. R. (1997), "Public good theories of the nonprofit sector: Weisbrod revisited", *Voluntas*, Vol. 8 No. 2, pp. 135-148.

Kuan, Y. Y. and Wang, S. T. (2010), "The impact of public authorities on the development of social enterprises in Taiwan", *Journal of Public Affairs Review*, Vol. 11 No. 1, pp. 1-23.

Kuan, Y. Y. and Wang, S. T. (2013), "The transformation of public policy measures on promoting social enterprises in Taiwan", Paper presented at the 4th *EMES International Research Conference on Social Enterprise*, Liege, Belgium, July 1-4 2013.

Low, C. (2006), "A framework for the governance of social enterprises", *International Journal of Social Economy*, Vol. 33, pp. 376-85.

Milliken, F. J. (1987), "Three types of uncertainty about the environment: state, effect, and response uncertainty", *The Academy of Management Review*, Vol. 12 No. 1, pp. 133-143.

Nyssens, M. (2006), *Social Enterprise: At the Crossroads of Market, Public Policies and Civil Society*, London & New York: Routledge.

Oliver, C. (1990), "Determinants of inter-organizational relationships: integration and future directions", *The Academy of Management Review*, Vol. 15 No. 2, pp. 241-265.

Phillips, M. (2006), "Growing pains: the sustainability of social enterprises", *Entrepreneurship and Innovation*, Vol. 7 No. 4, pp. 221-30.

Sinclair, M., & Galaskiewicz, J. (1997), "Corporate-nonprofit partnerships: varieties and covariates", *New York Law School Law Review*, Vol. 41, pp. 1059-1090.

Smith, C. (1994), "The new corporate philanthropy." *Harvard Business Review*, (May-June), pp. 105-116.

Spear, R., Cornforth, C., and Aiken, M. (2009), "The governance challenges of social enterprises: evidence from a UK empirical study", *Annual of Public and Cooperative Economics*, Vol. 80 No. 2, pp. 247-273.

United Nations Development Programme (UNDP) (2008), *Social Enterprise: A New Model for Poverty Reduction and Employment Generation*. UNDP Regional Bureau.

第七章

社會企業的跨界治理
香港社會企業與營利部門之互動合作關係

陳錦棠、黎家偉

壹、前言

　　香港社會企業的興起有其社會及經濟的背景及因素，社會企業雖有其商業營運及營利之經濟目標，但其利潤產生的意義在於讓單位達致自負盈虧，以及讓社會目標得以進一步發展（陳錦棠，2012），其獨特的位置使與NPO及商界企業有著不一樣的內涵及特點。由於社會企業「混合」之特點及企業公司愈來愈重視社會目標，社會企業與企業公司之協作愈見頻繁。香港對這兩類組織之合作十分鼓勵，包括不同形式的合作、政府的政策推動等，然而對有關合作的研究並未有詳細探討。因此本章的重點將對香港社會企業與企業之協作關係作初部探討，透過近年本章作者過去三次（2006、2010及2013年）對社企進行之研究中相關部分作比較分析，嘗試說明其合作模式，並提出相關討論。

貳、社會企業與企業公司的合作

　　雖然社會企業與企業在目標、管理及營運上都有明顯的分別，但兩者在實際的營運上，仍會建立彼此的合作關係（Huybrechts & Nicholls, 2013; Di Domenico et al., 2009）。社會企業方面，最主要的是能從企業獲得財政資源或商業知識。在社會問題愈來愈多的情況下，對服務的需求也愈來愈大時，許多社會企業現有的財務狀況未必使他們能配合其目標及滿足需求。而且，接受政府資助只是短期措施，並不能長遠解決財政問題。因為在尋找新的資源時，他們會選擇與企業合作作為其發展策略。在這種合作下，他們可以提供社會資本、機構連繫及其知識網絡予其合作伙伴，以換取財務資源（Sakarya et al., 2012）。

　　社會企業能從與企業的合作關係中，得以發展成為其願意合作的主要推動力（DTI, 2005），由於社會企業很多時候由社會服務機構開發而成，因此對商業之營運技巧並不熟悉，這樣在市場內競爭會令其虧損甚至倒閉。因此，透過合作能使社會企業提升其營運技巧，並能強化他們於市場

上的競爭力，從而能促使社會企業有更長遠的發展。除此之外，社會企業亦可透過與企業合作，從中學習各方面的商業知識及基礎，包括資訊科技、會計及市場學等，而這些知識對不少社會企業來說，是很難從組織的內部建立（Di Domenico et al., 2009）；由於企業在這方面的經驗充足，可以於協作過程中把這些知識傳遞給社會企業，使其能力提升。以上這些原因都促使了社會企業願意與企業建立合作關係。

企業方面，企業與社會企業之協作則始於為善之心。因此傳統企業參與社會事務都於賺錢外做出捐贈。作為一種「慈善策略」，企業使用有條理的程序及方法把金錢捐贈出來（Saiia et al., 2003），不論是金錢還是物品，企業直接捐贈到有需要之社會服務機構中，從而轉贈到有需要的人士手上。近年社會企業興起，而他們也因財源緊絀，促使企業把資源捐贈給他們，從中得以建立彼此的互動關係。

除此之外，企業與社會企業合作亦為體現企業社會責任的一個重要部分。由於近年企業社會責任之概念於商界興起，企業除了賺錢外亦需照顧其社會責任，不但於其企業內部採取適當之措施，而且更積極及策略性地從事社區參與及發展（企業社會責任亞洲及香港社會服務聯會，2011），利用其本身之優勢，向社會企業購買產品或服務、作出義務工作、協助培訓社會企業員工等。這些都利用了企業本身之特點盡其社會責任，並促使了企業及社會企業之間的合作交流，也並不限於傳統之捐贈。

企業透過與社會企業合作，更能對企業本身產生正面的影響。社會企業的名聲、其於解決社會問題之經驗及其人力資源，都能對企業有正面效果（Sakarya et al., 2012），因此企業為求達到雙贏的局面，會採取「策略性慈善」的行動，即是企業付出之資源能同時對社區及企業產生意義及影響（Saiia et al., 2003），「策略性慈善」有著慈善及對企業價值增值之雙重目標，也因為企業之主動協作，一方面能與社會企業共同合作，同時對自己產生影響，也促使企業公司及社會企業間建立合作關係。

參、香港社會企業與企業之協作分析

我們的研究團隊於2013年3月至4月期間，向香港社會企業發出問卷調查，藉此瞭解香港社會企業發展現況、治理模式及跨部門協作等問題。本次研究為陳錦棠與官有垣及王仕圖於2006年及2010年就香港及臺灣社會企業之比較研究的延續，透過本年度之研究數據與前兩次之研究作比較，以分析香港自2006年至今社會企業發展之趨勢及其與企業協作的狀況。

一、香港社會企業的基本狀況

在分析社會企業與企業的協作情況之前，瞭解現時香港社會企業發展的概況有助瞭解社企整體發展的趨勢，這可從三方面說明：社會企業單位之運作形式、主要經費之收入來源及其現時之財務狀況。

在社會企業單位之運作形式方面，2013年之調查顯示，香港社會企業之產銷及服務內容以餐飲（27.7%）及產品製作銷售（44.7%）為主，平均單位都有2個以上；而與2006及2010年比較時，前兩者仍然是最主要的產銷及服務內容，而相比下平均單位數量有持續上升的趨勢；然而在其他服務方面，營運一般清潔及居家服務則持續下降，取而代之的是生態觀光導覽及資源回收服務（分別有12.8%及14.9%），由此可見，傳統對技術要求較低之清潔等服務，並非現時社會企業的營運方向，而環境保護方面的相關服務成為近年社會企業新發展的重點（見表7-1）。

在社會企業的主要經費收入方面，2013年的調查顯示香港社會企業最主要的收入為營運收入（80.9%），而接受一般捐助及政府補助及委託款則只有19.1%及21.3%；相比2006及2010年，社會企業依靠市場並以自身營運收入為主的情況更為明顯，最主要的改變是其捐款及政府補助之比率大幅下降（前者由76.3%下降至19.1%；後者由81.6%下降至21.3%），由此可見，香港社會企業愈來愈少依賴政府資助及捐款，而更重視依靠市場營運得來的收入。主要原因有三：第一，基於特區政府十分重視自由市場及積極不干預政策，因此政策及體制並未配合社會企業的發展，而社會企業只

能透過市場營運以賺取收入；第二，近年以社會創業精神為主的倡議者反
對依賴政府資助，以及提倡以商業模式營運社會企業，鼓勵不少獨立運作
的社會企業成立；第三，社會企業營運者本身也瞭解提高其本身競爭力、
提高其營運收入，才是長遠持續發展的主要方法（見表7-2）。

表7-1　香港社會企業之運作形式

	2006年		2010年		2013年	
	百分比	平均單位數量	百分比	平均單位數量	百分比	平均單位數量
(1) 餐飲服務	35.7	1.7	40.5	1.9	27.7	2
(2) 產品製作及／或銷售	45.2	2.4	35.7	2.6	44.7	2.8
(3) 一般清潔服務	42.9	1.9	31	2.5	12.8	1
(4) 個人護理服務	19	1.5	16.7	1.3	17	1.9
(5) 居家服務	35.7	3.2	21.4	2.4	12.8	1.5
(6) 資金與專業知識及提供與輔導服務	NA	NA	0	0	4.3	1
(7) 生態觀光導覽服務	NA	NA	7.1	1	12.8	1
(8) 資源回收服務	NA	NA	NA	NA	14.9	1.6
(9) 場地提供服務	NA	NA	2.4	1	0	0
(10) 其他服務	52.4	1.9	21.4	1.4	25.5	6.1
N	42		42		47	

*本題複選；NA：當年度的問卷並未設計此問項

表7-2　香港社會企業的「主要經費」收入

	2006年		2010年		2013年	
	次數	百分比	次數	百分比	次數	百分比
(1) 社會企業收入	15	39.5	36	80	38	80.9
(2) 一般捐款	29	76.3	15	33.3	9	19.1
(3) 政府補助及委託款	31	81.6	24	53.3	10	21.3
(4) 會費收入	14	36.8	3	6.7	1	2.1
(5) 孳息	7	18.4	0	0	0	0
(6) 股本收入	NA	NA	NA	NA	2	4.3
(7) 企業捐贈	7	18.4	NA	NA	NA	NA
(8) 其他收入	26	68.4	5	11.1	3	6.4
N	38		45		47	

*本題複選；NA：當年度的問卷並未設計此問項

　　在社會企業之營收方面，2013年的調查顯示，香港社會企業的整體營收情況中，已有盈餘的有23.9%、收支平衡的有43.5%、呈現虧損的有32.6%。然而，此數字包括政府的資助，並未能完全準確得知真實的收支情況。如扣除政府相關經費補助的話，有一半（50%）社會企業呈現虧損，只有20.8%社會企業有盈餘，以及有29.2%能達致收支平衡。由此可見，有部分社會企業仍需依靠政府資助。如與2010年比較的話，在扣除政府資助後，社會企業的盈餘比例仍能明顯上升，而虧損比例相對下降，可見近年社會企業的經營狀況較之前為好，而相對較少依靠政府資助（見表7-3）。

表7-3　香港社會企業的經濟狀況

	2006年 整體收入 （％）	2006年 整體收入 （扣除政府 資助後） （％）	2010年 整體收入 （％）	2010年 整體收入 （扣除政府 資助後） （％）	2013年 整體收入 （％）	2013年 整體收入 （扣除政府 資助後） （％）
(1) 已有盈餘	40.5	NA	20.5	6.2	23.9	20.8
(2) 捐益平衡	23.8	NA	40.9	34.4	43.5	29.2
(3) 呈現虧損	35.7	NA	38.6	59.4	32.6	50.0
n	42	NA	44	32	46	24

NA：當年度的問卷並未設計此問項

二、香港社會企業與企業協作的情況

　　首先是瞭解香港社會企業與企業曾否合作。2013年的調查顯示有七成受訪機構（70.2%）曾經與企業有合作的經驗，相比2010年的比例（62.2%）略有上升。這顯示近年香港社會企業與企業多有不同方面的合作，也代表研究其合作的內涵、原因等有其意義，也更能瞭解現時社會企業與不同部門（尤其是商界）互動合作的情況。

　　在社會企業與企業的合作內涵方面，2013年的調查顯示最主要之合作內容是「與企業合作生產或使用其銷售通路」（39.4%）、「企業提供銷貨的地點、場地等設備」（33.3%）、「企業購買所生產之產品或服務」（33.3%）、「與企業合作進行機構內的員工訓練」（27.3%）、「協助企業訓練員工並就業」（27.3%）、「與企業合作進行產品之研發」（27.3%）及「企業提供志願服務人力，協助生產與銷售」（27.3%）。相比於2006及2010年之調查結果，大致與2013年的相似，2006年的數字顯示，最主要的合作內涵是「與企業合作生產或使用其銷售通路」，有一半受社會企業採用（53.1%），而進行員工訓練的也有超過一半社會企業會選擇這種合作方式（53.1%），而有約五分之一之社會企業接受企業提供贊助（21.9%）；2010年之數字顯示，最主要之合作內涵是「與企業合作生產或使用其銷售通路」，占48.1%，而有37%是「企業提供銷貨的地

點、場地等設備」，其成為之中一個重要的合作內容，而「與企業合作進行機構內的員工訓練」及「企業提供經費贊助」則占29.6%及22.2%。值得留意的是，2013年問卷提及的「產品研發」及「企業直接購買產品或服務」，成為社會企業與企業合作其中受重視的部分，前者占27.3%，而後者則有33.3%（見表7-4）。

表7-4　香港社會企業與企業之合作內涵

	2006年		2010年		2013年	
	次數	百分比	次數	百分比	次數	百分比
(1) 與企業合作進行機構內的員工訓練	17	53.1	8	29.6	9	27.3
(2) 協助企業訓練員工並就業			4	14.8	9	27.3
(3) 與企業合作生產或使用其銷售通路	17	53.1	13	48.1	13	39.4
(4) 與企業合作進行產品之研發	NA	NA	NA	NA	9	27.3
(5) 企業參與機構的決策制訂	NA	NA	NA	NA	1	3
(6) 企業提供經費贊助	7	21.9	6	22.2	6	18.2
(7) 企業提供經營財務管理策略			2	7.4	1	3
(8) 企業提供專業人力進駐	9	28.1	2	7.4	0	0
(9) 企業提供志願服務人力，協助生產與銷售			2	7.4	9	27.3
(10) 企業提供銷貨地點、場地等設備	NA	NA	10	37	11	33.3
(11) 企業提供較低成本的原物料	NA	NA	5	18.5	5	15.2
(12) 為企業組織代工產品	NA	NA	3	11.1	3	9.1
(13) 企業購買所生產之產品或服務	NA	NA	NA	NA	11	33.3
(14) 其他（請說明）	1	3.1	3	11.1	4	12.1
n	32		27		33	

*本題複選；NA：當年度的問卷並未設計此問項

由上述數據可理解，社會企業與企業之合作內涵主要可分為三方面的協作，分別為合作或協助生產及協助銷售其產品、為員工進行培訓及企業

提供場地。前兩者可理解由於社會企業面對市場競爭，而他們對相關的能力培訓及生產銷售並不熟悉，因此為提升社會企業自身的競爭力而與企業進行協作；而後者則與香港租金一直處於高昂水平有關，需要企業協助以減低其營運成本。

在社會企業選擇與企業合作之考慮因素方面，2013年的調查指出，有接近八成半（84.8%）的受訪機構認為「企業認同本機構的理念與產品」是最主要的考慮因素，其次是「展現高度社會責任的企業」（63.6%）、「企業與本機構有良好互動經驗」（51.5%）及「企業形象、知名度良好」（45.5%）；相比2006及2010年的調查，對企業的產品（服務）品質良好之考慮相對降低（由44.1%下降至24.2%），而要求企業認同機構的理念與產品則明顯提高。這明顯呈現社會企業對與企業合作會更考慮雙方之信任及認同基礎，不論是社會企業的理念受認同，或是社會企業認同企業之形象及其社會責任和合作後建立信任等（見表7-5）。

表7-5　香港社會企業與企業合作之考慮因素

	2006年		2010年		2013年	
	次數	百分比	次數	百分比	次數	百分比
(1) 企業形象、知名度良好	16	47.1	10	35.7	15	45.5
(2) 展現高度社會責任的企業	NA	NA	NA	NA	21	63.6
(3) 企業認同本機構的理念與產品	23	67.6	14	50	28	84.8
(4) 企業具有良好的通路系統	NA	NA	4	14.3	2	6.1
(5) 企業與本機構有良好互動經驗	17	50	18	64.3	17	51.5
(6) 機構熟悉企業老闆或高階主管	NA	NA	NA	NA	5	15.2
(7) 企業的管理、生產技術與經驗符合機構需求，且願意分享之	11	32.4	11	39.3	8	24.2
(8) 企業的產品（服務）品質良好	15	44.1	11	39.3	8	24.2
(9) 企業為跨國性質的組織	NA	NA	NA	NA	5	15.2
(10) 企業具一定的資產規模	4	11.8	3	10.7	2	6.1
(11) 其他（請說明）	2	5.9	1	3.6	3	9.1
n	34		28		33	

* 本題複選；NA：當年度的問卷並未設計此問項

三、香港社會企業與企業之合作模式

上述調查反映香港社會企業與企業有著不同形式的合作，其合作模式亦會因不同程度及合作形式而有所不同。參考了不同跨部門之合作模式後（Sagawa and Segal, 1999; Austin and Hesselbein, 2002; Civic Exchange, 2005），社會企業與企業之合作模式可以嘗試勾劃出以雙方互動程度高低為主軸的光譜，並初部分析，當中可引申出四種協作關係，分別為捐贈型協作關係（Philanthropic Partnership）、合作型協作關係（Collaborative Partnership）、策略型協作關係（Strategic Partnership）和嵌入型協作關係（Total Involvement Partnership）（見圖7-1）。

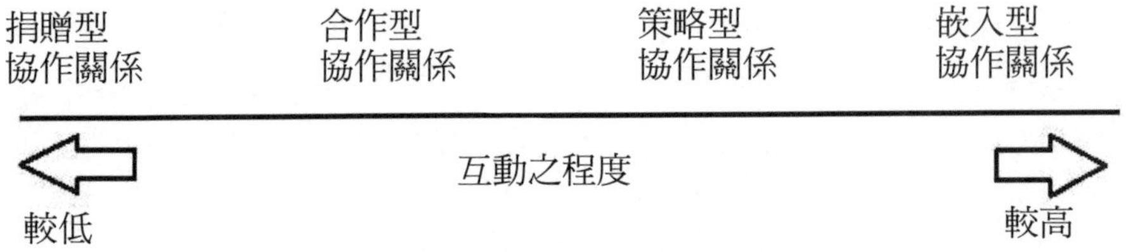

| 捐贈型
協作關係 | 合作型
協作關係 | 策略型
協作關係 | 嵌入型
協作關係 |

⇐　　　　　　　　互動之程度　　　　　　　　⇒

較低　　　　　　　　　　　　　　　　　　　　較高

圖7-1　社企與企業之合作模式

資料來源：作者自繪，參考Sagawa and Segal (1999); Austin and Hesselbein (2002); Civic Exchange (2005)等

在合作模式之光譜中，因為社會企業與企業之互動程度愈高，其合作的內容和策略將會愈深化。社會企業與企業於捐贈型協作關係之互動程度最少，反之兩者於嵌入型協作關係幾近一致，社會企業運作與企業無異。然而，光譜中不同互動程度的合作模式並非線性的階段，以捐贈型協作關係為初階並以嵌入型協作關係為最終模式，反而重視社會企業對自身需求及其運作情況，而採取不同的協作方式，從而使其能更有效邁向長期且可持續的發展。上述四種協作關係的詳細內容如下：

（一）捐贈型協作關係

在捐贈型協作關係中，社會企業與企業的合作模式只維持低度而單向的互動，主要是由企業向社會企業之單向互動。由企業向社會企業提供金

錢資助或實物及貨品之捐贈，兩者沒有其他互動，企業也不會對社會企業的運作有特別影響，此為傳統企業的慈善策略。其互動主要是單次性及個別性質的，而非長遠的合作捐贈。社會企業從接受捐贈中，能獲得額外的免費資源或金錢，從而能協助其運作（見圖7-2）。例如香港聖公會麥理浩夫人中心的「LMC愛服飾」，接受企業捐出具民族特色的布料，使區內少數族裔人士能藉此製作創意產品，並於市場出售以增加收入；又如循道愛華村服務中心的「織職同盟」，亦接受企業捐贈的織布材料，製作布藝產品出售。這些都是此類協作關係的例子。

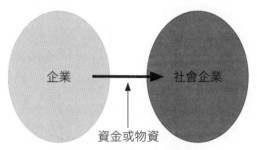

圖7-2　捐贈型協作關係

（二）合作型協作關係

　　在合作型協作關係中，社會企業與企業的合作模式比捐贈型有較多互動，並非只是單向提供資金捐助，或是實物及貨品捐贈，而是透過參與義工服務、向社會企業員工進行培訓等協助。此類型協作關係一方面可以讓企業透過培訓及參與義工，行使其社會企業責任，同時亦可協助促進社會企業的發展，包括能力建設、產品研究發展等，其互動時間會較捐贈型為長，但仍不會介入社會企業的營運、策略制定等（見圖7-3）。例如長者安居服務協會之「一線通隨身寶」服務是與香港移動通訊有限公司（Communication Services Limited，簡稱為CSL）於2008年12月共同開發，為長者提供新的支援及關懷服務。他們亦提出了「愛‧平安」商界參與計畫，透過義工服務、慈善捐款及支持社會企業服務以鼓勵與企業協作，一方面鼓勵企業公民意識發展，也可以直接幫助有需要的人士。

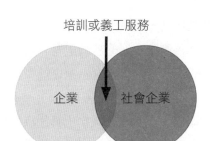

圖7-3　合作型協作關係

（三）策略型協作關係

　　在策略型協作關係中，社會企業與企業之互動更為緊密。與捐贈型及合作型協作關係不同的地方是，上述兩種協作關係只於資源補助、產品開發及能力建設上作互動，社會企業之規劃決策仍舊由營運者決定。而策略型協作關係則讓企業能夠參與社會企業的規劃及決策，其互動比前兩者更多更深，也會影響社會企業的發展營運（見圖7-4）。例如明途聯繫有限公司開展「卓思廊」直銷業務，為醫院各部門、病友等提供各種產品，而其產品之供應鏈來自不同供應商。這些供應商不只是為「卓思廊」提供服務產品，而且更為其提供推廣策略、訓練員工等，為其製作宣傳用品、氣氛營造、作軟包裝、甚至直接到店舖直接向消費者介紹各種產品。供應商直接參與「卓思廊」的營運及宣傳策略，一方面把其產品銷售至消費者手中，亦同時協助社會企業的發展。除此之外，牛奶公司亦給予香港復康會於理工大學7-11店舖之特許經營權，當中的協助包括物流管理、營運支援、市場推廣等，直接協助復康會營運該社會企業。

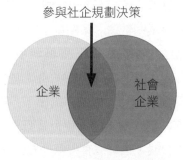

圖7-4　策略型協作關係

（四）嵌入型協作關係

嵌入型協作關係的互動關係最密切，可說是部分由企業轉化為社會企業營運，社會企業同時兼有二者的優點，達致「社會企業即企業」的效果。社會企業除卻本身擁有社會目標外，不論從營運、決策以至資源運用等各方面都完全嵌入企業模式，與一般企業無異。這與前三種協作關係有明顯的分別（見圖7-5）。例如近年興起的「黑暗中對話」，利用以自負盈虧的商業營運模式追求可持續發展，引入股東制、建立董事會及完整的企業營運發展隊伍，引入香港社會創投基金之資金投資、參與營銷及銷售諮詢等，與一般企業並無分別；「鑽石的士」（Diamond Cab）亦以類似模式運作，亦設有股東制及如企業般設有專業管理團隊等。

社會企業
即企業

圖7-5　嵌入型協作關係

肆、討論及意涵

一、社會企業與企業合作模式之趨向

本章分析了社會企業與企業的合作模式，並建立出不同的協作關係，包括捐贈型、合作型、策略型及嵌入型協作關係。如以此對上述香港及臺灣之社會企業比較調查中社會企業與企業的合作內涵，會更能對社會企業與企業之合作有更深入的理解。從調查中的各種內涵可以顯示，香港的社會企業與企業的合作模式於2006年及2010年均以合作型協作關係為主，並以捐贈型協作關係作輔助。當中合作型協作關係以「與企業合作生產或使

用其銷售通路」為最主要的方式，有接近一半受社企採用（2006年之53.1%到2010年之48.1%）；而進行員工訓練的也占一定比例（2006年的53.1%到2010年約44.5%）。主要的原因是該段時間為社會企業之初期發展，營運者尚不熟悉以商業模式營運社會企業，但亦必須於市場上與其他企業進行競爭，因此，與企業合作建立合作型協作關係，為社會企業進行能力建設及合作生產成為了其營運時的必要合作手段。至於捐贈型協作關係則相對較少，主要是接受企業提供經費贊助之社會企業較少（2006年的21.9%至2010年的22.2%），這與當時不少社會企業均申請政府之資助計畫較多有關，而相對較少與企業建立捐贈型關係。

　　至於2013年之調查，相比2006及2010年，合作型協作關係及捐贈型協作關係之比例較平均。合作型協作關係依然是最主要之合作模式，而企業購買產品或服務成為了新的趨勢（33.3%）。而各項協作之內涵比例相對較平均，亦反映出社會企業與企業合作之內涵開始多元化，而不只在於員工能力培訓及合作生產。而且當社會企業運作了一段時間後，社會企業比之前更清楚自己要提升的地方，因而更能從各方面找尋企業合作，從多角度提升自己的競爭力。而策略型協作關係仍屬少數社會企業會建立的合作模式，這亦可理解為現時社會企業與企業合作的時間尚短，尚未能即時建立能影響或合作營運的策略。

二、社會企業與企業協作之成功關鍵因素

　　上述分析可見社會企業與企業雙方合作有著不同之形式及內容，然而要達致社會企業與企業成功協作，當中必定有一些成功的關鍵因素。兩者若能配合這些因素時，便更能持續協作並有效發展。基於社會企業與企業協作於邏輯上與「非營利」與「營利」組織有共同的特點，所以在分析其成功關鍵因素時亦套用了類似框架。Sagawa和Segal（1999）認為兩者能維持一個成功的協作，必須有一些重要元素，他們設立了一個叫COMMON的架構來說明。當中包括：

　　1.「溝通」（Communication）：這是維持有意義關係的重要一環。協作雙方必須透過溝通建立信任、釐清目標、產生計畫等。

2.「機會」（Opportunity）：協作雙方必須持續找尋機會去創造價值，藉此產生影響。

3.「共同性」（Mutuality）：協作雙方必須對其合作關係負責，包括共同制定目標、決定方向、投放資源及享受成果。

4.「多重程度」（Multiple levels）：協作雙方必須有不同層面之參與，包括管理層、經理及前線員工都需要共同參與，而非只有一部分人參與。

5.「無限制性」（Open-endedness）：協作雙方合作並不設有限期，而希望能持續協作。

6.「新的價值」（New Value）：雙方都能從協作過程中創造新價值。

上述提及社會企業與企業協作得以成功的關鍵因素，使兩者於合作時，更能考慮周全與多加留意。社會企業或企業因為不同因素而建立合作模式及關係。然而，建立了關係後能否成功，則取決於雙方合作的決心及信任，否則其合作關係只如鏡花水月，不能持久。

三、協作與目標漂移的危機

社會企業與企業協作的程度愈見緊密，更必須重視避免出現目標漂移的危機。與企業協作，無疑能引入其商業營運的模式及手法，使資源運用更有效率，及增加社會企業於市場上的競爭力，對社會企業而言有正面影響。然而，當社會企業營運及其倡議以市場主導時，社會目標及影響的內涵與討論則相對較少，這亦反映在近年對社會企業發展的推動上，例如平臺組織推動不少與企業管理相關、以商業模式營運的手法等課程，對社會目標及影響的討論則並未明顯出現在相關的論述。社會企業雖有不同定義，大家均會認同社會企業是以商業手法達致社會目標，而後者比手法更為重要。一旦在協作過程中，商業手法蓋過了促進社會目標時，會出現目標漂移的情況，則其與一般企業無異。這不但對社會企業本身，以至對整個社會企業整體的發展亦會出現負面影響。

伍、結論

社會企業與企業的協作關係在香港雖然有一定的發展，但仍缺乏相關研究。雙方合作的背後原因、形式以至影響，仍需要更深入研究。本文嘗試對此議題提出初步探討，利用近年進行的問卷調查為此探索走出第一步，並初步以互動程度嘗試建立一個不同關係的協作光譜。分析的是近年愈來愈多社會企業與企業合作，而其合作內涵也漸趨多元，不只是接受捐贈，而發展出合作關係。在可預期之將來，兩者的協作會愈為緊密，而兩者合作產生出新的火花，更值得我們期待。

參考文獻

陳錦棠（2012），〈社會企業在香港的發展——概念、特質與類型〉，載於官有垣、陳錦棠、陸宛蘋、王仕圖（主編），《社會企業：臺灣與香港的比較》（123-142頁），第一版。臺北：巨流。

陳錦棠、官有垣、范明林、麥萍施、王仕圖、林楊潔心（2007），《香港、臺灣和上海兩岸三地社會企業初探研究報告》。香港：香港理工大學。

企業社會責任亞洲及香港社會服務聯會（2011），《香港中小企業——企業社會責任指引》，香港。

Austin, J. E. & Hesselbein, F. ed. (2002), *Meeting the collaboration challenge: Developing strategic alliances between nonprofit organizations and businesses.* New York: The Drucker Foundation.

Chan, K. T., Kuan, Y. Y., Ho, P. Y., & Wang, S.T. (2010), *Comparative Analysis of Social Enterprises in Hong Kong and Taiwan: Scope and Dynamics.* Hong Kong: Hong Kong Polytechnic University.

Civic Exchange (2005), *Study on Tripartite Partnership: Local Research and Engagement.* Hong Kong: Central Policy Unit.

Di Domenico, M., Tracey, P., Haugh, H. (2009), "The dialectic of social exchange: theorizing corporate-social enterprise collaboration", *Organization Studies*, Vol. 30 No. 8, pp. 887-907.

DTI (2005), *Match Winners: A Guide to Commercial Collaborations between Social Enterprise and Private Sector Business.* London: Department of Trade and Industry in collaboration with the Community Action Network.

Huybrechts, B.& Nicholls, A. (2013), "The role of legitimacy in social enterprise corporate collaboration", *Social Enterprise Journal*, Vol. 9 No. 2, pp. 130-146.

Sagawa, S., Segal, E. (1999), *Common Interest, Common Good: Creating Value Through Business and Social Sector Partnerships*, Boston: Harvard Business School Press.

Saiia, D. H., Carroll, A. B., & Buchholtz, A. K. (2003), "Philanthropy as strategy:

when corporate charity begins at home", *Business and Society*, Vol. 42 No. 2, pp. 119-201.

Sakarya, S., Bodur, M., Yildirim Öktem, Ö., Selekler-Göksen, N. (2012), "Social alliances: business and social enterprise collaboration for social transformation", *Journal of Business Research*, Vol. 65 No. 12, pp. 1710-1720.

第八章
臺灣社會企業的治理與社會影響

官有垣、王仕圖

壹、前言

　　從1990年代初期迄今約莫二十年，這段時間是臺灣社會變動最迅速的時期，無論是政治、經濟、人口結構、社會需求等都面臨快速的轉變。屆此同時，各式各樣的NPO在這種環境之下也相應而生，數量也如雨後春筍般快速成長，另外在資源短缺的情形下，各組織間資源競逐的問題也日趨明顯，以及政府為解決嚴重的失業問題及其他紛雜的社會問題，而亟欲將NPO納入為協助者所產生的各式政策誘導，因而近十年來，臺灣的NPO中有著相當數量的組織在實踐其社會公益目標之際，也不斷朝市場化與產業化的方向發展，因此所謂的「社會企業」，在臺灣不但在概念上有可對應之處，在實體的操作面上也有具體的物像存在。

　　官有垣（2007）指出，臺灣的社會企業大致上可分為五種類型：(1) 積極性就業促進型（或稱之為「工作整合型」）；(2) 地方社區發展型；(3) 服務提供與產品銷售型；(4) 公益創投的獨立企業型；(5) 社會合作社。這五種類型的社會企業雖各有其獨特的組織特質與關懷對象，然而這五種類型社會企業的特質與構成要素也非彼此完全互斥，一種類型的社會企業可能同時兼具其他類型組織的特色。其中，「積極性就業促進型」與「服務提供與產品銷售型」的兩類組織，是目前臺灣最為顯著的社會企業，一些中型到大型的社會企業NPO譬如喜憨兒、伊甸、陽光、心路、臺北勝利、第一、育成皆可歸屬於此類的其中之一或是二者的融合。

　　值得注意的是，雖然有少部分就業促進型的社會企業在其案主群的職業訓練、輔導與就業安置上有相當亮眼的成績，案主個人的工作薪資也很不錯，且改變社會人士對於身障者的歧視態度發揮頗大的效果，譬如「喜憨兒」三個字已被通用為對心智障礙者的稱呼；然而，大部分這類就業促進型的NPO，規模甚小，弱勢案主群能獲得的工作薪資水平也不高，如何協助這類NPO在社會企業營運上軌道，以幫助更多弱勢人口，是一個應該重視的議題（官有垣，2007，2008；官有垣等人，2012）。

　　社會主流論述中，社會企業的目的主要包括創造就業及創造與就業相關的培訓機會，尤其對於處於近貧、弱勢、身障等所謂「邊緣性群體」這

方面的協助，扮演了重要的角色。從1990年代以來，歐陸的福利國家在社會照顧的政策推動轉向為「去機構化」（de-institutionalization），強調社區照顧以及在政策設計上驅使社會接納更多弱勢群體進入勞動力市場，以有薪給的訓練及各式短期或長期的就業來克服社會排除的現象。這種福利參與模式發揮的功能，不僅僅是對於這些邊緣性群體的所得與物資獲得有所提升，更增強了其社會經驗與自信心、工作技術的培養，被主流社會認同與接納等。

個別社會企業存在的核心意義是在於實踐它的雙重目標，亦即（一）實踐其社會影響的深度與廣度，以及（二）盡可能地賺取營收所得。社會企業的公益使命所追求的是社會價值的創造，此乃透過非以營利為目的的方案服務推動而達成；反之，財務需求與市場機會卻導向「經濟價值」的創造，此是由企業或生意模式來達成（Alter, 2006）。

本章將以貫時性的研究途徑，採擷本研究團隊從2006-2013年的三次調查研究（2006, 2010, 2013）的相關數據，分析臺灣的社會企業組織從2000年中期迄2013年期間所產生的社會影響，包括正向與負向的效應。在進行此議題的分析前，作者認為有必要先交代臺灣社會企業的基本輪廓，包括（一）社會企業服務誰、如何服務以及服務的規模；（二）社會企業的能力建構。

貳、社會企業服務誰、如何服務以及服務的規模

一、服務對象

有關服務對象方面，2006年調查結果顯示，服務對象主要為各種不同類型的身心障礙者，其中比例最高者為「智能障礙者」（69.0%），其次為「多重障礙者」（60.5%），第三為「自閉症」（46.5%）。至於以「社區居民」、「低收入戶」、「婦女」、「失業者」、「老人」等為對象的比例皆在20%以下。接下來為2010年的調查，顯示服務對象以身心障礙者為主（57.4%），其次為社區居民（45.2%），再其次者為老人

（28.7%）。在服務身心障礙者類型中，以「智能障礙」為主（73.4%），次之為「多重障礙」（58.5%），再次之為「肢體障礙」（52.3%），另外以「自閉症」為服務對象者亦有49.2%。至於2013年的調查，顯示服務對象仍以身心障礙者為主（60%），其次為社區居民（40.0%），再其次為中低收入者（27.3%）和老人（26.4%）。

由以上三次的調查研究發現，2006年迄今，臺灣社會企業的服務對象變化不大，身心障礙者一直是社會企業最主要的服務人口群，其次為社區居民，再其次為老人與中低收入人口群。這樣的服務對象也展現出臺灣社會企業的服務模式著重就業與訓練，其次則是以照顧弱勢者為其目的，以提升他們的所得收入。

二、服務運作形式

2006年臺灣社會企業主要提供產品製作及銷售、餐飲服務、分別占受訪機構的53.5%、51.2%，其次是一般清潔服務（37.2%）。平均每一家社會企業設有1.3個產品製作及銷售單位、1.3個餐飲服務處所，以及1.1個一般清潔服務的單位。而在2010年社會企業提供銷貨與服務內容中，以產品製作比例最多（49.1%），其次為「餐飲服務」（43.1%），再次為「生態、觀光導覽」（26.7%），第四則為「清潔服務」（19.0%）。在個數方面，「產品製作」的平均數是2.67個，「餐飲服務」是2.2個，「生態、觀光導覽」是2.68個，以及「清潔服務」有2.67個。到了2013年，臺灣社會企業提供銷貨與服務內容中，乃以「產品製作」比例最多（67.3%），其次為「餐飲服務」（49.1%），再次為「生態、觀光導覽」（28.2%），第四則為「清潔服務」（22.7%）。在個數方面，「產品製作」的平均數是2.3個，「餐飲服務」是1.8個，「生態、觀光導覽」是1.8個，以及「清潔服務」有1.6個。

從三次的調查研究結果顯示，2006年迄今，臺灣社會企業的服務模式之演變呈現高度一致性，社會企業從事「產品製作」的比例最高，其次為「餐飲服務」，第三為「生態、觀光導覽」和「清潔服務」。整體而言，社會企業規模趨向小型化，故每一個組織在各類型社會單位所擁有的數量約在1到3個之間。

三、聘用人數規模

　　有關臺灣社會企業的規模，由於2006年的調查未設計該項指標，故此部分的討論是以2010和2013年社會企業的專、兼職人員的人數規模為指標。2010年臺灣有高達九成左右（90.5%）的社會企業有聘用全時工作者，其聘用人數的平均數雖為22.3人，但眾數為3人，中位數為8人。在部分工時人數方面，約有半數的社會企業聘用部分工時工作者（50.0%），其聘用的平均數為15.3人，眾數為8人，中位數為7人。

　　2013年的調查結果顯示，臺灣社會企業有95.1%的社會企業表示聘任全時工作，其聘用人數的平均數為16人，眾數為5人，中位數為7人。其中有40.9%的社會企業所聘用的人數在5人以下，聘用人數在6-10人的社會企業占31.8%。由聘用人數的統計分析可以發現臺灣企業的服務規模大多屬於小型的組織。從兩次的調查研究發現臺灣社會企業幾乎均聘有全時工作者，然而平均聘用的人數從2006年至2013年有明顯下降，此可能與近幾年臺灣社會的經濟條件停滯有關。

參、社會企業的能力建構

一、年度經費收入

　　在經費收入來源方面，2006年的調查顯示，臺灣社會企業的經費主要依賴來源，一為「政府補助及委託款」（100%），其次為「大眾捐款」（88.1%），三為「銷貨營業收入」（76.2%）與「其他收入」（76.2%），第四為「會費收入」（57.7%）。再者，2010年的調查發現，臺灣社會企業有七成（77.2%），指出其主要的經費收入來源是「政府的補助及委託款」，其次才是「產銷營業收入」（70.2%）；再次之則是「一般捐款」（30.7%）與「會費收入」（22.8%）。至於2013年的調查結果發現，臺灣社會企業有80.0%的受訪機構指出其經費收入來源是「政府的補助及委託款」，其次是「產銷營業收入」（70.9%），再次之則是「一般

捐款」（40.0%），而第四是「會費收入」（20.9%）（見表8-1）。

　　由經費收入的調查顯示，對臺灣社會企業而言，「政府的補助及委託款」與「產銷營業收入」是最重要的兩項經費收入來源。尤其值得注意的是，「產銷營業收入」已緊跟在「政府的補助及委託款」之後，充分展現了臺灣社會企業追求財務自主、持續發展的企圖心。此一結果說明公部門在臺灣社會企業組織的開展與經營上，扮演了相當重要的角色。若再從三次調查比較不同的經費來源者，可以瞭解社會企業對於大眾捐款和會費收入的比例有下降的趨勢，但2013年在大眾捐款項目有提升，此可能與當前臺灣經濟環境中消費力道不足有關。

　　從另一個角度觀之，以上三個年度的調查數據顯示，臺灣社會企業在經費收入來源的發展上已逐漸呈現Dees（1998）所強調的效益：(1) 降低對於捐款的需求、(2) 提供一個更加穩定、多樣的經費來源基礎、(3) 透過引進市場法則到機構的營運上，以強化方案實施的品質。換言之，社會企業可多樣化其資金基礎、減少對於募款的依賴，以及分擔一部分方案實施的成本，或用來補貼社會公益方案的一種策略，亦即社會企業是一種降低方案赤字與更有效使用資源的工具。Alter（2006）亦認為，社會企業尋求其所得來源的多樣化，可使之設定更為適中、務實的財務目標。舉例而言，一項方案的推動，過去是完全依賴政府的補助款，現在由於有社會企業的營收可分擔40%的經費支出，這樣的結果對於許多NPO而言，其實是成功的。

表8-1　臺灣社會企業的主要經費收入，2006-2013年

2006年（n=42）		2010年（n=114）		2013年（n= 110）	
經費來源	百分比	經費來源	百分比	經費來源	百分比
1. 銷貨營業收入	76.2	1. 產銷營業收入	70.2	1. 銷貨營業收入	70.9
2. 大眾捐款	88.1	2. 大眾捐款	30.7	2. 大眾捐款	40.0
3. 政府補助	100.0	3. 政府補助及委託款	77.2	3. 政府補助及委託款	80.0
4. 會費	57.1	4. 會費	22.8	4. 會費	20.9
5. 孳息	47.6	5. 孳息	4.4	5. 孳息	5.5
6. 企業捐贈	19.0	6. 其他收入	2.6	6. 股本收入	0.9
7. 其他收入	76.2			7. 其他收入	0.9

＊本題複選

二、經費收入狀況

　　有關臺灣社會企業的經費收入狀況部分（如表8-2所示），2006年的調查顯示，收入狀況並不盡理想，近五成（48.8%）的受訪社會企業回答出現虧損的情況，僅有二成三（23.3%）受訪的社會企業指出能夠在收入上產生盈餘，二成八（27.9%）的社會企業認為可以達到收支損益平衡，顯示2006年臺灣社會企業的財政狀況相對而言較為困難。2010年的調查結果顯示，就整體的營收概況來看，相對多數的機構表示其整體的營收為「已有盈餘」（47.4%），其次，表示達到「損益平衡」者有28.9%，而表達「呈現虧損」者最少，為23.7%。然而若考量政府的資源補助因素，則受訪機構在排除政府的補助之後，社會企業單位呈現虧損的比例最高（52.0%），而「已有盈餘」和「損益平衡」則分別為25.0%與23.0%。2013年的調查結果顯示，受訪的臺灣社會企業中，表示以「已有盈餘」（36.7%）的比例最高，其次表示達到「損益平衡」者有33.9%，而表達「呈現虧損」者最少，為29.4%，惟三者的差距並不太大。若考量政府的資源補助因素，則受訪機構在排除政府的補助之後，社會企業單位以「呈

現虧損」的比例最高（63.0%），而「損益平衡」和「已有盈餘」則分別
為21.0%與16.0%。以上的數據顯示，當前臺灣社會企業的經營尚處於發展
期，社會企業若沒有獲得政府的資源挹注，以目前臺灣社會企業的經營條
件，實難以長期經營。

　　為了能夠瞭解政府對於臺灣社會企業營收的影響狀況，本研究在2010
年和2013年特別在規劃的問項中，詢問臺灣社會企業的營收中，若扣除政
府的補助，其呈現的營收狀況是否有所改變？根據表8-3的統計結果，在扣
除政府的補助資源之後，2010年有超過六成的社會企業單位表示其「呈現
虧損」，而2013年則超過六成五的受訪單位表示「呈現虧損」，相對上，
在「損益平衡」和「已有盈餘」均呈現下降。此現象一方面彰顯出政府資
源對於社會企業單位的重要性，另一方面也反映了當前臺灣社會企業的經
營環境較為不利。

表8-2　臺灣社會企業整體營收狀況統計

	2006（n=43）	2010（n=114）	2013（n=109）
	百分比	百分比	百分比
(1) 已有盈餘	23.3	47.4	36.7
(2) 呈現虧損	48.8	23.7	29.4
(3) 損益平衡	27.9	28.9	33.9

表8-3　臺灣社會企業整體營收狀況統計（扣除政府的補助）

	2010（n=114）	2013（n=100）
	百分比	百分比
(1) 已有盈餘	25.0	16.0
(2) 呈現虧損	52.0	63.0
(3) 損益平衡	23.0	21.0

三、經費收入的運用

　　臺灣社會企業的經費收入的運用方面，2006年受訪的社會企業中有46.5%表示，會將銷貨及營業收入繼續投入社會企業項目的發展上。其次，臺灣社會企業認為應該將部分收入，運用於員工的分紅與獎金上的觀念者有三成五（34.9%）；另有32.6%的受訪者表示應「歸入組織總收入統籌辦理」。再者，在2010年的調查中，社會企業表示以「歸入機構總收入統籌辦理」的比例最高（52.2%），其次「將部分收入運用於員工的『分紅』與『績效獎金』」（39.8%），第三為「繼續投入在該『生產與服務銷售』的開發上」（38.1%）。不過，也有二成六（25.7%）受訪社會企業認為應「將部分收入作為社區公益慈善活動之用」。最後，在2013年的調查數據顯示，社會企業表示「繼續投入在該『生產與服務銷售』的開發上」的比例最高（59.1%），其次為「歸入機構總收入統籌辦理」（45.5%），再其次為「將部分收入運用於員工的『績效獎金』」（44.5%），以及「依比例分配，部分歸入機構統籌辦理、部分繼續投入該生產與服務銷售上」（40.0%）（見表8-4）。

　　以上三次調查結果顯示，臺灣社會企業對於收入的運用上，比較重視社會性的目標，因此社會企業將經費收入統籌運用或用於員工的福利居多。然而調查數據亦反應，近年來臺灣的社會企業對經濟性目標似乎有日益重視的趨勢，因此「繼續投入在該『生產與服務銷售』的開發上」和「依比例分配，部分歸入機構統籌辦理、部分繼續投入該生產與服務銷售上」二者在三個年度的調查上，有逐年增加的趨勢。

表8-4   社會企業的經費收入的運用狀況

	2006 （n=43） 百分比	2010 （n=114） 百分比	2013 （n=110） 百分比
歸入機構總收入統籌辦理	42.6	52.2	45.5
獨立進行其他的運用（如實驗性、創發性方案）	7.0	7.1	12.7
繼續投入在該「生產與服務銷售」的開發上	45.6	38.1	59.1
依比例分配，部分歸入機構統籌辦理、部分繼續投入該生產與服務銷售上	25.6	22.1	40.0
將部分收入運用於員工的「績效獎金」	34.9	39.8	44.5
將部分收入運用於社員或股東的「分紅」	NA	NA	4.50
將部分收入儲存或信託，以做為員工日後的就業或創業輔導基金	NA	5.3	8.20
將部分收入作為社區公益慈善活動之用	NA	25.7	28.2
其他	18.6	1.8	1.80

*本題複選；NA：當年度的問卷並未設計此問項

四、全職人員的薪資福利水平

臺灣社會企業的全職人員的薪資水平方面，本研究調查以2006年和2013年兩次調查結果進行比較分析。2006年有超過六成受訪的臺灣社會企業，認為其技術人員、就業或職業輔導員、社工人員、以及專業經理人的月薪水平與市場的一般薪資水平類同（見表8-5）。不過，值得注意的是，有近四成（36%）社會企業表示，其機構的專業經理人的薪資水平，低於

一般市場水準的比例，此意味依舊存在相當比例的機構，無法以一般市場的薪資水平來聘請專業經理人，此現象也部分解釋了為何社會企業在經營管理上面臨領導與發展的困境。

對於2006年所呈現有關專業經理人的問題，到2013年的調查研究中，該現象似乎沒有改變，表8-6的數據顯示，除了專業經理人以外，其他類別的全職人員的薪資水準方面，均有超過七成以上的社會企業表示其類同於一般市場的薪資水準。在低於一般市場水準的類別中，仍以專業經理人的比例最高（31.9%），其次為技術人員（22.5%）。

兩次的調查分析可以瞭解，臺灣社會企業單位在全職人員的薪資水準上，相對而言低於一般市場行情，此一結果將導致社會企業比較不容易吸引商業管理人才的投入，在近十年臺灣社會企業發展的歷程上，此一現象有微幅改變，但似乎還沒有太大改善的跡象。

表8-5　2006年社會企業全職人員的薪資水準

	高於(%)	低於(%)	類同(%)	
(1) 專業經理人	4.0	36.0	60.0	（n=25）
(2) 就（職）業輔導員	9.7	6.4	83.9	（n=31）
(3) 技術人員	12.0	8.0	80.0	（n=25）
(4) 社工人員	6.9	6.9	86.2	（n=29）

表8-6　2013年社會企業全職人員薪資水準

	高於(%)	低於(%)	類同(%)	
(1) 專業經理人	9.8	31.9	58.3	（n=75）
(2) 就（職）業輔導員	7.9	13.7	78.4	（n=55）
(3) 技術人員	7.1	22.5	70.4	（n=73）
(4) 社工人員	7.3	17.1	75.6	（n=41）
(5) 公關推廣人員	5.9	20.6	73.5	（n=35）
(6) 照顧服務人員	0.0	19.2	80.8	（n=26）
(7) 一般行政人員	1.6	9.7	88.7	（n=63）

肆、臺灣社會企業的社會與經濟影響

一、社會企業的設置目的

在設立社會企業或營收單位的目的方面，2006年的調查數據顯示，設立的主要目的依序包括「創造弱勢團體創造就業機會」（88.4%）、「增進弱勢團體的社會適應能力」（79.1%）、「提供職業訓練」（76.7%），以及「充實機構自給自足的能力」（74.4%）。到了2010年的調查，結果顯示臺灣社會企業成立的目的依序為「創造弱勢團體就業機會」（67.5%）、「提升弱勢團體就業者的收入」（58.8%）、與「充實機構自給自足的能力」（56.1%），另外受訪者填答較高比例者尚有「提供職業訓練」（52.6%），以及「增進弱勢團體的社會適應能力」（40.4%）。最後，2013年的調查數據指出，臺灣社會企業成立的目的依序為「創造弱勢團體就業機會」（70.9%）、「充實機構自給自足的能力」（62.7%）、與「提升弱勢團體就業者的收入」（60.9%），另外也有五成以上的受訪者填答「提供職業訓練」（56.4%）和「增進弱勢團體的社會適應能力」（55.5%），「增加機構的經費收入」亦有將近42%（見表8-7）。

以上三次的調查數據顯示，臺灣社會企業設置的目的比較，「創造弱勢團體就業機會」、「提升弱勢團體就業者的收入」、「增進弱勢團體的社會適應能力」與「提供職業訓練」等均是以服務對象為主要目的。其次才是「充實機構自給自足的能力」和「增加機構的經費收入」等經濟性目的。此一調查結果具有高度的一致性，亦即臺灣社會企業單位的成立，其非常重要的目的就在於提供或促進弱勢團體的就業，透過提供庇護性職場、運用職業訓練或陶冶的方法，期許這群社會中不利於就業競爭者，能夠透過社會企業，協助他們有更佳的就業機會空間與所得保障。其次，我們也發現，臺灣的社會企業也高度期待其成立社會企業單位能夠「充實機構自給自足的能力」和「增加機構的經費收入」。因此，整體而言，臺灣社會企業成立目的，主要仍以「社會性目的」為主，惟「經濟性目的」也在其考量的項目之內，亦即期盼從事產銷營業的收入能夠增進機構的自給自足能力（Chan, Kuan and Wang, 2011）。

　　歸納而言，在社會性目的中，就業機會與促進弱勢團體的工作保障，以及提升弱勢團體的社會適應，乃是社會企業成立的最重要的目的。由以上分析可知，臺灣的社會企業針對就業問題而設立的，特別是以促進弱勢團體就業，從而適應及重新融入主流社會為成立之首要目標。故臺灣的社會企業大部分屬於所謂「積極性就業促進的社會事業」，旨在透過提供工作機會及職業訓練，促進弱勢群體融入社群（Chan et al., 2006; Kuan, 2006）。

表8-7　臺灣社會企業的設置目的

	2006 （n=43） 百分比	2010 （n=114） 百分比	2013 （n=110） 百分比
(1) 提供職業訓練	76.7	52.6	56.4
(2) 創造弱勢團體就業機會	88.4	67.5	70.9
(3) 提升弱勢團體就業者的收入	NA	58.8	60.9
(4) 增進弱勢團體的社會適應能力	79.1	40.4	55.5
(5) 滿足弱勢團體個別之需要（如復健、彈性工作等）	44.2	20.2	26.4
(6) 滿足特定群體個別之需要（如老人、身障者的就醫與購物）	NA	NA	9.10
(7) 舒緩社區的社會及經濟問題	NA	21.1	30.9
(8) 有助於社區發展的活化	NA	39.5	40.9
(9) 藉此倡導、維護所珍視的社會價值與理念	NA	NA	26.4
(10) 充實機構自給自足的能力	74.4	56.1	62.7
(11) 提升機構的知名度	25.6	18.4	20.9
(12) 增加機構的經費收入	41.9	38.6	41.8
(13) 生態環境的保護	NA	NA	20.9
(14) 可向政府申請相關的經費補助	27.9	35.1	28.2
(15) 其他	14.0	2.6	0.0

*本題複選；NA：當年度的問卷並未設計此問項

　　有關臺灣社會企業的設置目的可歸結如表8-8所示，社會企業的設置以「就業與扶貧」為最主要的目的，另外，有關「充實機構自給自足的能力」日益受到社會企業單位重視，依據2010年和2013年的調查顯示該項目的重要性逐漸增加。至於「充權與一般性公益」則因社會企業單位對於自給自足能力的重視而退到第三優先性，而最後才是考量社區發展之目的。

表8-8　臺灣社會企業的設置目的

優先順序	2006年	2010年	2013年
1	就業與扶貧	就業與扶貧	就業與扶貧
2	充權與一般性公益	充實機構自給自足能力	充實機構自給自足能力
3	充實機構自給自足能力	充權與一般性公益	充權與一般性公益
4		社區發展	社區發展

二、社會企業的正面效應

　　研究針對2006-2010年期間的三次調查，有關社會企業的經營之正面效應進行分析，雖然三次調查所設計的指標不盡相同，但部分重要性指標仍具有共同性，故將社會面之正面效應整理如表8-9所示，而經濟面之正面效應則如表8-11所示。2006年關於經營社會企業的社會面效應方面，臺灣社會企業具有社會面之正面效應者，多集中在以服務對象為主要的效應，如可藉此「增加弱勢群體的就業機會」（88.4%）、「增加弱勢族群的職場訓練機會」（76.7%）以及「能提供服務對象更適切的服務」（74.4%），此與社會企業皆以促進弱勢團體就業為設立之主要目的一致。其次才是組織層面的效應，如「易於實踐公益使命」（58.1%）。

　　再者，2010年的調查結果顯示，經營社會企業的社會面效應部分，受訪組織認為「增加弱勢族群就業機會」的效應最高（73.9%），其次為「增加服務對象日後進入競爭性職場的信心與能力」（50.5%），第三為

「增加服務對象職場實習機會」（48.6%）。而「帶動社會價值的改變」
（48.6%）和「易於實踐組織的公益使命」（47.7%）等組織與社會結構面
的效應則是較為次要的社會面效應。最後，2013年的調查結果顯示，「增
加弱勢族群的就業機會」的效應最高（71.8%），其次為「能提供服務對
象更適切的服務」（59.1%）和「增加服務對象日後進入競爭性職場的信
心與能力」（57.3%）。而組織與社會結構面的效應，如「易於實踐組織
的公益使命」（52.7%）和「帶動社會價值的改變」（49.1%）仍然是較為
次要的社會面效應。

表8-9　臺灣社會企業於社會面的正面效應

	2006 （n=43） 百分比	2010 （n=114） 百分比	2013 （n=110） 百分比
(1) 易於實踐組織的公益使命	58.1	47.7	52.7
(2) 能提供服務對象更適切的服務	74.4	41.4	59.1
(3) 增加服務對象日後進入競爭性職場的信心與能力	NA	50.5	57.3
(4) 增加弱勢族群的就業機會	88.4	73.9	71.8
(5) 帶動社會價值的改變	53.5	48.6	49.1
(6) 增加服務對象職場實習機會	76.7	48.6	50.9
(7) 擴大機構的社會網絡連結	30.2	39.6	46.4
(8) 提供社區居民參與產品與服務生產過程的機會	NA	NA	36.4
(9) 提升社區居民凝聚力與認同感	NA	25.2	37.3
(10) 社區環境與周遭的生態景觀獲得實質改善	NA	NA	22.4

*本題複選；NA：當年度的問卷並未設計此問項

　　臺港社會企業研究團隊的陳錦棠教授在〈香港社會企業的社會影響初探〉（2013）一文強調，社會企業的社會影響可從「4E架構」（4E Framework）歸納分析之，亦即為「提供就業」（Employment creation）、「改善生活質量」（Enhancement of quality of life）、「賦權」（Empowerment）和「社會融合」（Exclusion prevention）。根據此分析架構，臺灣社會企業在三個年度所展現的社會效應最強調的就是「提供就業」，其次才是其他三個效應，但在三個年度有不同的優先順序（見表8-10）。

表8-10　臺灣社會企業的社會效應之4E框架分析

優先順序	2006年	2010年	2013年
1	提供就業	提供就業	提供就業
2	改善生活質量	賦權	改善生活質量
3	社會融合	社會融合	賦權
4	NA	改善生活質量	社會融合

NA：當年度的問卷並未設計此問項

　　有關經營社會企業的經濟面效應方面，2006年雖然僅有三個指標，但是有半數以上的受訪單位表示，社會企業的成立對「提高機構的知名度」（60.5%）和「充實機構的自給自足能力」（53.5%）有正面效應。再者，2010年調查結果顯示，認為「充實機構的自給自足能力」的比例最高（64.9%），其次是「增加弱勢族群的所得收入」（58.6%），第三則為「提高機構的知名度」（49.5%）。最後，2013年調查結果顯示，「增加弱勢族群的所得收入」（71.8%）的比例最高，其次才是「充實機構的自給自足能力」（66.4%），第三則為「提高機構的知名度」（54.5%）（見表8-11）。

表8-11　臺灣社會企業於經濟面的正面效應

	2006 （n=43） 百分比	2010 （n=114） 百分比	2013 （n=110） 百分比
(1) 增加弱勢族群的所得收入	NA	58.6	71.8
(2) 提高機構的知名度	60.5	49.5	54.5
(3) 充實機構的自給自足能力	53.5	64.9	66.4
(4) 增加政府補助與委託款	NA	20.7	25.5
(5) 增加機構的大眾捐款	NA	8.1	14.5
(6) 提高機構員工的薪資福利水平	NA	NA	21.8
(7) 促進社區的產業發展	NA	36.0	35.5
(8) 機構的營收能逐年增加	23.3	31.5	30.9

*本題複選；NA：當年度的問卷並未設計此問項

　　有關臺灣社會企業設置目的，三次調查結果顯示社會企業的設置與營運，最主要的影響在於針對服務對象提供「就業與扶貧」之效應，其中社會面效應包含「增加弱勢族群就業機會」與「增加服務對象日後進入競爭性職場的信心與能力」，而經濟面效應為「增加弱勢族群的所得收入」。另一方面，「充實組織的自給自足能力」則為臺灣社會企業單位第二項具有重要性的正面效應，其中包含了「充實機構的自給自足能力」、「提高機構的知名度」、「機構的營收能逐年增加」與「擴大機構的社會網絡連結」，這些面向較以經濟面效應居多。第三項正面效應為「充權與一般性的公益」，社會企業單位認為透過產銷營業的運作，使組織「易於實踐組織的公益使命」、「提供服務對象更適切的服務」、以及可以「帶動社會價值的改變」。最後，社會企業單位對於「社區發展」認為有正面效應，不管是「促進社區的產業發展」、「提升社區居民的凝聚力」、以及「提供社區居民參與產品與服務生產過程的機會」，約超過三成的受訪單位認為社會企業對社區發展具社會效應。

三、社會企業的負面效應

　　有關臺灣社會企業營運之負面效應方面，由於2006年的調查對於負面效應採取文字意見的陳述，歸納受訪機構的意見，主要包含組織的使命漂移；向政府申請補助經費，行政程序繁瑣，增加行政負擔；與不肖企業廠商合作，假借公益之名，形成困擾；及形成與FPO的競爭，產生排擠效應。有關2006年的負面效應說明部分，首先對於「使命置疑」的疑慮，一些受訪組織的工作人員認為過於強調經營的同時，逐漸忘卻了人文關懷，使得組織使命漸趨改變，因此產生員工對於組織為誰服務與組織目的的質疑，以及志工認同的危機。再者，部分受訪組織認為經營社會企業服務項目後，增加了行政上的負擔，尤其向政府申請補助，衍生了繁複的核銷、報稅工作。第三，有少數組織表示，曾面臨不肖廠商（企業）假借公益之名與他們合作，進而造成他們的困擾；最後，由於社會企業經營項目涉足一般市場競爭，亦產生一些營利或非營利同業組織對他們的排擠與攻擊。此一敘述說明社會企業的成立並不一定帶來正面效應，必須配合機構的內部及外部條件才能發揮正面作用。

　　有關2010年和2013年對於社會企業成立之負面效應部分，本研究將其區分為社會面與經濟面所產生之負面效應進行討論（如表8-12和表8-13）。2010年有關在經營社會企業的社會面之負面效應方面，社會企業比較擔心因為經營社會企業會使組織的公益宗旨受到外界的質疑（24.5%），進而使社會大眾對組織的捐款意願降低，以致捐款減少。2013年同樣對於「組織的公益宗旨遭受質疑」（12.1%）也是受訪單位認為的負面效應，惟比例相較2010年的數據則有所下降。另外，「相類似的企業組織質疑產品或服務競爭的公平性」（13.1%）也是此次調查中，社會企業單位認為於社會面的負面效應。

　　有關經濟面的負面效應部分，整體上兩次調查結果所呈現的比例高於社會面的負面效應。受訪組織認為，2010年最主要的負面效應為「政府補助或委託款減少或難以申請」（30.6%），而2013年的調查則為25.7%，由於臺灣的民間組織仍然相當程度地仰賴政府的資源，因此臺灣社會企業的

認知裡最為關切的即是政府的經費補助相關議題，若政府經費的補助或委託款減少，或是政府的經費不易申請，都將對機構帶來負面的效應。另外，就兩次的調查進行比較，可以發現有關經濟面的負面效應有減少的趨勢，其中「大眾捐款意願降低以致捐款減少」下降的幅度較大。再者，2013年有超過半數以上的受訪單位認為經濟面向上「不認為有任何負面效應」（51.4%），也顯現出臺灣社會企業的成立已經日益受到民間組織與社會所認同。

表8-12　臺灣社會企業於社會面的負面效應

	2010（n=114）百分比	2013（n=107）百分比
(1) 組織的公益宗旨遭受質疑	24.5	12.1
(2) 排擠了機構對案主原有的服務	8.2	8.4
(3) 減少弱勢團體的就業機會	5.1	3.7
(4) 減少職場實習的機會	2.0	2.8
(5) 相類似的企業組織質疑產品或服務競爭的公平性	NA	13.1
(6) 減少社會網絡的連結	2.0	2.8
(7) 難以提升社區居民的凝聚力與認同感	6.1	2.8
(8) 難以提供社區居民參與產品與服務生產過程的機會	NA	3.7
(9) 難以實質改善社區的環境與周遭生態景觀	NA	2.8
(10) 不認為有任何負面效應	8.2	65.4

*本題複選；NA：當年度的問卷並未設計此問項

表8-13　臺灣社會企業於經濟面的負面效應

	2010（n=114）百分比	2013（n=110）百分比
(1) 因虧損而減少弱勢族群的所得收入	10.2	11.9
(2) 大眾捐款意願降低以致捐款減少	16.3	9.2
(3) 產銷營業單位的虧損使得機構的財務赤字逐年增加	19.4	14.7
(4) 政府補助或委託款減少或難以申請	30.6	25.7
(5) 難以提高機構員工的薪資福利水平	NA	13.8
(6) 難以促進社區產業的發展	8.2	5.5
(7) 不認為有任何負面效應	8.2	51.4

*本題複選；NA：當年度的問卷並未設計此問項

伍、意涵與結論

　　有關臺灣社會企業的能力建構方面，社會企業的年度經費收入來源部分，從三次的調查研究發現，政府補助及委託款一直是社會企業最重要的經費收入來源，其次才是銷貨營業收入，在大眾捐款部分，雖然2010年的調查有所下降，但是2013年的調查結果又有微幅的上升，此一現象可能反應兩個可能性，一個是社會企業的運作，確實降低民間組織對大眾捐款的依賴度；另一種可能則是造成大眾對民間組織使命的質疑，因而降低了捐款的比例。在社會企業整體營收狀況的分析中，三次調查顯示約有四成上下的受訪單位有盈餘；呈現虧損和損益平衡者約二到三成。然而當社會企業將政府補助項目去除之後，則受訪單位有超過半數以上表示其社會企業的整體營收是呈現虧損的，2013年甚至只有一成六表示能有盈餘。此一現象可以再次確認臺灣社會企業的營運，政府相關資源的投入扮演了非常關鍵性的角色。

　　臺灣社會企業對於收入的運用上，比較重視社會性的目標，因此社會企業將經費收入統籌運用於員工的福利居多。然而調查數據也顯示，近年來臺灣的社會企業對經濟性目標似乎有日益重視的趨勢。而在社會企業的全職人員的薪資水準方面，2006年和2013年的調查結果，受訪單位均指出社會企業中的專業經理人的薪資水準明顯低於一般市場行情，此一現象反應出社會企業單位在聘用具備企業管理人才的困難度。

　　在社會企業的社會與經濟影響的分析中，臺灣社會企業設置的主要目的，以「創造弱勢團體就業機會」、「提升弱勢團體就業者的收入」、「增進弱勢團體的社會適應能力」與「提供職業訓練」等目的為主。其次，「充實機構自給自足的能力」和「增加機構的經費收入」等經濟性目標為另一個重要的設置目的。在社會性效應方面，主要著重在以服務對象為主的社會性效應，其次才是以組織為主的社會性效應。而在經濟性效應方面，則是反應組織的自給自足能力為優先，其次才是服務對象的經濟面效應。

　　在研究意涵方面，臺灣社會企業非常突顯對於所服務的弱勢群體帶來社會與經濟效應的重要性，然而在組織經營之能力建構上的表現並不突出，當然這方面的結果相當程度受到近幾年大環境的經濟衰退影響有關。再者，政府在扶持與培力社會企業上依舊扮演十分重要的角色，相對而言，社會企業對之依賴的程度似乎沒有減緩的趨勢。總之，如何使臺灣的政經環境因素對於社會企業的發展更為友善與便利，使社會企業能夠產生更大的社會與經濟效應，是吾人應嚴肅思考的議題。

（本章內容修改、增刪自官有垣、王仕圖（2013），〈臺灣社會企業的能力建構與社會影響初探〉，《社區發展季刊》，第143期，頁51-67。）

參考文獻

官有垣（2007），〈社會企業組織在臺灣地區的發展〉，《中國非營利評論》，第1卷，創刊號，頁146-182。

官有垣（2008），〈社會企業組織在經營管理的挑戰：以喜憨兒社會福利基金會為案例〉，《兒童及少年福利期刊》，第14期，頁63-84。

官有垣、陳錦棠、陸宛蘋、王仕圖（2012），《社會企業：臺灣與香港的比較》。臺北：巨流。

陳錦棠、官有垣、范明林、麥萍施、王仕圖、林楊潔心（2007）《香港、臺灣和上海兩岸三地社會企業初探研究報告》。香港：香港理工大學。

陳錦棠、黎家偉（2013），〈香港社會企業的社會影響初探〉，發表於《2013社會企業之社會影響——就業促進與貧窮舒緩國際研討會》，臺北市，2013/5/24-25。

Alter, S. K., (2006), "Social enterprise models and their mission and money relationships", In Nicholls, A. (ed.), *Social Entrepreneurship-New Models of Sustainable Social Change*, New York: Oxford University Press.

Chan, K. T., Cheung, K. C., Ho, P. Y., and Yuen-Tsang, W. K. (2006), *Final report on social enterprises and anti-poverty: The case of work-integrated services*. Hong Kong: Central Policy Unit, HKSAR Government.

Chan, K. T., Kuan, Y. Y., and Wang, S. T. (2011), "Similarities and divergences: comparison of social enterprises in Hong Kong and Taiwan", *Social Enterprise Journal*, Vol. 7 No. 1, pp. 33-49.

Dees J.G. (1998), "Enterprising nonprofits", *Harvard Business Review*, Vol. 76 No. 1, pp. 55-67.

Kuan, Y. Y. (2006), "Social enterprise development in Taiwan", Paper presented in *Conference on Social Enterprises* organized by Central Policy Unit and Commission on Poverty, HKSAR Government. April 6, 2006.

第九章
香港社會企業的治理與社會影響

陳錦棠、黎家偉

壹、前言

　　社會企業在香港的發展雖不久，但已引起各領域廣泛討論，各式各樣的社會企業接連成立，不同的平臺機構也扮演重要角色，為社會企業發展出謀獻策，並進入新的階段。根據香港社會服務聯會（2013）統計，現時香港約有150家機構或公司，營運約406個社會企業項目，比五年前增加接近一倍。社會企業雖有其商業營運及營利的經濟目標，但其利潤產生的意義在於讓單位達至自負盈虧及讓社會目標得以進一步發展（陳錦棠，2012），正如大部分持份者都會認同社會企業之定義為「以經濟手段達到社會目的」。可是現時社會企業各持份者的討論，多集中於營運方式及擴大其影響力，對社會企業的社會影響並無仔細探究，因此本文的重點將闡述香港社會企業的出現及發展概況，並以2006、2010及2013年三次對社會企業進行的研究作比較分析，對香港社會企業的社會影響進行觀察研究，並嘗試對此方向做出初步探討。

貳、香港社會企業的出現與沿革

　　香港社會企業的發展有二十多年歷史，由1980年代中期漸見於社會，並於1990年代增加。1997年後由於香港經濟受金融風暴影響而導致失業率上升，「以工代賑」的原則開始被特區政府採納成為政策方向，社會企業也因其特點而開始進入公共論述，並被當時的扶貧委員會視為地區扶貧的重要政策之一。近年，香港社會中開始有推動者強調社會創業精神及社會創新，把商業主導思維帶進社會企業，推動社會企業朝向百花齊放的發展階段。總體來說，香港社會企業的發展可分三個階段，並各自有其特點。

一、摸索期（1980至1990年代）

　　早在1980年代開始，已有部分復康服務機構開始在組織內開辦自負盈

虧的服務，運作「模擬企業」，為服務對象提供就業機會，這些機構從傳統的工場服務，加入市場導向的元素，成為香港社會企業發展的雛型。1990年代開始，民間組織透過自負盈虧及申請資助的方式營運社會企業，開始發展以自負盈虧形式的服務，並以社區經濟的發展模式運作，為開展社會企業的雛型，例如開設二手售賣店、零售店等，旨在幫助社會上弱勢或被排斥的社群，提供就業及訓練機會，這些都符合了外國對社會企業的定義和方向。除此之外，有部分社會企業主要是為了因應社會問題而出現，而政府的公共政策或社會服務機構未能因應處理之，例如長者安居服務協會的平安鐘服務，因長者冷死且無人知悉而開始營運；也有部分私營企業自行開設社會企業，一方面利用自己的資金及營運知識，同時與NPO合作，以提供服務予服務對象，例如光華社會企業及和富社會企業。

二、政府政策推動期（2000年代）

香港回歸後受亞洲金融風暴影響，經濟下滑而失業率持續上升，根據香港政府統計處的統計數字，1997年至2003年香港的失業率由2.2%激增至7.9%；貧窮率也處於高位。為了舒緩經濟壓力及解決失業問題，特區政府開始利用資助計畫以鼓勵社會企業成立。例如社會福利署為讓殘疾人士獲得更多工作機會，於2001年推出「創業展才能」計畫，提供創業種籽基金以協助NPO成立中小型企業，並確保他們能真正就業，此為政府以政策介入社會企業發展之起始。

2000年代中期，香港特區政府開始提倡「以工代賑」的福利模式，以協助失業人士自力更生，社會企業則被視為重要的政策方向。自2005年起，行政長官在施政報告中提及有關社會企業之措施，以此為處理失業問題的策略，提供就業機會來鼓勵失業人士重回勞動市場。政府提出了不同措施以促進社會企業發展，例如在審批服務外包合約時的評分部分會傾向社會企業、給予符合資格的社會企業優先投標政府服務等。

除提倡「以工代賑」的福利模式外，2005年成立扶貧委員會以統籌全港的扶貧工作，而社會企業更是扶貧委員會的主要策略。扶貧委員會認為以地區為本的扶貧工作作為其策略，更能處理社區貧窮問題，為地區創造

持久就業機會，因此扶貧委員會鼓勵社會企業的發展，並為社區提供就業機會，讓失業人士投入就業市場（扶貧委會員報告，2007）。2006年民政事務局推行之「伙伴倡自強」社區協作計畫，正是配合扶貧委員會有關以地區為本的扶貧工作，為地區持續創造就業機會。發展局也於2007年推出「活化歷史建築伙伴計畫」，以種籽基金形式鼓勵社會企業發展。特區政府亦以政策統籌社會企業的發展及跨界別的交流。例如民政事務局於2007年成立了「社會企業支援小組」以統籌社會企業發展，另於2010年成立「社會企業諮詢委員會」，吸納不同社會企業的人才代表提供相關政策建議；促進跨界別合作方面，政府透過「配對平臺」、「師友計畫」等鼓勵商界及專業人士協助社會企業發展。特區政府以社會企業解決就業及地區貧窮問題，為2000年代初中期最主要的推動者，也為當時社會企業迅速發展邁出重要一步。

三、百花齊放期（2000年代中期至今）

2000年代中期，香港社會普遍認為當時社會福利機構營運、以「就業整合」（work-integration）為主之社會企業帶有濃厚福利色彩，並且十分依賴政府資助，無法達到收支平衡及財政之持續性，因此引入「社會創業精神」的概念，以企業精神及營運模式帶動社會創新與變革，以孕育「社會企業家」帶動社會企業發展，為整個社會企業發展注入新動力。其目標不限於提供就業機會予待業人士，而廣泛地包括環境保護、文化保育及解決各種社會問題等，例如「鑽石的士」是為殘疾人士提供點對點之計程車服務。這類重視社會創業精神、商業模式，並由非社會服務機構營運的社會企業，成為香港社會企業的標誌，各自營運的同時，也促進了社會企業的發展。

除此之外，近年亦出現了不少為社會企業提供支援的社企聯盟或平臺組織，例如「香港社會服務聯會」於2006年成立了「社會企業支援中心」，並於2008年得到香港匯豐銀行及社會福利署的資助，成立「社聯匯豐社會企業商業中心」，向社會企業提供諮詢培訓、公眾推廣及鼓勵跨界別合作等服務。而「香港社會創投基金」於2007年成立，透過提供資金、

專業知識及其他支援以協助社會企業發展。「社會創業論壇」則於2008年成立，以會員制方式推動本地社會企業家發展。而「香港社會企業總會」於2009年成立，由本地的社會企業代表組成，目標為促進香港社會企業的聯繫及發展，並代表業界向政府表達對社會企業發展的意見。2012年亦成立了「好單位」（The Good Lab）之網絡平臺組織為社會企業提供溝通和互相學習的渠道。

　　香港社會企業由最初的探索，到政府主動介入促進並即時注入重視社會創業及商業營運，正好反映香港社會企業並非單一而狹窄的發展，而朝向多元化及多面向的發展階段，公民社會、商界、政府及學院的合作愈見頻繁，對社會企業未來發展有正面的促進作用。

參、香港社會企業之概況及其社會影響

　　要瞭解香港社會企業的發展狀況、近年發展趨勢及其社會影響，相關研究必不可少。為此我們於2013年3月至4月期間，向香港社會企業發出問卷調查，以瞭解其現時運作模式、發展現況、治理模式及其影響等問題。這次的研究為陳錦棠等人（2006, 2010）於2006年及2010年就香港及臺灣社會企業之比較研究的延續，透過本年度的研究能與前兩次的研究做更仔細的比較，以分析香港自2006年至今社會企業發展的趨勢及社會影響。

　　在社會企業之服務對象方面，2013年研究顯示，其主要服務對象有康復服務（身心障礙）、社區居民、婦女、失業者、老人、中、低收入者及兒童、青少年，相比2006年及2010年，主要服務對象維持不變，可見整體來說香港社會企業的服務對象維持多元化，並非只限於某類群體。然而，在這三個研究調查中，大部分主要弱勢社群服務對象比率均有下降趨勢，平均由50%下降到30%多，可見部分香港社會企業在營運時更專注於服務其他特定的群體，而服務社區居民在這幾年間也逐漸上升，相信與特區政府推出「伙伴倡自強」社區協作計畫及社會創業家之興起有一定關連，並成為社會企業的主要服務對象（見表9-1）。

表9-1　香港社會企業的主要服務對象

	2006		2010		2013	
	次數	百分比	次數	百分比	次數	百分比
(1) 康復服務對象	24	57.1	22	48.9	18	38.3
(2) 社區居民	18	42.9	20	44.4	22	46.8
(3) 婦女	25	59.5	23	51.1	17	36.2
(4) 失業者	21	50	20	44.4	15	31.9
(5) 老人	21	50	11	24.4	14	29.8
(6) 中、低收入者	22	52.4	19	42.2	20	42.6
(7) 兒童、青少年	22	52.4	16	35.6	19	40.4
N	42		45		47	

* 本題複選

　　在成立社會企業的目的方面，2013年的研究顯示，香港社會企業設立的目的為「創造弱勢團體就業機會」（72.3%）、「增進弱勢團體的社會適應能力」（53.2%）、「提供職業訓練」（48.9%）、「提升弱勢團體就業者的收入」（34%）及「藉此倡導、維護所珍視的社會價值與理念」（34%）。此結果與2006年及2010年研究比較，社會企業設立的主要目的仍舊為弱勢團體及人士提供職業訓練、就業機會及收入，以就業整合為主之社會企業仍占一重要位置；然而，相關之比例則有顯著下降的趨勢（「提供職業訓練」由2006年之71.4%下降至2013年之48.9%；「創造弱勢團體就業機會」由2006年的90.5%下降至2013年之72.3%；「提升弱勢團體就業者的收入」則由2010年的66.7%下降至34%），相比之下，倡導社會價值及生態環境保護等目的於2013年之調查中開始占有一定之比率（分別占34%及31.9%），可見近年之社會企業成立目的已漸變為多元化，而不只是為弱勢團體提供就業機會。這與近年較多社會企業家成立社會企業，解決社會問題及提倡社會價值相關，而非只與社會服務機構營運社會企業有關（見表9-2）。

表9-2　香港社會企業成立的目的

	2006		2010		2013	
	次數	百分比	次數	百分比	次數	百分比
(1) 提供職業訓練	30	71.4	21	71.1	23	48.9
(2) 創造弱勢團體就業機會	38	90.5	42	93..3	34	72.3
(3) 提升弱勢團體就業者的收入	NA	NA	30	66.7	16	34.0
(4) 增進弱勢團體的社會適應能力	28	66.7	31	68.9	25	53.2
(5) 滿足弱勢團體個別之需要（如復康、彈性工時等）	24	57.1	18	40	11	23.4
(6) 藉此倡導、維護所珍視的社會價值與理念	NA	NA	NA	NA	16	34.0
(7) 充實機構自給自足的能力	16	38.1	17	37.8	13	27.7
(8) 生態環境的保護	NA	NA	NA	NA	15	31.9
N	42		45		47	

* 本題複選；NA：當年度的問卷並未設計此問項

　　在社會企業的主要經費收入方面，2013年之調查顯示，香港社會企業最主要的收入為其營運收入（80.9%），而接受一般捐助及政府補助及委託款則只有19.1%及21.3%。相比2006及2010年，社會企業依靠自身營運收入之情況更為明顯，從他們於捐款及政府補助之比率大幅下降能顯示（前者由76.3%下降至19.1%；後者由81.6%下降至21.3%），由此可見，香港社會企業愈來愈少依賴政府資助及捐款。主要原因有兩個，第一為基於特區政府十分重視自由市場及積極不干預政策，因此政策與體制並未配合社會企業的發展，而社會企業只能透過面對市場營運以賺取收入；第二為近年以社會創業精神為主的倡議者反對依賴政府資助，提倡以商業模式營運社會企業，鼓勵不少獨立運作的社會企業成立有關（見表9-3）。

表9-3　香港社會企業「主要經費」收入

	2006		2010		2013	
	次數	百分比	次數	百分比	次數	百分比
(1) 社會企業收入	15	39.5	36	80	38	80.9
(2) 一般捐款	29	76.3	15	33.3	9	19.1
(3) 政府補助及委託款	31	81.6	24	53.3	10	21.3
(4) 會費收入	14	36.8	3	6.7	1	2.1
(5) 孳息	7	18.4	0	0	0	0
(6) 股本收入	NA	NA	NA	NA	2	4.3
(7) 企業捐贈	7	18.4	NA	NA	NA	NA
(8) 其他收入	26	68.4	5	11.1	3	6.4
N	38		45		47	

* 本題複選；NA：當年度的問卷並未設計此問項

　　在社會企業的營收情況，2013年的調查顯示，香港社會企業的整體營收情況中，已有盈餘的機構有23.9%、收支平衡的有43.5%、呈現虧損的有32.6%。然而，此數字包含了政府資助，並未能完全準確得知真實的收支情況。如扣除政府相關經費補助的話，有一半（50%）社會企業呈現虧損，只有20.8%有盈餘及有29.2%收支平衡。由此可見有部分社會企業仍需依靠政府資助。如與2010年比較的話，在扣除政府資助後，社會企業仍能獲得盈餘之比例明顯上升，而虧損比例相對有下降，可見近年社會企業的經營狀況較之前為好，相對較少依靠政府資助（見表9-4）。

表9-4　香港社會企業的經濟狀況

	2006 整體收入（%）	2006 整體收入（扣除政府資助後）（%）	2010 整體收入（%）	2010 整體收入（扣除政府資助後）（%）	2013 整體收入（%）	2013 整體收入（扣除政府資助後）（%）
(1) 已有盈餘	40.5	NA	20.5	6.2	23.9	20.8
(2) 捐益平衡	23.8	NA	40.9	34.4	43.5	29.2
(3) 呈現虧損	35.7	NA	38.6	59.4	32.6	50.0
N	42	NA	44	32	46	24

NA：當年度的問卷並未設計此問項

　　在社會企業的運作形式方面，2013年調查顯示，香港社會企業之產銷及服務內容以餐飲（27.7%）及產品製作銷售（44.7%）為主，平均單位都有2個以上；而與2006及2010年比較時，前兩者仍然是最主要的產銷及服務內容，相較之下，平均單位數量有持續上升之趨勢；然而在其他服務方面，營運一般清潔及居家服務之服務則持續下降，取而代之的是生態觀光導覽及資源回收服務（分別有12.8%及14.9%），可見對環境保護方面的相關服務成為近年社會企業新發展之重點（見表9-5）。

表9-5　香港社會企業之運作形式

	2006		2010		2013	
	百分比	平均單位數量	百分比	平均單位數量	百分比	平均單位數量
(1) 餐飲服務	35.7	1.7	40.5	1.9	27.7	2
(2) 產品製作及/或銷售	45.2	2.4	35.7	2.6	44.7	2.8
(3) 一般清潔服務	42.9	1.9	31	2.5	12.8	1
(4) 個人護理服務	19	1.5	16.7	1.3	17	1.9
(5) 居家服務	35.7	3.2	21.4	2.4	12.8	1.5
(6) 資金與專業知識及提供與輔導服務	NA	NA	0	0	4.3	1
(7) 生態觀光導覽服務	NA	NA	7.1	1	12.8	1
(8) 資源回收服務	NA	NA	NA	NA	14.9	1.6
(9) 場地提供服務	NA	NA	2.4	1	0	0
(10) 其他服務	52.4	1.9	21.4	1.4	25.5	6.1
N	42		42		47	

＊本題複選；NA：當年度的問卷並未設計此問項

　　社會企業之社會目的是其最根本之要素，故調查社會企業在社會層面之正面及負面效益是必要的研究方向，以瞭解其社會影響，由於研究是自填問卷，因此從中探索的是機構自己認為經營社會企業之社會效益。在社會層面的正面效益方面，2013年之調查顯示，社會企業認為其可以「帶動社會價值的改變」（61.7%）、「增加弱勢族群就業機會」（59.6%）、「擴大機構的社會網絡連結」（55.3%）、「增加服務對象職場實習機會」（53.2%）、「增加服務對象日後進入競爭性職場的信心與能力」（51.1%）、「能提供服務對象更適切的服務」（48.9%）及「易於實踐組織的公益使命」（46.8%），這包括為機構服務對象本身提供就業機會及能力建設、機構自身之社會網絡及實踐使命，以及藉社會企業帶動社會價值之推廣及改變。如與2006及2010年比較，社會企業認為營運社會企業能

獲得社會層面之正面效益差不多，但部分影響如增加弱勢族群就業機會，已不再是絕大部分社會企業都認同的影響，而在各社會正面影響之比率上更為接近，反映社會企業認為其社會影響已不只於提供就業機會，而更趨向多元（見表9-6）。

表9-6　香港社會企業營運者認為社會企業的社會面所獲得之效益

	2006		2010		2013	
	次數	百分比	百分比	次數	百分比	次數
(1) 易於實踐組織的公益使命	18	42.9	18	40	22	46.8
(2) 能提供服務對象更適切的服務	27	64.3	14	31.1	23	48.9
(3) 增加服務對象日後進入競爭性職場的信心與能力	NA	NA	31	68.9	24	51.1
(4) 帶動社會價值的改變	32	76.2	28	62.2	29	61.7
(5) 增加弱勢族群就業機會	41	97.6	40	88.9	28	59.6
(6) 增加服務對象職場實習機會	27	64.3	28	62.2	25	53.2
(7) 擴大機構的社會網絡連結	29	69	22	48.9	26	55.3
N	42			45		47

* 本題複選；NA：當年度的問卷並未設計此問項

肆、觀察與分析

　　上述研究調查不只是瞭解香港社會企業的運作情況，以及其認為的社會影響，更重要的是，透過與2006及2010年相關研究的比較，能對整體香港社會企業發展及改變趨勢，有更深入的認識與分析，對瞭解整體的發展情況是十分重要的。故此部分將以上述調查所得資料做初部觀察及分析，嘗試初步探討香港社會企業的社會影響。

一、社會企業漸趨多元化

上述資料反映現時香港社會企業的發展，較以前變得更多元化。2006年的調查結果顯示，大部分社會企業都是依靠政府資助及對外捐款，且其成立目的大都是為弱勢團體製造就業機會、提升其收入或為其作能力建設，目的較為單一，主要以就業整合模式運作。主要原因是當時香港特區政府開始介入社會企業發展的時期，推出的資助計畫主要給予非營利團體申請，故這時期以社會服務團體為主，藉由政府資助開設以就業整合為主的社會企業。然而在近年之數字可觀察到，不論是社會企業的服務對象、其成立目的、還是社會企業覺得營運獲得之社會影響，都呈現多元化的趨勢，並不單一，例如成立目的不只集中於提供工作機會，而開始出現以環境保護為目標之社會企業；在社會影響部分，也開始出現以倡議社會價值為主的部分，這都是2006年開始至今有所改變的；而營運者也開始由以社會服務團體為主，轉變為社會企業家之積極參與，甚至有不少年輕人因察覺社會問題而開始營運社會企業，對香港社會企業之整體生態發展有很重要的影響，也使社會企業走向多元發展。

二、減少依靠政府，市場化愈見明顯

此三次的研究調查中發現，現時香港社會企業以市場為主之情況愈見明顯，也反映社會企業愈見走向市場化之道路。調查中顯示，其營運主要經費收入已由之前依靠政府之補助或捐款，轉變為絕大部分以其銷售收入為主，代表社會企業愈來愈少向政府尋求資助，而以自身於市場上營運作可持續性之發展。除此之外，在社會企業的經濟狀況方面，扣除政府資助後的狀況成為不依靠政府資助成效的數據，雖然仍有半數（50%）社會企業在缺乏政府資助後呈現虧損，然而在這情況下依舊有盈餘的比2010年有顯著上升之趨勢。在配合收入來源之分析可觀察到，愈來愈多社會企業能依靠自己的營運達收支平衡，甚至能有盈餘，反映他們愈來愈注意市場模式，並以此營運。近年亦有不少以商業模式運作之社會企業出現，如鑽石的士、黑暗中對話等，此正是為社會企業發展市場化做一註腳。

政府鮮少的干預介入亦令香港社會企業變得更市場化。基於香港以「殘補福利模式」作為其施政之理念，以「大市場，小政府」為政策原則，重視自由市場的力量和信念，對福利及促進社會發展之介入較少，因此在推動社會企業上政府減少以政策直接干預，只會以提供種籽基金為主，亦或促進商界之主動參與。政府的理念與社會企業市場化的趨向實有重要的關係，有間接推動市場化的效果。

三、市場化與社會目標討論的不平衡

市場化的現象愈見明顯，則在其與社會目標之平衡成為非常重要的議題。當社會企業營運及其倡議以市場主導時，社會目標及影響之內涵與討論則相對較少，這亦反映在近年對社會企業發展的推動上，例如平臺組織推動不少與企業管理、以商業模式營運的手法等課程，並有不少倡議者主張不應依賴政府資源，而需以商業模式運作以達到可持續性，但對社會目標及影響的討論並未明顯出現在相關的論述。對這種現象的出現並非指市場化完全忽視社會影響，但社會企業與企業的分別正在於其以商業手法達到社會目標時，對後者的討論實有廣闊的空間。

四、社會企業之社會影響

上述調查提及社會企業的社會影響趨向多元，可將其以「4E」框架整理歸類，初步分析社會企業的社會影響。社會企業的社會影響不僅只為弱勢團體提供就業機會，使其收入提升，而且可以藉改善社區環境及改善社區問題，而提升居民的生活質素；同時，透過社會企業鼓勵社區居民參與運作及決策之過程，亦可為居民及相關對象賦權；亦能藉此促進社會融合，減少及防止社會排斥的出現。從2013年的調查可見，社會企業認為其社會面所獲得的效益可以上述四個範疇分類及分析。例如社會企業指「能提供服務對象更適切的服務」及「帶動社會價值的改變」，是表達可實踐改善生活質量方面的一個方向；「增加弱勢族群就業機會」及「增加服務對象職場實習機會」則能為不同團體提供就業；「增加服務對象日後進入

競爭性職場的信心與能力」則為對服務對象賦權的正面影響；而「易於實踐組織的公益使命」則被視為社會融合的一個表現方向。由此可見香港社會企業之社會影響由剛發展時主要為弱勢團體提供就業機會，漸漸變得多元，也同時對改善生活質量、為服務對象賦權及促進社會融合做出影響，社會企業在其中扮演著重要的角色。

伍、結論

　　社會企業在香港之發展已有二十年左右的歷史，基於多方面的配合重視，現時社會企業愈見多元，而明顯的發展趨勢則以市場化相關，這可基於政府以市場主導而不直接干預，及近年社會企業家之興起，並推動以社會創業精神及市場營運模式運作實有重要的關係。在討論社會企業發展時，社會企業作為以社會目標為主的組織，其社會影響是重要的探討方向，然而近年對此方向的研究及討論仍在起步，故本文以此為方向，藉近年三次研究調查對社會企業之運作及其社會影響做出探討。對社會企業之社會影響的分析框架雖然未盡完美，但卻能為此做出相關而有效之初探，為日後研究起步向前。

（本章內容修改、增刪自陳錦棠、黎家偉（2013），〈香港社會企業的社會影響初探〉，《社區發展季刊》，第143期，頁151-160。）

參考文獻

香港社會服務聯會（2013），《社企名錄2013》。香港：香港社會服務聯會。

陳錦棠（2012），〈社會企業在香港的發展──概念、特質與類型〉，載於官有垣、陳錦棠、陸宛蘋、王仕圖（編），《社會企業：臺灣與香港的比較》（123-142頁），第一版。臺北：巨流。

陳錦棠、官有垣、范明林、麥萍施、王仕圖、林楊潔心（2007），《香港、臺灣和上海兩岸三地社會企業初探研究報告》。香港：香港理工大學。

扶貧委員會（2007），扶貧委員會報告，香港：香港特別行政區政府。

Chan, K. T., Kuan, Y. Y., Ho, P. Y., and Wang, S. T. (2010), *Comparative Analysis of Social Enterprises in Hong Kong and Taiwan: Scope and Dynamics*, Hong Kong: Hong Kong Polytechnic University.

第三篇
臺灣與香港社會企業治理的
個案分析

第十章
臺灣工作整合型社會企業的治理個案

杜承嶸、官有垣、王仕圖、陳錦棠、韓意慈

壹、前言

　　在社會企業的探究中，很多人認為社會企業的目的之一應包括創造就業及提供與就業相關的培訓機會，尤其針對處於近貧者、弱勢族群、身心障礙者等所謂「邊緣性群體」的協助扮演了重要的角色。而身心障礙者本身即是就業市場的弱勢，如何利用保護性就業措施，協助其融入勞動市場，也是世界各國發展社會企業時必然面對的議題之一。在臺灣，這類主要由NPO（小部分也有FPO）所創設，以協助其服務對象融入勞動市場的社會企業，我們將其稱為「工作整合型社會企業」（WISE）。對於WISE而言，其運作功能與產出效果，可以指引這類社會企業有效地實踐其社會價值並發揮社會影響力，畢竟該類型社會企業存在的目的，除了工具性的經濟目的外，最重要的即是達成其就業促進、舒緩貧窮、社會融合等的社會目的。目前臺灣許多身心障礙服務領域的社會福利團體，其發展的社會企業組織型態，大都屬於工作整合型此一類別。

　　本章的個案分析是根據官有垣等人的科技部專題研究計畫「臺灣與香港的社會企業之治理研究」（2012-2014）的成果資料，選擇三個臺灣WISE的研究個案進行分析與探討，分別是「喜憨兒社會福利基金會」、「臺北勝利身心障礙潛能發展中心」，以及「心路社會福利基金會」。個案分析的內容架構聚焦於五個面向，分別是：(1) 創立與發展，偏重於分析組織特質，亦即該組織的運作特質、經營現況與近年來的改變；(2) 人力資源聘用管理；(3) 在資源獲取上，與政府、企業部門及社區的互動情形；(4) 組織的「治理」狀況；(5) 社會與經濟目標之成就。

貳、個案分析

個案一：喜憨兒社會福利基金會

一、創立與發展

　　喜憨兒社會福利基金會（以下簡稱為「喜憨兒基金會」）於1995年在高雄市成立，當時名稱為「財團法人喜憨兒文教基金會」，2001年改向內政部登記立案並更名為現有名稱，成為全國性的社會福利基金會。該基金會宗旨在於使心智障礙者能夠獲得終身教育與妥善照顧，同時也希望喜憨兒能夠如常人一般生活在社區中，有自力更生的工作能力、有自己的朋友與人際網絡。喜憨兒基金會目前設有高雄、新竹、臺北等三個行政中心，以及包括烘焙坊、烘焙工場、複合式餐廳等不同型式的庇護工作站。其服務對象包括了15-50歲的唐氏症、腦性麻痺、自閉症、行為與情緒異常等智能及多重障礙者，為了實踐其宗旨，該基金會的主要服務方案有：喜憨兒烘焙屋及烘焙餐廳（工作訓練）、社區家庭（生活訓練）、臨時及短期托育（喘息服務）、就業輔導（就業服務）、喜憨兒俱樂部（休閒服務）等項目（喜憨兒社會福利基金會網頁，2015/11/19）。該基金會的產業化策略，使之成為臺灣NPO發展社會企業的參考模範（杜承嶸，2011）。目前該基金會的收入，已有將近六來自於其烘焙坊及餐廳等事業收入，使得政府補助及民眾捐款的經費比例下降到四成左右，得以維持一定的財務自主性。喜憨兒基金會在2013年進行了最近一次的組織結構調整，採用矩陣式管理思維以及雙主軸（社福＋事業）的策略調整組織架構，主要是將2013年開始營運的天鵝堡納入組織事業版圖，同時增設執行董事，並把總事業部、公共事務部、財務會計部、行政處等部門與位階重新定位，調整後的新組織架構請見圖10-1。

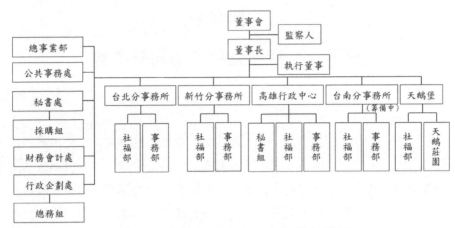

圖10-1 喜憨兒基金會現有組織架構圖

資料來源：喜憨兒社會福利基金會，2016/2/21，http://www.c-are-us.org.tw/about/concept_organization

有關組織變革的過程，據受訪的董事S表示：

> 我們矩陣式的模式其實是很早的一個構想，我們不像很多的非營
> 利組織只有一個社福單位，我們有事業單位，當初最早的構想應
> 該是開始成立喜憨兒烘焙屋的時候，就把這個觀念帶進來，社福
> 單位與事業單位是並行的，而且是互相融合的……這個是我們雙
> 主軸的模式。
>
> （喜憨兒基金會董事訪談，2014/2/15）

總上所述，因2013年天鵝堡的投入營運，加上董事會的改組，使得喜憨兒基金會在組織架構上做出一些調整，強化了矩陣式及雙主軸的管理核心與策略。

二、人力資源

喜憨兒基金會在2014年的統計，擁有員工數超過500人，包括全職員

工近280人、庇護員工140人、工讀生90人（一半以上是憨兒）等類別。整體而言，在必須與市場競爭的情況下，基金會需要投入大量的專業人力，所以在人力配置上，有一半是憨兒，另一半則是專業工作人員，如社工員或就服員等，給予憨兒即時的協助，讓工作能順利完成。譬如，雖然在餐廳裡，主廚是相當重要的角色，但是他一部分的工作在於帶領憨兒。這對於主廚先前工作環境是有落差的，因此基金會的店長需要協助他瞭解憨兒與工作場域，從中找到新的工作價值，才能使他繼續留下來。另一重要的角色為個管員，他是在店長、憨兒與家長之間重要的橋樑。從蒐集憨兒的想法與家長的期待，讓店長能瞭解憨兒的狀況，並在過程中與憨兒及和家長溝通，協助憨兒更能適應工作環境。在基金會的事業部門有關人事穩定度上，存有一定程度的流動率，因非社福體系出身者初入基金會的事業部門，對於憨兒特質以及餐廳經營的特殊性瞭解不深，容易產生理念上的衝突，加上獎勵與分紅制度與事業部門有些差異，導致事業部的人事流動性較高，而此一現象對憨兒多少造成影響。受訪的管理高層Y表示：

> 第一個困擾，對憨兒來說，適應新的人會造成很大的波動，第二個困擾就是人員流動快，造成服務品質不穩定。我們會希望產品制式化，但是又必須符合市場需求，制式化對於憨兒與工作人員來說可以穩定產品品質，所以這部分還是需要達到平衡點。
>
> （喜憨兒基金會訪談，2013/10/2）

然而造成事業部門流動率高的原因，不全然是薪資的因素，福利及升遷受限亦是重要因素，據管理階層L的看法：

> ……薪資並不是主因，最大的因素應該是在於福利與升遷，正如我剛所說，我們組織層級只有三層，所以升遷並不是我們的長項，但我們的領域是多元的，像我們有些師傅選擇轉任憨兒的就業服務老師。另一個因素則是福利與獎金部分，一般企業常視業績而發給獎金，但是我們無法這樣做，雖然我們有事業體部分，

> 但許多人還是以公益消費的觀點來贊助我們，所以很難區分成為
> 一個單獨的事業體，除非獨立成立為一間公司。
>
> 　　　　　　　　　　　　　　　　　（喜憨兒基金會訪談，2013/10/2）

對於高階管理幹部而言，或許事業部門流動率、人事穩定度是營運上的一項困難因素，但對於治理層級的董事們而言，人力資源卻另有隱憂，據董事S表示：

> 社福專業服務人才有出現斷層的現象，我想問題是在我們的主管
> 怎麼樣去培育下一個階層的領導者，我們是最高領導者，然後中
> 級領導者，然後主管，我們應該延續下去，不能說中間造成某一
> 部分的斷層。
>
> 　　　　　　　　　　　　　　　　（喜憨兒基金會董事訪談，2014/2/15）

　　綜上所述，喜憨兒基金會聘用總員工數，已達500人以上，儼然是產業界中的中型企業聘用人力規模。在人才的選訓留用上，因又與企業運作不同，因此在事業經營上會擔憂人力流動率問題，而在組織運作上是比較擔心社福人才斷層的問題。

三、資源獲取的努力及與各方的互動

　　喜憨兒基金會在社會企業發展過程中，與企業關係是很緊密的，如1998年花旗銀行贊助烘焙屋以及發行認同卡、以及中華電信贊助憨喜農場以及天鵝堡的興建等。儘管在2005年發生「六六事件」，對喜憨兒帶來短暫的衝擊，但該基金會化危機為轉機，透過公共關係的運作進行澄清與說明，終獲社會大眾的理解，此後在社會企業的經營上一路成長，走得穩健而且成長更快（喜憨兒基金會董事訪談，2014/2/15）。除了硬體與經費的贊助外，在人才培訓與軟體建構上，喜憨兒基金會亦與企業有相當程度的緊密交流，如王品餐飲集團，以及華碩集團等。根據其執行董事表示：

之前曾與王品餐飲集團合作內部員工訓練，當時贊助我們約300
萬元的訓練課程，約十幾位主管參與王品餐飲集團的主管訓練，
約莫一年的時間。在效益上，因王品也是餐飲方面，故相對能夠
提升我們這方面的品質。另外一個我覺得滿有趣的是與華碩合作
的案子，因為華碩從憨兒的聘雇到訓練，以及後續就業這部分委
由我們來協助執行。

（喜憨兒基金會訪談，2013/10/2）

另根據其高層管理幹部表示：

像王品或華碩，主要是他們主動與我們聯繫，他們在合作前就對
我們進行各項調查，評估過後才與我們接觸。就我們在選擇企業
的部分也是做相同的思考，事前進行調查評估過後才進行合作。
比較大的挑戰是，企業為什麼要跟我們合作？他們到底獲得什麼
好處，這會是我們比較大的困難，因為企業必須先認同這種公益
關係，還必須花費人力與時間來協助我們。

（喜憨兒基金會訪談，2013/10/2）

因喜憨兒基金會的社會事業核心在於烘焙及餐廳經營，這一方面與相
關餐飲企業有所互動，除了人才培訓與技術奧援外，在媒合憨兒就業上，
與科技產業如華碩亦有穩定的合作關係。

四、組織的治理

喜憨兒基金會的董事一任三年，現有董事（第七屆）15名、監事1
名，組成來源有企業主管、教育背景（含特殊教育領域），以及律師與醫
師等專業人士，其組織結構請見圖10-2。企業背景與教育背景所占的董事
比率較高。因喜憨兒基金會為身心障礙家長團體演變而來，因此在董事會
結構中，存有相當比例的家長代表，根據歷年來的資料顯示，其董事會組
成結構中，家長代表與非家長的比例幾乎是一比一（49：51）。

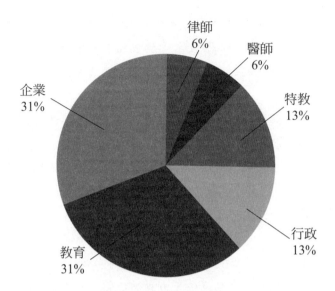

圖10-2 喜憨兒基金會第七屆董監事背景

資料來源：喜憨兒基金會董事訪談，2014/2/15

　　至於治理模式，回應組織結構採矩陣式管理方式，如受訪董事S表示：

> 矩陣式的輔導方式，是喜憨兒比較大的一個突破。主管跟董事會之間的互動透過幾個項目包括各項會議，基本上這些會議包括視訊會議、經營月會、跨部門行政會議、每一年的願景營、每一季的董事會，這樣的一個方式讓我們的董事跟主管之間有充分的溝通管道。
>
> （喜憨兒基金會董事訪談，2014/2/15）

另一位高階管理階者也提出了這種決策治理模式的特質：

> 我們是一個交叉式管理。我今天思考一件事情，我就要跟副總、董事長、執行董事同時討論，然後取得共識。……基本上事業部的主要政策，我們會請協理follow總事業部，重點就是兩者之間有沒有共識。在喜憨兒會有個好處，我們的組織是扁平的，可以

很快跟所有關鍵主管做溝通聯繫以取得最後決策，之後我就可以
往下執行，所以其實總共只經歷了三層，我覺得這樣可以讓很多
事情盡快做決策與執行。

（喜憨兒基金會訪談，2013/10/2）

五、社會與經濟目標之成就

喜憨兒基金會的社會目標極為明確，就是憨兒的「終身教育」與「終
生照顧」，隨著基金會組織年齡的增長，過去其所服務的憨兒也逐步邁入
中老年階段，憨兒照顧的議題，變得更形重要與迫切，受訪董事S表示：

終生照顧方面，我們最早是一個玫瑰園，然後有喜憨兒烘焙屋，
然後有夜間服務的社區家園，這是紫羅蘭園，再發展到憨喜農場，
然後到天鵝堡。喜憨兒的發展，其實是憨兒帶給我們的啟示，憨
兒從他們生下來到現在變老了，到老了就會生病，所以生、老、
病、死是跑不掉的，我們就是這樣一步一步替憨兒規劃。

（喜憨兒基金會董事訪談，2014/2/15）

至於經濟目標，喜憨兒基金會也很早就立下事業體逐步成長的目標，
以避免過度依賴政府資源而發展受限，而這個認知也促成其發展社會事業
的動力：

社會資源還是很有限，而且有排擠效果，所以我們才會發展社會
事業來補足這一部分的不足，因為畢竟這些資源，要向政府申
請，或是接受外面的贊助、捐款，這些都是操之在別人的手上，
我們發展社會事業以後，我們有50%多到60%部分是自力更生的
一個項目，可以比較從容地運用這些資源。

（喜憨兒基金會董事訪談，2014/2/15）

近年來，除了定點的烘焙坊與餐廳等營業據點外，有鑑於臺灣社會的

網路採購與團購風潮盛行，喜憨兒也逐步推展其產品販售的電子商務體系（Electronic Commerce，簡稱為EC），且初步獲得不錯的成效。據其董事H表示：

> 從去年開始我們慢慢引進一些，就是我們電子化的商務，我們現在EC占的比例很高，現在EC加上中秋節，一年大概有6,000萬，都是透過電子商務來販售……
>
> （喜憨兒基金會董事訪談，2014/2/15）

由此可知，喜憨兒基金會在競爭激烈的糕點與餐飲供應市場中，除了實體店面的經營外，也透過網路此一載體，發展電子商務型式的產品販售通路，顯見其經營手法能夠與時俱進。

六、小結

「喜憨兒」一詞，在該基金會的推廣下，有了更廣的內涵與意義：「喜」字取代惜字，走出疼惜陰影，為孩子規劃喜悅與尊嚴；「憨」字取代「笨」字，親暱稱呼取代責備語氣；「兒」字表示永遠的孩子。喜憨兒這三個字也透露基金會對於心智障礙者的「終身教育、終生照顧」的宗旨。喜憨兒基金會的社會企業發展，在臺灣儼然成為社福界的績優品牌，其社會與經濟成就有目共睹。在組織結構上，採用社會服務與事業發展雙主軸，搭配專案管理的矩陣式結構，可讓事業體日益龐大的各體系間能有更充分的溝通與協調，這是近年來基金會因應時勢與環境的調整。在未來經營策略上，基金會亦將以持續開創精神，透過「永續—創新—價值」等三把關鍵鑰匙，為憨兒與組織的照顧與發展，建構更完整的服務與價值鏈體系。

個案二：臺北勝利身心障礙潛能發展中心

一、創立與發展

　　財團法人臺北市私立勝利身心障礙潛能發展中心（簡稱為「臺北勝利」）為2000年時，從屏東勝利之家多年的服務經驗發展而來；而屏東勝利之家則發展自1963年來自挪威的畢嘉士夫婦所建立的全國第一所小兒麻痺兒童之家，以就醫、就學起家，後來從事社政系統的就養。臺北勝利的願景是：「激發身心障礙者發揮生命潛力，創造價值」。因此希望成為不靠募款、在財務上自給自足的公益組織，主要的工作在於協助身障者就業。期望藉由培力身心障礙者，使其走入社會，發揮潛力，創造價值，並整合營利企業、NPO資源，共同消弭身心障礙人士在就業、行動等方面機會不平等的現象。就組織架構的安排而言，臺北勝利屬於扁平的組織結構，與社會企業有關的單位分屬兩個部門，即「社企事業部」和「資源開發部」，並將這兩個部門與其他行政部門並列，組織架構圖如10-3所示。

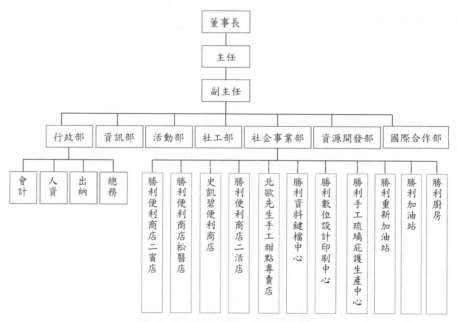

圖10-3　臺北勝利組織架構圖

資料來源：臺北勝利網站，檢索日期：2014/10/20

　　對臺北勝利來說，一開始就鎖定以解決身障者就業問題為唯一要做的工作，至今已經歷了十五年，前面的十年多半透過各樣嘗試性的行動去瞭解市場，為了證明身障者擁有各種不同工作的能力，並顛覆外界對他們的刻板印象。近年來則根據經驗，不斷修正其經營方式與並擴大運作模式。從成立迄今已投入多項社會企業方案的經營，其中包括1987年成立資料鍵檔中心、蘭苗組織培養（2002）、V-design視覺設計中心（2002）、手工琉璃（2006）、加油站（2009）、全家便利商店TVH店（2011）；而在餐食服務，曾經營Enjoy餐廳（2006）、Mela Café（2007）、史凱碧米盒子（Skypig）、希望飯包（2008）等。

　　在經營方式的改變上，臺北勝利發現臺灣有一半的庇護工場是在經營烘培事業，但進一步思考到身障者不見得適合做一般烘培業中多種不同的產品，其實只要把一兩樣東西做到最好，就能如團購名店般成功。因此，臺北勝利鎖定單一品項發展，譬如「北歐甜點」。除了北歐甜點及餐廳外，臺北勝利也經營手工琉璃、數位印刷業，以及三家加油站及與三家全家便利商店等。在運作模式的擴大上，臺北勝利以加油站及全家便利商店，作為擴大社會影響力的方向。臺北勝利原本有兩間加油站，大安站和市民站，皆是政府的場地資源，每三年更新標案一次。但為了給員工一個有安全感的地方，因此投資上千萬開展「勝利重新店」以發展自己的事業體。C主任表示加油站確能創造較多的就業機會，平均一個加油站大約有50至60名員工的就業機會，新開的加油站也約有40名聘雇的機會。

　　此外，C主任認為經營策略上應做到「差異化」，「即使是同樣的全家便利商店，服務還是得要差異化」（臺北勝利訪談，2014/7/30）。對於便利商店的經營方式，有很大的人力銜接市場，亦即隱含的目的是希望身障者在訓練完畢之後，由於一般社區中一定有便利商店，因此也能夠回到社區工作。而經營加油站的差異化策略在於體認到各加油站賣的油品都相同，因此希望加油站也能變成一個通路。臺北勝利中心的加油站希望除了加油之外，可以有其他的物品來滿足客戶，例如各樣農產品像柳丁、橘子、香蕉，或中秋節的柚子。

　　再者，C主任在受訪時對於臺北勝利的事業體經營強調，絕不能依靠

消費者的慈善心來購買你的產品，那絕不能持久；因此，事業單位的產品與服務要能獲得消費者的青睞，不二法門就是：(1) 產品的品質要好；(2) 產品的生產與行銷過程不能一成不變，在動態的過程中，「創意」或「創新」是絕對需要的。他舉了一個剛發生在該組織的一件事情為例，「史凱碧米盒子」是臺北勝利事業體中專門販售便當的，然而在臺北地區有多少便當販售店呢？太多了，競爭非常激烈，因此米盒子的經營並不出色，臺北勝利的經營團隊馬上動腦筋，與臺北市政府殯葬科洽談，訂約承包臺北市第二殯儀館祭拜往生者的早、午飯由臺北勝利供應，果然這種便當盒的生意沒有人會與其競爭，且往生者也不會真正吃這些飯菜，定時祭拜後還可以回收做廚餘加工之用（臺北勝利訪談，2014/7/30）。

二、人力資源

如圖10-3臺北勝利的組織架構，上有董事會組成，下設一位主任及一位副主任，副主任之下是行政部門，包含一位社工督導，專門督導其他每一個單位的就服員，財務室則負責每一個庇護工廠的財務。臺北勝利的財務控管屬中央集權式，財務工作不會分散到每一個單位，所以每一個單位不會有所謂的財務處理。由於所有的財務全送回財務室，故具備完整的財務處理流程，並使用「銷售點管理系統」（Point of Sales，簡稱為POS）及網路資訊科技的工具，進行整合管理。不論是董事會、主管單位如勞工局、社會局、會計師等需要查帳，都統一由財務室處理和發出（臺北勝利訪談，2014/7/30）。

此外，為配合《身心障礙權益法》的規範，臺北勝利每一個庇護單位都有一名就業服務員以及一名技術輔導員。除了上述為政府訂定的頭銜，在對外談生意時，為了原來市場競爭的角色需要，就服員或技輔員可能是站長、總監、設計師，也可能是行銷品牌顧問管理。但是回到了工作現場，就服員可能要扮演部分的員工諮商管理、情緒管理、表格記錄等角色，以符合社工督導的一致要求。社工督導也須安排每年的專業訓練，中心並設有一套明確的系統，使庇護性就業者可以在內部職場流動，此有利於就業者的職場規劃，以及提供各樣的試探機會。

三、資源獲取的努力與各方的互動

臺北勝利成立的庇護工廠，可以依照《身心障礙權益法》裡面的補助標準向政府申請補助；但是政府的補助在臺北勝利2013年的統計（年度營業額：5億7千萬元）中，大概只占了3.5％，另外96.5％是來自事業單位的營業收入，因此政府補助款對臺北勝利的年度收入相當微小，至於捐款則是零。至於政府優先採購的優惠，臺北勝利C主任表示，會因為職種的不同而有所不同。以中心的職種而言，除了數位印刷可以承接政府優先採購印刷的需求，其他如手工琉璃、加油站或便利商店則不易有相關優惠（臺北勝利訪談，2014/7/30）。

而與企業交流與互動方面，臺北勝利透過與多個企業合作互動，從中學得不足的商管知識、獲得資源，並以過去良好的工作績效作為籌碼，例如，與全家便利商店合作時，便以與其他加盟主一樣的權利金、加盟金、設一間店的投資、抵押的房子等來表明認真看待的決心，事後也以四間店面證明良好的合作模式。在每一件合作案上，臺北勝利很清楚知道雙方對談的語言是什麼，本身與企業主所想要的是不是相同，著重雙方站在合作基礎上，不以獲取資源為唯一目的。

四、組織的治理

在董事會的運作上，臺北勝利迄2014年止有9位董事，皆有基督教信仰，其中1位為商業人士，其餘有醫生、牧師、自行開業者等，董事會固定一年召開二到三次會議，從2000年開始到現在，董事會都是維持9位，人員有進出，但形式都是一樣。董事會給予主任充分的信任跟授權，對於經營手法、市場營收發展，會互相溝通、意見交流，由於董事會給予執行部門很大的空間，因此有利於中心在策略運作上，做出冒險性的嘗試。C主任強調：

> 我們大概一開始就有這樣的認知，所以一直都是朝向自己解決，
> 當然實際上每一件工作內容在某一個時間點一定要回報董事會，
> 但倒沒有說需要董事會介入或是支援的部分。

（臺北勝利訪談，2011/3/25）

臺北勝利的治理特色是，雖然運作是多角化經營，但並沒有在董事會下設立專業顧問或與社會企業有關的常設性委員會。

　　臺北勝利的董事會成員雖然背後有基督宗教信仰支撐，但員工、主管不一定有宗教信仰，且特別的是並無教會財源的支持，因此具有百分之百的自主權。而政府對於庇護工廠僅給予輔導員補助，因此管理者及身障員工的薪水皆須靠臺北勝利事業體的營收。中心主任特別強調將庇護就業者看成自己的員工，與一般的工作職場沒有差別，不想特別展現員工為身障者來爭取同情（臺北勝利訪談，2014/7/30）。再者，在中心主任的專業背景方面，在二十五年前因為會寫Macintosh的程式進入屏東勝利之家工作，協助開發特殊教育的電腦輔助教學軟體，後因屏東勝利之家轉型而開始接觸庇護工廠的成立，也做了很多新的嘗試，包括3D modeling。累積這些經歷，讓主任發現市場的重要性。

　　臺北勝利的發展核心即在為身障者提供就業服務，因此它的事業單位的主管，必然是該領域的專業人士，C主任表示：

> 像便當店我們就會找便當店的操作人員，資料鍵檔也是一樣要有
> IT的背景，這樣子發展出來就是需要有一個輔導部門來做橫向的
> 支援，每一個部門都有專門的輔導員。
>
> （臺北勝利訪談，2011/3/25）

在主管、幹部的專業背景方面，以加油站為例，主要物色條件是在業界有相關經驗的人，此外因同時需要多位站長及副站長，故也自行培訓，例如讓輔導員學習琉璃製作，再將技術帶回。另外，臺北勝利更與企業合作，讓輔導員進入企業學習，例如全家、壹咖啡等企業，以快速累積專業。

五、社會及經濟目標之成就

　　在經濟目標的成就方面，臺北勝利在2013年的營業額已達新臺幣5億7千萬元，共聘有約300位庇護就業員工。關於社會目標的實踐，臺北勝利的主任表示：

　　這個很質化，很難量化，我不能告訴你每一個人的……但是我認
為那個改變是這個人從原來可能沒人有關心，或是他自己也沒有
辦法有夢想他到底要做什麼事情，開始慢慢有一些訓練、有一些
獨立、有一些工作能力與質素、有一些自尊、有一些自我價值慢
慢在形成。

（臺北勝利訪談，2014/7/30）

　　綜上所述，臺北勝利的社會企業經營目標是具體可見的，而在社會目
標的追求上，主要乃在關切服務對象的社會融入與就業問題，以呼應「發
揮潛力，創造價值」的組織宗旨。

六、小結

　　臺北勝利中心社會企業發展如此蓬勃，在組織治理上，主要是得力中
心主任的策略思考與規劃，同時董事會也充分授權與信任，使得社會企業
經營部門有極大的空間與彈性。整體來看，該組織在商業發展的經營面向
與事業類別拓展上具有多角化的特性，而與政府及企業的互動過程與操作
手法，也相當有策略性。至於在未來發展上，據其主任表示，應該還有更
多想法與創意，可以加以嘗試或落實，如引進尤努斯的微型貸款概念，進
行創業發想，但創業未必是由勝利中心來做，而是由考量服務對象的需
求，勝利協助其找尋成功的發展模式，如此社會企業的影響力可以變大，
將會是未來中心努力的方向。

個案三：心路社會福利基金會

一、創立與發展

　　心路社會福利基金會（以下簡稱為「心路基金會」）成立於1987年，
是臺灣第一個由智能障礙者家長自發組成的財團法人基金會。1980年代是

臺灣身心障礙者權利倡議運動最活躍的時期，以心路為主的智能障礙者家長團體在其中扮演著重要的角色，懷著「為孩子發聲」的動力，家長們積極參與修訂政策法規、改善教育與福利、消弭社會歧視等倡議行動，為臺灣的智能障礙者權益開啟了新的時代，而這股力量也匯集影響臺灣社會運動的發展（李婉萍、鍾榕榕、原慧心，2014：374）。截至2013年為止，心路基金會為1,064位發展遲緩與身心障礙者提供了日間托育、職業重建等日間服務；為64名成年智障者提供居住服務；並以多元化的服務方案協助了4,103名身障者及其家庭；及透過幼兒發展篩檢、校園宣廣、就業參觀體驗、企業宣導等活動深入社區，善盡社會教育的義務（心路基金會網站，2014/10/18）。

　　心路基金會的社會企業單位創設最早的是「心路洗衣坊」（1997），之後陸續成立了社區就業中心（1998）、庇護工廠（2001）、心路一家工場（2004），以及心路餐坊（2004）等，分別提供洗衣服務、清潔工作隊、洗車擦車服務隊、手工香皂、冰棒，以及禮物贈品的生產與販售、印刷業務，以及餐飲商店的營運。心路基金會在2010年的年度總收入約新臺幣2億8千萬元，其中社會企業單位的營收約新臺幣4,000萬元，占機構年度總收入的14.3%左右。至於該年度的全職員工數，約有400位員工，其中事業體各個單位的員工數合計有近160位，占總員工數的40%左右（心路基金會訪談，2011/3/25）。經過三年後，心路基金會的事業體的種類變動不大，但某些事業體營業規模有縮小，2014年8月亦有新的慈泰庇護工廠於新北市成立。而事業體的整體營運狀況，年度營收有微幅增長，機構的總營收則有3億多元。這段期間，心路基金會在組織架構上做了一些變革，如新設「執行長室」及總管理處（將原既有之行政管理部、財務管理部、公共事務部、資訊部等四部併入），總管理處處長現由執行長兼任（心路基金會訪談，2014/7/30）。現有心路基金會組織架構如圖10-4所示。

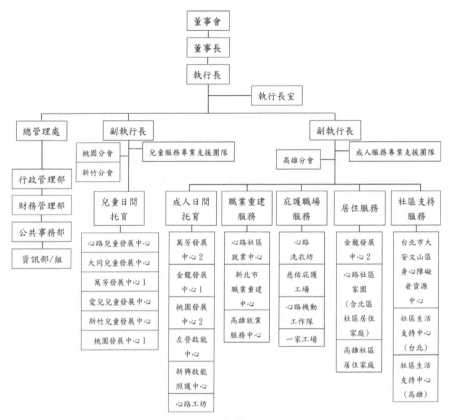

圖10-4　心路基金會組織架構

資料來源：心路基金會網站，2014/10/18

二、人力資源

　　整體而言，心路基金會因提供智障者較多的社會服務，因此聘有較多具有社會工作背景的專業人士，而這些社工人事穩定度較高，已多人成為各部門的主管，據受訪的J表示：

　　我心裡相當感動，這邊全部大學畢業，心路是他第一份工作，就一直這樣做下去，十幾年了，而且那種認同、使命，自己也很有意願學習。

（心路基金會訪談，2014/7/30）

雖然基金會的人員平均薪資不比公部門優渥，也與產業界有距離，但資深員工認同服務理念，以及自我堅持的精神，持續留在團隊一起工作與發展。相對而言，心路基金會的事業單位主管，其專業背景就比較不是企業管理或與該單位服務或產品有關的專長，反而是著重於福利服務的專業背景。

三、資源獲取的努力及與各方的互動

心路基金會在事業體的經營上，通過庇護工廠的營運，分別提供商品的販售以及勞務服務，前者包括如冰棒、蛋捲、手工香皂、好天天茶包、烘焙產品等，後者則是洗衣坊、機動工作隊等。這些事業體販售服務的對象包括一般社會大眾及政府部門，如洗衣坊就曾接過政府的團體訂單，如臺北市政府的警衛、警察制服的清洗與整燙。但據受訪者J表示，洗衣坊接政府的訂單，並無享受到優先採購上的優惠：

> 可是那是每一年都要標一次，有時候我覺得我們好像沒有被優惠，好像你是一個庇護工場，可以優先採購，其實也沒有，現在公部門他們還是看你的價格標。
>
> （心路基金會訪談，2014/7/30）

因此，若欲取得政府大宗採購訂單，仍需要回歸政府採購法的架構下，以優惠價格作為爭取公部門客戶，依舊必須與其他民間業者進行市場競爭。不過因為洗衣坊主要的工作者是智能障礙者的庇護性員工，所以在洗衣流程必須耗費更多的時間，而交貨前的整燙動作常需有機器以及師傅的輔助，因此成本極高，後來考量到營運成本，有時就不接政府的訂單。

心路基金會與政府互動，除了有些訂單來往外，還保持著其針對政府相關單位從事倡議的功能，如有關庇護工廠與身心障礙者服務，牽涉到政府部門的勞政與社政體系，而兩大體系間常出現法規或是作法互不協調的狀況，如智障者有了收入後，原本家戶的社會救助資格就會被取消，這是不妥當的作法，因此有必要倡議修改來解決，心路執行長強調：

> 有些智障者員工家裡面，他可能是低收入戶，或是中低收入戶，他
> 兒子（指心路的服務對象）賺了錢，可能賺了八千、九千、一萬，
> 可是他的補助資格就沒了，那就造成他家裡很大的困擾。我們要鼓
> 勵他們有機會出來工作，然後又卡了這個，事實上是懲罰他們。
>
> （心路基金會訪談，2014/7/30）

事實上，心路基金會早期是以社會倡導運動起家的，儘管後來投身心智障
礙者的直接服務，但在其間若發現法規陳舊不符時代需要，仍然會扮演起
倡導的社會改革角色。

四、組織的治理

心路基金會的董事會，歷經多次的人數調整，從原本15位減少至11
位，然後再調整至9位。目前董事會人數為9人，其中有家長代表5位，4位
外部董事，分別來自於企業（具管理與人資專長）、學術界、特殊教育
界。執行長表示，董事人數朝逐漸縮小的趨勢，主要是人多但不易成事，
以及不容易找到適合的人出任等因素（心路基金會訪談，2014/7/30）。至
於管理階層與董事會間的互動關係良好，基本上董事會對於基金會的營運
都持開放立場，支持執行長推展各項事業與服務工作。執行長指出：

> 我們的決策模式是由下而上的，董事會扮演審查的角色，我們比
> 較少是由董事會訂定決策或要求，畢竟好多實務方面的運作和執
> 行他們不是那麼清楚。
>
> （心路基金會訪談，2011/3/25）

因此，近幾年來，心路基金會的董事會之組成結構，也沒有因為社會企業
單位的增加與業務的拓展而有所改變。更有甚者，心路的治理結構中，除
了董事會之外，亦無針對社會企業營運發展議題，專門設置專業顧問團或
事業部委員會。執行長明顯是這個組織治理的核心要角，以及事業單位運
作的主導者與最高行政管理者。所以，目前心路的運作核心，是以執行長

領銜的執行長室以及總管理處為主，而執行長的運籌帷幄與決策的角色與功能十分明顯與突出。

有關事業體的經營，因基金會專業社會服務人員較多，因此多半靠授權或集體學習作為討論與運作方向的擬定，執行長強調：

> 我們會授權，這方面我覺得心路是比較不專業的地方，我們沒有
> 像業界說真的聘一個業界的專業經理人，我們洗衣坊慈佑、一家
> 工場的主任、甚至未來慈泰主任，背景都是社工。
>
> （心路基金會訪談，2014/7/30）

整體而言，心路基金會的治理，乃是以執行長為核心，至於事業體發展的過程，首要是考量到其服務對象的工作能力，因此營運過程較無商業管理概念的導入。最後，值得一提的是心路基金會的董事會如何看待其事業體單位的營收狀況，一方面會希望其事業體能夠有盈餘，或至少收支平衡。然而，往往某一事業單位，如洗衣坊或一家工場，虧損了好幾年，但董事會的決議依舊要維繫下去，並強調提供弱勢群體的就業與福利服務的重要性。

五、社會與經濟目標的成就

心路基金會的社會目標，明顯較其經濟目標更為突出，其所發展的事業，並不全然是以增進組織收入作為主要考量，而是以智能障礙者的庇護就業、職業重建等目的為主，「我們心路主要服務的是智能障礙。以智能障礙的青年來講，工作本來就是他們滿重要的一環。」（心路基金會訪談，2014/7/30）。心路在2014年的總營收為新臺幣3億多，近幾年來大致上維持這個規模，至於事業體的營收約有4千多萬，以總營收而言大致打平（心路基金會訪談，2014/7/30）。除此之外，亦有些事業體是呈現赤字狀況，如慈佑庇護場、機動工作隊等，董事會態度仍覺得可以接受，執行長認為：

> 董事會有時候說我們清楚自己的定位嗎？庇護工場到底以服務為
> 主還是以賺錢為主，那明明就是有那麼多的庇護員工，也還要就
> 業服務員什麼的，我覺得還好，其實董事會不會說怎樣。
>
> （心路基金會訪談，2014/7/30）

六、小結

　　心路基金會是臺灣心智障礙者社會服務的標竿型組織，成立至今已近三十年的歷史，在歷次身心障礙領域的相關法令的立法與修正過程中，心路一直扮演著為身障者發聲的關鍵角色。而其事業體的發展，若從最早的洗衣坊（1997）算起，也將近二十年了。儘管他們有多種型式的庇護事業，但在經營上一直未有高額的盈餘，因其設定的社會目標要求遠高於經濟利潤的積累，因此服務取向色彩依舊非常濃厚。在組織的治理上，儘管董事會中不乏有來自企業界的人士加入，但整體事業的發展規劃與管理，乃授權由執行長率領主要背景為社工的員工來集體思考與討論。至於心路基金會未來的發展方向，不論是社會服務還是事業經營，都還是以智能障礙者為思考主體及核心，其中社區型服務的拓展將是發展的重點。整體而言，心路的未來發展目標主軸，一言以蔽之就是：「創造智能障礙者有豐富的生命、尊嚴的生活與美好的希望」。

參、討論與意涵

　　本章所討論的三個案例，皆是提供身心障礙者就業與工作促進的福利機構，也是在臺灣社會裡具有一定知名度的NPO。在這三個案例中，除了臺北勝利中心外，喜憨兒、心路等兩家基金會，都是由家長團體轉型而來。而這三個案例從其預算金額、人員編制、附屬單位數量、事業發展部門等組織結構面向觀之，可說是臺灣各類社福型NPO營運規模中等以上的代表。以下主要從治理層面，及社會與經濟目標的成就，做一綜合分析與討論。

一、治理層面

　　傳統以提供社會服務見長的NPO投身於社會企業的經營，在治理結構上有何表徵與特色，本章所列的三個案例，恰可提供一些比較與反思。綜觀三個基金會的董事會成員組成特徵，基本上都含括了家長代表、特殊教育、專業人士（醫師、律師、教授）、商界企業家等。以社會企業的經營角度來看，納入來自商業領域的董事，應可提供企業管理的相關經驗，對組織應有一定的助益，而家長與特殊教育界的代表，則可以針對其服務對象的需求，設計相對應的福利服務方案與政策，而其他領域專業亦可提供法律、醫療等面向的意見諮詢。不過，在這些案例中，在社會企業的經營上似乎較偏向以執行長的意見為依歸。惟這三家基金會的董事會在組織決策過程扮演的角色，亦會協助組織資源的獲得與擔負決策審查之責，以及強調組織在社會目的實踐的重要性，而強化了機構本身存在與發展的「合法正當性」。

　　有關本章所提三個分析案例的治理架構，經過研究團隊多年來的觀察與訪談，可發現有一些共同特徵：首先，在社會企業的營運與決策過程，皆是把社會目標置於核心的關鍵考量；其次，董事會的組成結構並不會因社會企業的創辦，而有明顯相對應的調整（Kuan et al., 2014）。就第一個特徵而言，因分析案例本身都是以身心障礙福利服務起家的NPO，社會目標的實踐本就為其組織創辦的宗旨，如此考量即可回應社會大眾的期待並獲得正當性，同時也是其存在的天職與責任所在。也正因為如此，在第二個特徵上，吾人可清楚觀察，這三個案例在董事會成員組成上的調整與變革，與其創辦當時的結構並沒有十分明顯的差異，亦即傾向不會因社會企業的經營，而出現特殊的考量（僅有心路基金會董事人數下修，但原因並非與社會企業的創辦有關）。甚至兩家因家長團體轉型而來的個案，組織內部雖未必有成文規定，但家長團體代表的席次，在董事會中通常具有一定的比例，如此安排當然是因循過去組織的傳統而來，而因心智障礙者本身智能發展上的限制，通常無法正常表達意見，而家長代表恰好扮演者守護者（guardian）的角色，故家長代表在董事會有捍衛身障者權益與監督

社會服務落實的責任。就此觀之，儘管分析的三個案例的董事會組成中，不乏有商界或管理專業人士加入，但在社會企業發展過程中，有關事業體的經營普遍仍是以執行長及各事業體之主管所形成的決策圈為主，因此治理模式現階段仍舊偏向Alexander等人（1998）所稱的「慈善治理」模式。

二、社會與經濟目標的成就

本章分析的三個案例在社會企業的經營上，皆有不錯的表現，但也明顯透露出「服務為本」的中心思維，提供身心障礙者的各項照顧服務皆是其組織創立的宗旨，而利用社會企業經營為手段，進行其服務對象的就業訓練與庇護性就業機會，並希望藉此能夠協助他們具有一定程度的自立與融入社會的能力，進而提升自尊與社會參與。三個案例所呈現的身心障礙者促進就業的人數，皆有百人以上的規模，這些庇護性員工經由就業訓練後，可以上場從事第一線或工廠的服務與生產工作，不但讓服務對象有實質所得收入，也改變了其家庭的氛圍。

至於經濟目標的成就方面，三者中有些已設下目標，維持水平，達到收支平衡，甚至產生盈餘與不錯的成效，例如臺北勝利已達到一定水準的營業額與盈餘；而喜憨兒基金會也已立下事業體逐步成長的目標，不至於過度依賴政府資源導致發展受限，且亦積極推展電子商務系統，初步獲得良好的成效。然而，也有機構在達成經濟目標上有困難，例如，心路基金會目前總營收與支出大致是打平，但有些事業體的營收呈現赤字。不過，在討論社會與經濟目標時，兩者其實有相互關聯性的，且也要看機構對於何種目標的重視程度而訂，像心路基金會的社會目標突出於經濟目標，其所發展的事業並不全然以增進組織收入為主要考量，而是以智能障礙者的庇護就業和職業重建等目的為核心。

總歸來看，NPO經營的社會企業與其他不同類型的社會企業相比，更看重社會目標的實踐，事業發展僅是其經營工具，何者為本與何者為用，其分野相當清楚。本章所列舉的三個分析案例，其投入社會企業經營時間雖長短有別，但著重社會目的實踐優先於經濟目標的原則，從本研究的觀察可得到清楚驗證。

參考文獻

心路基金會網站（2014），檢索日期：2014/10/18。網址：http://web.syinlu. org.tw/

李婉萍、鍾榕榕、原慧心（2014），〈支持智能障礙者生活在社區，活出最大可能：心路基金會發展歷程〉，收錄於蕭新煌主編之《書寫第三部門歷史》，第11章，頁373-410。臺北：巨流。

杜承嶸（2011），〈臺灣大百科——慈善社群，基金會詞條：喜憨兒基金會〉，收錄於楊泰順等主編與監修之《臺灣大百科全書：臺灣知識的骨幹》，行政院文化建設委員會。

喜憨兒社會福利基金會網站（2015），檢索日期：2015/11/19。網址：http:// www.c-are-us.org.tw/

臺北勝利中心網站（2014），檢索日期：2014/10/20。網址：http://www. victory.org.tw/course/course_01.htm

蘇國禎（2002），《喜憨兒——NPO臺灣經驗》。高雄：財團法人喜憨兒社會福利基金會。

蘇國禎（2008），《喜憨兒NPO核心能力》。高雄：財團法人喜憨兒社會福利基金會。

【訪談資料】

心路社會福利基金會執行長，2011/3/25，地點：臺北市心路基金會。

心路社會福利基金會執行長，2014/7/30，地點：臺北市心路基金會。

喜憨兒基金會執行董事，2013/10/2，地點：臺北市喜憨兒基金會自營麵膳坊餐廳。

喜憨兒基金會董事會董事，2014/2/15，地點：高雄市天鵝堡。

臺北身心障礙潛能發展中心主任，2014/7/30，地點：臺北勝利中心。

Alexander, J. A., & B. J. Weiner (1998), "The adoption of the corporate governance model by nonprofit organizations". *Nonprofit Management and Leadership*, Vol. 8 No. 3, pp. 223-242.

Kuan, Y. Y., K. T. Chan, & S. T. Wang (2014), "The governance of social enterprise in Taiwan: an analysis based on 2010 survey findings and four cases"，《公共行政學報》，第47期，頁1-33。

第十一章
香港工作整合型社會企業的治理個案

陳錦棠、官有垣、王仕圖、杜承嶸

壹、引言

在香港，WISE被視為最常見與盛行的社會企業型式，以工作整合型式成立的社會企業早在2000年代初即受到各界廣泛討論。WISE強調為社會上的弱勢社群提供訓練及就業機會，讓他們能夠與勞動市場重新接軌，進而融入社會及自力更生。

本章以下先說明WISE的主要理論、香港WISE的現況，以及政府角色的轉變，接著以四個在香港的WISE個案進行分析及討論，分別是「新生精神康復會」、「仁愛堂」、香港心理衛生會轄下的「明途聯繫有限公司」，以及基督教豐盛社會企業「豐盛髮廊」。個案分析的內容重點分為五個向度，分別是：(1) 組織特質、經營現況與近年來的改變、(2) 人力資源聘用管理情形、(3) 在資源獲取上，與政府、企業部門及社區的互動情形、(4) 組織的「治理」狀況、(5) 社會與經濟目標之達成情況。

貳、主要理論

一、資源依賴理論

資源依賴論強調，一個組織最重要的存活因素在於穩定掌握資源，以維持組織的運作和發展。該理論提供了一套分析架構，觀察組織如何減少不確定的外在因素，以幫助它得到其所需的資源。以往，NPO被視為純粹的慈善團體，很大程度上依賴私人捐贈來推動慈善救災工作。然而，現在不同的NPO已擺脫以往的守舊觀念，發展了從不同來源蒐集資源的策略。現時，NPO關注不同的社會目標，包括：提供服務，公平貿易和政策倡導等。而因NPO趨向多方面的發展，籌集資源的討論變得更加重要。

「資源組合」戰略的概念可以追溯到由Markowtiz（1952）提出的「投資組合選擇理論」（Portfolio Theory）。該理論指出混合的收入來源能夠協助NPO平衡其帳戶和風險。之後，這個理論被廣泛應用於金融領域，提

倡「不要把所有雞蛋放在同一個籃子裡」的概念，以分散可能產生的風險。在美國，愈來愈多NPO採用資源組合戰略以面對日益加劇的資源競爭（Froelich, 1999）。Gardin（2006）也指出，在多元化經濟的時代，社會企業的目標不僅在於完成多個目標，而且擔任一個擁有不同資源的組織。此外，資源的類型也可以歸類為「貨幣」和「非貨幣」。前者是指銷售、補貼和捐款，而後者則指義工或物資捐贈等資源。另外，Nyssens（2006）進一步強調社會企業繼承了籌集多種資源的特徵。因此，平衡各種資源的運作，對於滿足社會企業發展作為其社會、經濟，以及社會政治等目標乃非常重要。

　　資源組合策略能夠令WISE持續生存嗎？Teasdale、Kerlin、Young和Soh（2013）在他們的研究中指出，美國在1998年至2007年間採用組合收入策略的NPO，其可持續性較採用商業或捐贈策略的組織低。其中一個用於解釋這種現象的主因是因為NPO很難平衡商業和捐贈收入，因而不能夠持續運行。因此，根據他們的研究結論，建議大多數的NPO應主要依賴於商業或捐贈收入，而不是嘗試達到一個平衡的收入組合（Teasdale et al., 2013: 69）。

　　總括而言，由於資源對一個組織能否生存至關重要，因此組織需回應由主要資源提供者提出的請求。一旦組織大多取決於外部資源，外部資源提供者就可以有巨大的影響力，此足以改變組織的最終產品。正是由於此特性，社會企業在獲取資源的同時，仍高度重視由不同持分者提供的信息和意見。因此，在採取資源混合策略時，社會企業不僅需要反思所有資源是否適當分配，並需反思在過程中不同持分者之間的關係。資源依賴理論對於香港社會企業的運作尤其有用，特別是WISE愈來愈傾向於市場導向，消費者以至其他資源提供者對於社會企業之決策亦有很大的影響。

二、制度理論

　　制度理論認為一個組織要取得合法性以在社會中生存，在於它帶來資源使組織得以生存和發展，且其合法性是組織被社會認可和接受的基礎。當談到政府時，其合法性乃在於憲法制度和人民所給予的認可；而營利部

門的合法性則來自於相關商業法規和公司客戶的認可。那什麼代表非營利部門的合法性？Su等人（1999; 引自Feng, 2001）指出承認或接受NPO作為第三部門，即政府及私人企業外的第三個實體。首先，政府的承認意味著對NPO活動的授權，而社會組識的認可促進與NPO的合作和取得資源。最後，個人的認可能促進個人對NPO活動的參與或捐贈。

從制度理論的觀點來看，一旦NPO的社會合法性被大眾接受，它們能得到最多資源以推動組織的生存和發展。因為捐贈被視為得到社會合法性的具體證據，所以假設當NPO得到社會合法性的認可後，從社會大眾得到的資源就會隨之增加。制度理論強調組織的存在，目標和架構受到體制環境塑造出來。這樣的過程顯示了社會建設的一種形式，因此該組織的活動與制度環境擁有密切的關係。換言之，組織的創建和行為應隨著制度性因素和國家政策而改變。資源依賴理論和制度理論皆使我們關注社會環境如何影響組織，資源依賴理論著重於交易的類型和資源的互換，而制度理論則認為壓力來自社會的規管、期望、規範和價值。

基於上述看法，資源管理在組織裡發揮重要作用。資源依賴可以透過服從重要資源提供者的要求或避免資源提供者對組織的控制，並尋找更多資源以避免可能的依賴（官有垣，2007: 232-233）。Pfeffer和Salanick（1978）認為卓越的NPO領導人有能力認知及修改他們在資源依賴的位置，並管理跨組織互動的要求，進而能夠減輕在環境中的不確定性，和保持資源流動而不犧牲其組織的自主權。

參、個案分析

個案一：新生精神康復會

一、組織特質與經營現況

　　香港新生精神康復會（以下簡稱「新生會」）是香港最大型為精神復康人士提供服務的社會服務機構之一，同時亦於1990年代起最早開始發展社會企業（當時稱為模擬企業）的機構之一。由於精神復康人士受到嚴重的標籤化，失業率高達三成，因此社會企業是作為讓他們有就業及訓練機會的主要場所。由1994年開始，新生會開設了第一個模擬企業（建生菜檔），1997年開始投標政府的清潔合約工作。新生會服務對象有90%是精神分裂症患者，而且大部分都是青少年及教育程度較低的人士，因此主要都以勞動力密集的行業為主，如清潔、賣菜等。然而，2000年後，新生會服務對象的特點開始改變，精神分裂症的康復者少於一半，其他則是抑鬱症及焦慮症，而且愈來愈多是專業人士，如律師、會計師等，他們只是因為病發而退下工作崗位，但他們不願意從事傳統勞動力密集的工作，因此新生會的品牌需要開始年輕化及現代化以配合改變，而開始發展餐廳（如咖啡店、到會服務等）、生態旅遊（於其轄下之新生農莊），並開始重新建立330（意思為「身、心、靈」）的品牌，及開展不同方面的合作，如2012年與「又一山人」開設概念商店，以配合提供康復者工作機會。現在新生會共營運20家社會企業，項目包括清潔服務、餐飲、零售等（見圖11-1）。為配合近年的改變，新生會於2007年起將其庇護工場轉型，建立垂直整合食物供應鏈，由以前較傳統的工作轉變，為其社會企業進行加工及準備的工作，如做麵包、包裝、蔬菜加工等，配合其社會企業運作。

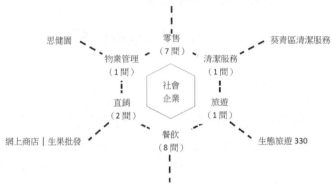

新生農社|新生便利店（2間）|新生糕美（石排灣）|農社330（2間）|紅白藍330

思健園

葵青區清潔服務

零售
（7間）

物業管理
（1間）

清潔服務
（1間）

社會
企業

直銷
（2間）

旅遊
（1間）

網上商店|生果批發

生態旅遊330

餐飲
（8間）

新生餐廳|新生糕美（教育局）|甜蜜蜜新生咖啡店|素食亭| cafe330 | cafe330 | OneCafe |外賣到會服務
（威爾斯 PWH）（中大 CUHK）（青山醫院）

圖11-1　新生會社會企業型別

資料來源：新生精神康復會，2012/13年年報

二、人力資源

　　在機構聘請第一線員工方面，現時新生會的社會企業以「學員」及「雇員」兩種方式使精神康復者有訓練及就業機會。根據新生會2012/13年年報顯示，培訓學員共有592名康復者，而現職殘疾雇員人數則有66人（新生會年報，2013）。前者以培訓為本，沒有就業關係；而後者則是正式的雇員。新生會行政總裁Y指出，新生會愈來愈傾向聘請一些不是社會福利／社會工作專業的同事，而是聘請其他行業的人，即是按不同的庇護工場及社會企業的商業鏈去聘請相關的員工（如衛生督導、廚師等）（新生會訪談Y，2013/12/12）。再者，第一線員工背後有一個中央小組，都是聘請曾從事商界的人，以配合其社會企業的發展。

　　整體薪酬制度方面，新生會給予雇員的薪金跟市場相比，較高一些，當中建立了幾個薪水級別，並以表現主導（分為A,B,C,D四個等級），以其所屬店舖及個人表現指標作為加薪及激勵計畫的幅度，激勵計畫並非獎金（因政府資助不能分紅），而是一些有形的東西，如餐食、旅遊及優惠券等。新生會同時建立了薪酬框架及發展了一系列晉升的制度，並於2012年聘請人力資源顧問作檢討，以香港超過20家類型相近的大型公司作基準

評估，以訂立薪金級別；同時殘疾雇員亦可按照自己能力要求申請調到不同的社企單位工作。

三、資源獲取的努力及與各方的互動

　　新生會社企與社會上不同部門組織有著各種互動，而這有助他們的營運，以下就政府、企業及社會三方面，說明新生會社企與他們的互動情況。政府方面，新生會社企有向政府申請不同的種子基金（包括「創業展才能」及「伙伴倡自強」等政府資助基金），然而，補助政策有兩大問題，首先政策非以客觀狀況為考量。行政總裁Y以「創業展才能基金」為例指出當初申請基金之困難，基金要求社會企業需有一半職員為身心障礙者，這比外國（約兩三成）更為嚴格；另外政府不理解現時行業發展，如在財政方面要求社企成立之後一定要賺錢，否則不撥資助。行政總裁Y指出：「實際上我們都說不可能，第二年都虧了，為什麼第三年可以特別賺錢，怎麼去賺這個錢？」（新生會訪談Y，2013/12/12）同時，政府基金只資助三年，有研究指出對一般社會企業營運的一個完整商業發展循環（四年）來說並不足夠，對社會企業營運者來說，這並不實際。

　　與企業合作方面，新生會社企與不同的企業都有合作關係。新生會與他們的合作其實並不只於接受捐款或物資，而是當中有知識轉移及技術交流。然而，行政總裁Y指出，這些合作關係的前提是需要有相近的價值理念才能成事。如果看不到那些東西，新生會則選擇不合作。行政總裁Y對此強調：

> 對我們來說，我覺得價值非常重要，他怎樣看待人，是不是以人為本，這是第一；其次，他對他的員工是怎麼樣，他怎樣看社會裡面那些有需要幫助的人，這些是最基本大家對待人的重視。若背後我們看不見那個價值，看不見他對康復者的尊重，看不見他對NGO的認同，我們於是say no。

> （新生會訪談Y，2013/12/12）

　　這種關係並非一蹴而就，而是經過持續合作交流建立的。新生會對每一個合作伙伴都要做一個測試，為期二至三季，目的是從不同角度瞭解對方。當中大家會有些不同的合作，例如新生會會為他們辦教育講座，理解復康者的情況及機構的理念、開始時會有義務工作及工作坊訓練，讓他們接觸，並會有定期交流，分享雙方的運作及想法，以確保雙方有一樣的理念，這對能否合作非常重要。等到雙方有著信任後就會有不同的試驗計畫及合作，就像新生會社企與Circle K便利店及香港洲際酒店合作一樣。

　　以Circle K為例，新生會於2013年開始與Circle K合作。由最初做一些義務工作，以培訓新生會員工及督導。後來成為新生會的其中一個供應商，把他們資訊科技及管理知識、存貨清單分享與新生會，並給予應如何有效營運的建議，例如怎樣利用店舖的每一呎地方營運，對新生會店舖的專業化有很重要的幫助，而且經培訓後的員工也可能被Circle K所聘用。這個合作過程需要很多功夫才能達致成效。行政總裁Y提及雙方能合作的原因：「背後有一個理念，就是弱勢人士都可以做出貢獻，他們希望對整個社會多一點貢獻，怎樣去回饋社會，我們大家都非常重視融合的價值。」（新生會訪談Y，2013/12/12）而且這理念要落實到員工的層次，合作過程中部門主管都有熱情和能量，對雙方合作起著重要作用。

　　香港洲際酒店亦是類似的好例子。酒店培訓經理偶然在鄧麗君餐廳瞭解新生會社企後，促使兩者有合作機會。雙方開始合作是以工作坊及訓練計畫進行，為員工提供精神健康的分享，逐漸雙方的合作增至在新生農莊做義務工作、酒店主動提出聘請精神復康人士，以及酒店各部門為新生會進行籌款等活動，過程中得到酒店的董事總經理支持，逐步落實深化雙方的合作。雙方能合作的原因也是因為價值的認同，行政總裁Y指出她對酒店的感覺：「它是一個非常重視員工的地方，每一個地方你都會看到他們的禮貌、態度，以及對員工及顧客的重視。」（新生會訪談Y，2013/12/12）。總括新生會與企業的合作，行政總裁Y認為與其合作的企業「雖然很低調，但很人本。這就是我們喜愛的價值，這就是我們重視的伙伴，我們長期合作伙伴都重視這些價值。」（新生會訪談Y，2013/12/12）。

社區方面，近年新生會的社企亦開始與社區不同人士合作，特別是在2012年「紅白藍330」開始運作之後。紅白藍330是和本地設計者「又一山人」合作，大家合作建立品牌，產品由他們設計，然後交予新生會的庇護工場生產並出售。除此之外，紅白藍330亦會和本地的設計師合作，讓他們把其設計的產品在店舖展覽甚至發售；在店舖內亦舉辦工作坊，讓不同人士瞭解品牌及其「香港精神」的正面訊息。這些都與一般商業營運不同，而且能連結不同社區人士參與協作，以擴大其影響。

四、組織的治理

新生會因應社企發展而有組織結構的變更，於2009年組織架構重組後成立「社會企業小組委員會」（Social Enterprises Subcommittee），處理社會企業的策略評估，及對社企業務的發展提出意見。這個小組委員會是以諮詢性的層次為董事會提供意見，委員會之成員來自不同行業，包括會計師、百貨公司副總裁、心理學專家、資訊科技專家等，為新生會社企的營運給予不同範疇的專業意見。該委員會共有10人，包括2名董事會成員、4名專家及4名職員代表（包括行政總裁、業務顧問、總經理及專業服務經理）。基於不同背景，每一個成員進入委員會時都會給他們一個很詳細的簡介，使他們瞭解什麼是社會服務、社會企業的工作整合模式、精神康復等，也讓他們到店舖理解實際運作，以理解社會工作及社會規劃，從而協助他們把社會及商業目標連結，此有助他們給予專業意見。因此在轉型成為以市場導向、社會企業導向的運作模式時，藉借力於企業專才引入委員會，並以數據協助訂下意見。決定是基於共識，互相尊重，正如行政總裁Y提及：「我們都是按照共識做決定，如果當中有一個部分覺得這個建議不太舒服，這個亦不緊急，有些事可以放在下次再談，回去大家再想一想，所以我們沒有主導其他人，每一個人尊重這個價值。」（新生會訪談Y，2013/12/12）。

當中新生會行政總裁Y的角色非常重要。她並非主導整個委員會，但有兩個主要的作用：第一，在營運中她與業務顧問互相配合，使大家對社企怎麼做才對新生會有助益有統一的看法，把這些帶到小組委員會討論，

以確保社企之決策同時能兼顧社會及經濟目標。除此之外，行政總裁以價值為本，以她的網絡連結不同專業背景的人士共同在社會企業小組委員會的平臺上為社企發展給予意見，互相尊重討論，並在當中協助平衡社會及經濟的考慮。因此，新生會之行政總裁雖並非主導決策，但為小組委員會之組成運作及互動，扮演了十分重要的角色。

　　整體而言，新生會的治理偏向「公司治理模式」，建基於理性，按照數字、事實、指標等基礎，例如策略評估是基於社會及經濟目標的模型，當中的指數準則十分客觀清晰（例如，盈利數字、聘請及培訓人數等），而當新生會要決定社企是否繼續營運、未來發展策略等都是以數據及事實為本，董事會可以按照事實做出相應適當的決策。這個作法並非只是董事會的決定模式，而是推動成為機構文化。因此新生會於2009年開始修改其使命及願景，以徹底落實以事實為本、以人為本及創新的作法，使由董事會到小組委員會，甚至所有員工都重視這個價值。一方面機構文化是建立所有東西的基石，同時對社企及機構發展都有很重要的意義（新生會訪談Y，2013/12/12）。

五、社會與經濟目標之成就

　　在社會與經濟目標的達成方面，新生會的業務包括了餐飲、零售及清潔等服務，不但增加收入以投入更多資源協助身心障礙及弱勢婦女，亦提供就業及培訓機會，同時增加他們的收入。再者，由於康復者在社企工作，他們有很多機會和社會大眾互動，在整體弱勢人士融入社會方面，藉著他們的工作增加社會對他們的認識，並使他們能被社會人士接納，促進社會融合。同時，營運社企的過程對新生會來說，也是一個建立正面及良好機構形象的機會，這些都是新生會營運社企可帶來的社會影響。

　　新生會於2012/13年度總收入已超過5,500萬港元，而且在重建品牌後的店舖都是可持續的生意。然而，在收入增長及盈利增長的情況下亦面臨挑戰，例如開設之店舖的各項成本快速增長，例如租金會以兩、三倍的速度增加，而於港鐵站的社企店舖必須要依合約每二至三年進行裝修，每次賺取的盈利都要儲存以預作這些項目的開支（新生會訪談Y，2013/12/12）。

個案二：仁愛堂

一、組織特質與經營現況

仁愛堂作為香港一家歷史悠久的社會服務機構，大約在十年前開始營運社會企業。當時他們沒有概念如何開展社會企業，然而主要是希望組織一群婦女作為一個網絡聚合她們的力量，並以她們的興趣為工作。剛好當時有一個機會能讓婦女到臺灣交流，並在臺北主婦聯盟中學習到兩個概念：第一是如何利用廢煮食油做成肥皂；另外一個是共同購買的概念。於是回來後就自行組織行動，並於仁愛堂其他中心嘗試推行共同購買，聯絡有機農夫並直接購買有機蔬菜，同時亦嘗試從附近小商戶拿廢煮食油回來製造肥皂。

在剛開始時，除了申請政府的環保教育基金，並租用工業區廠房以鼓勵婦女生產肥皂外，亦協助成功申請「社區投資共享基金」成立以社區經濟模式，利用居民之技能的民間智慧組織（另稱之「民間智慧團」），並以社區代幣（屯）推動社區經濟。仁愛堂利用政府基金嘗試以不同方式協助婦女，使她們有自己的網絡及能力。政府基金資助完結後，這兩個項目都分別獨立出去，並成立了合作社（綠慧公社）及社團（民間智慧團）以繼續運作。

除了協助婦女自行組織外，同時仁愛堂亦自行申請「伙伴倡自強」基金，於2007年開始營運社會企業。第一家社企為「綠家居」，專門販售有機及環保產品，之後亦慢慢增加有機蔬菜。除了提倡綠色生活外，仁愛堂亦為弱勢人士提供就業機會，例如提供足底按摩的社企（水雲澗）。仁愛堂之服務亦包括照顧長者，並有著愛心卡服務，為一些沒領取綜援（社會救助）的長者提供每月500到1,000元（代用貨幣），使他們能於服務站買東西及看醫生等。基於這項服務，近年更發展長者健康生活站，並賣一些長者衣食住行的用品，以照顧長者的需要。

近年仁愛堂的社企有一點變化，特別是其企業目標，包括建立品牌、財務能持續發展等。正如經理C指出：「我們另外有一些使命需要實踐，

譬如品牌的建立和員工的參與，還有一個就是希望我們的社會企業能夠自負盈虧，另外是建立多一些合作伙伴，發揮協同效應。」（仁愛堂訪談，2013/12/6）。

二、人力資源

仁愛堂在人力資源聘用上，以2013年為例，共有約50人，包括全職及兼職，當中大部分是兼職員工，特別是水雲潤的按摩師，主要原因是他們要照顧家庭，因此其聘用模式以彈性工作時間為主，其他則是全職員工。他們都是正式的仁愛堂雇員，而其工資也比市場的工資高，仁愛堂認為作為社企，不應剝削弱勢人士。

三、資源獲取的努力及與各方的互動

與政府互動方面，仁愛堂於其社企成立初期有申請政府的基金，以協助初期的營運，包括水雲潤及綠家居都是透過申請民政事務局的「伙伴倡自強」計畫經費，以獲取啟動基金。當基金完結後，他們以自負盈虧之模式運作，因此，目前仁愛堂社會企業之營運都是自負盈虧，並沒有政府的資助。政府在金錢以外的支援主要是提供場地，例如民政處會提供不同的場地給他們售賣產品，一方面增加營運收入，也同時加強推廣其社企。

在與其他企業互動方面，仁愛堂與不同的企業都有合作，這可以從以下幾方面說明。首先，企業會為他們提供場地，同時在推廣中為企業提供講座或訓練，例如仁愛堂與地產商合作，一方面他們提供免費場地予社企，後者亦會和他們配合，例如參加他們旳活動，或為他們舉辦一些綠色生活講座，向大眾推廣這些概念；除此之外，他們亦與一些上市公司合作，例如電子半導體公司，為他們提供義工訓練及安排一些義工活動，而對方則捐助及直接購買仁愛堂的服務，以達到雙贏的效果。

仁愛堂會主動參加不同活動與企業聯繫，從中尋求合作的機會，為其帶來正面的影響，正如其經理C描述當中的情況：

我們常常會參加香港商界展關懷的活動，每次我們去的時候，會
和很多不同的商業機構聯繫，大概十間會有一間能夠發展到可以
合作的關係，我覺得已經非常好，因為可以增加我們的收入，在
推廣方面也挺好的。

（仁愛堂訪談，2013/12/6）

與社區合作方面有兩大方向，首先綠家居於販售有機蔬菜及健康食品
上與本地（元朗及天水圍社區）的農民及環保供應商有合作，特別是前
者，透過購買他們的蔬菜，可以對他們的生計及環境保護有正面的影響。
經理C對與農民的合作有著這樣的描述：「因為我們希望透過幫忙本地的
農民，尤其是在元朗跟天水圍的農民，他們可以達到自力更新，亦可以達
到環保的作用。」（仁愛堂訪談，2013/12/6）除此之外，仁愛堂也與不同
大學合作，有不同學科的學生到仁愛堂實習，一方面他們是很好的人力資
源，針對產品研發及協助展覽等，而且他們對社企的軟性影響會於其畢業
後慢慢出現，這正如培育的種子，將來會有影響力。經理C提及一例子正
說明此情形：

希望這個種子能夠放在這些大學生裡面，他們出來工作以後，會
記得曾經在社會企業工作。其實做了幾年以後，是真的發生了，
有一些以前來我們這邊實習的同學，去商業機構工作後，想起社
會企業，會跟他們的人資部門說你可以和他們洽購，他們是社會
企業，其產品挺好的，因此我們有些生意是來自他們的。

（仁愛堂訪談，2013/12/6）

然而，合作關係亦會受不同因素影響，這亦限制了社企的發展。以回
收廢煮食油為例，一開始已有不少伙伴會捐給他們作為生化柴油，可是，
由於廢油的價錢愈來愈高，因此變成自己銷售而不再給予仁愛堂，部分則
為現在有合約在身而未能幫助他們，以致最後他們未能在這方面繼續發展
（仁愛堂訪談，2013/12/6）。

四、組織的治理

為了推行社會企業，仁愛堂的董事會成立了一個名為「企業營運及發展管治委員會」（下稱委員會）（參照圖11-2），委員會內有8位成員，都是董事會成員。此委員會的成立是因為其發展的環保廢膠回收服務是較大規模的項目，每年帳目有2,000到3,000萬港元，而有需要成立此委員會來配合此工作，同時亦督導其他的社企。委員會的8位委員都是私人企業的老闆，為社企做決策。委員會下設有一企業營運及發展科，由該科總監直接管理其日常運作並提供建議。科總監為商業管理專業出身，而經理C曾做培訓服務，兩位都有相關社企營運的經驗。

在治理的決策過程中，委會員為最終的決策單位，特別會注意營運及數字方面的問題而給予較多意見；反之，在社會目標的達成上則較少處理，經理C指出：「只要賺到錢，怎麼做也可以。」（仁愛堂訪談，2013/12/6）。委員會主要提供方向性指導，實際運作較少意見，就交由企業營運及發展科處理，後者把計畫書及數據分析做好後交予委員會做決定。除做出決策外，他們亦利用自身的人際網絡，介紹不同人士予仁愛堂，以增加合作機會。

如果仁愛堂的社企有持續虧損而需要關掉時，負責員工會將財政報告及開支帳目報知董事會，於考慮未來情況後由董事會決定是否繼續營運。這樣的發展帶出一些潛在問題，現時的發展會慢慢集中在企業部分，而社會層面則較少。此結果曾於運作上有分歧，之前董事會曾要求將社企只當作一般的企業，先不管社會部分而把盈利做好，並要求一年內要達致收支平衡；然而，當時負責人對社會目標有所堅持，因此當中有分歧及衝突，最後把社會企業的營運轉移到另一個商業性部門，也成為現時較傾向商業考慮的主要原因。

五、社會與經濟目標之成就

仁愛堂目前的業務包括銷售健康食品及有機產品、提供足底按摩服務及為長者提供需要的日常用品。仁愛堂是「社福為體，商業為用」，利用

商業手法營運，同時保持其社會服務的獨特性。在長者照顧方面，正如其長者生活健康站，配合社區照顧概念，為居於屯門、元朗、天水圍及大埔區之獨居、隱蔽及有需要的長者提供每月500到1,000元的愛心卡，免費使用仁愛堂轄下之服務，而一般社區長者也可以自費購買其產品。直至2013年底，已有超過500名長者受惠，而累積總金額已達240萬港元（仁愛堂2013/14年度年報）。這能夠提供有需要的長者基本「居、養、醫、樂、為、教」的全面照顧模式，提升他們的生活水平；同時，在當中亦會聘請長者為他們提供就業機會。

除了長者照顧外，仁愛堂的社企為區內的婦女提供就業及訓練機會，特別是水雲潤。一方面聘請了數十名婦女作為雇員（包括視障人士、單親婦女及新來香港的人士等），讓他們有社會參與及增加收入，並能於訓練後公開就業，也同時為有需要的長者提供按摩服務，同時也增加了店舖數目，以擴大其聘用及服務等社會效益（仁愛堂2013/14年度年報）。

仁愛堂經營之社企經過這些年的發展，已能透過自負盈虧的模式運作，包括日常營運及捐款，不需要依靠政府的基金資助。正如其年報指出，2013年度仁愛堂的社企總營業額達到3,400萬港元，約占仁愛堂總收入的6%（仁愛堂2013/14年度年報），雖然比例不高，但金額已算是在香港社企中收入較高者，而且與兩年前的2,900萬港元相比也有穩定的增幅（仁愛堂2011/12年度年報），亦由少量虧損變成有盈餘，而其社企大部分都能達致收支平衡，這是相當不容易的。

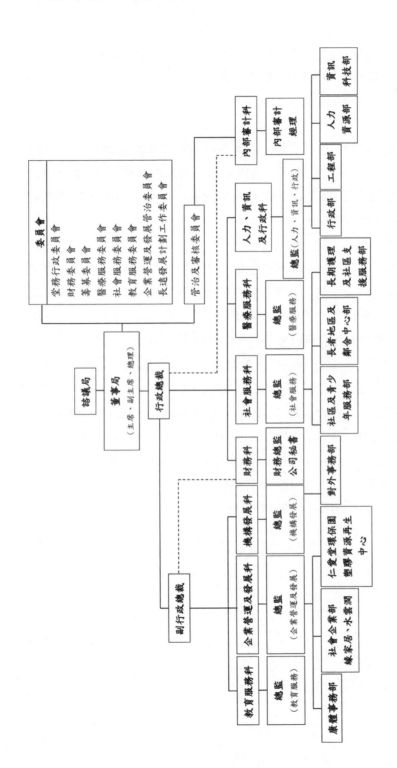

圖11-2　仁愛堂管理組織架構圖

資料來源：仁愛堂（YOT），2013/14年報

個案三：明途聯繫有限公司

一、組織特質與經營現況

明途聯繫有限公司（以下簡稱「明途」）成立前，其母機構「香港心理衛生會」已有一些協助就業服務，並開辦了模擬企業以提供就業機會予殘疾人士。直至2002年，執行董事C及三位心理衛生會的員工希望開一間有限公司進行精神推廣的相關工作。由於申請政府「創業展才能」基金，申請者需要公司模式營運，促使心理衛生會開設了「明途聯繫有限公司」，作為心理衛生會一個分支機構。當中的股東都把其股份賣給心理衛生會，所以現時心理衛生會是全權擁有明途聯繫有限公司。

創業初始，明途決定以清潔及零售業務為重點產業，並發展清潔、特許經營家品店及便利商店等業務，此建基於當時的社工瞭解殘疾人士在這些方面有發展營運的條件，而定下這些方向，同時配合心理衛生會的支援就業服務。這些業務基本上維持到現在，並在發展的範疇中深化，有不同的創新及價值增值，譬如，在直銷中發展了全港最大的網路商店，而經營範圍也因規模變大而擴大了。目前明途有18個不同的事業單位，遍布於港九不同的地方及醫院，而近年清潔工作不再是他們的主要業務，更多是復康產品的銷售。明途由2010/2011年度有120多人參與清潔工作下跌至2012/2013年度的只有44人，由於最低工資的關係，使得他們無法用低的價錢投標而獲得該服務，因此把點重放到銷售部分（明途2010/11及2012/13年度年報）。

二、人力資源聘用管理情形

根據明途2012/2013年報顯示，目前共聘請了176人，當中17人為總辦事處工作，而有44人在處理清潔服務，其餘則為銷售人員。在正式雇員中，有128人為殘疾雇員，占雇員總數超過70%，另外為殘疾學員提供了100個實習崗位。這些殘疾雇員分布在不同的業務中，當中有34人任職與清潔相關工作，其他主要為銷售相關。當中大部分都是兼職，工作時間每天約4至6小時左右。

由於明途瞭解他們的服務對象面對極困難的就業情況，所以明途聘用他們為雇員，並沒有以他們重新投入勞動市場為目標的流轉式運作；相反，明途的員工都在明途工作了很長的時間，流失率也處於低水平，在2012/13年度顯示明途部分社企的殘疾雇員比例高達八成，自然流失率少於5%（2012/13年報，第43頁），正如董事總經理C提及此部分時強調：

> 我們成立的原因就是因為服務對象難找工作，我們的員工都在明途待了很長時間，他們不會一兩個月或者一兩年就走。我們不是一個訓練機構，不會因為他們工作不錯就要求他們到外面找工作，在這裡工作的人很開心，很有成就感，有些康復者可以晉升至督導，有不少這樣的故事。
>
> （明途訪談，2011/7/4）

在員工的薪酬福利方面，明途堅守商業倫理，不會以剝削員工的方式營運，而部分福利更比勞工法規的最低要求高，譬如給予男士陪產假等。

三、在資源獲取上，與政府、企業部門及社區的互動情形

明途跟香港政府的互動不多，主要為申請政府的相關基金，以減輕其龐大的開支及新設社企營運初期的虧損。每年明途都會申請二至三個種子基金，申請金額約200萬港元。十年來明途從「創業展才能」及「伙伴倡自強」兩個基金共申請了900多萬港元資助。然而，這數目對其平日營業額只占極少數。董事總經理C指出，商業營運占其年度總額97%，政府資助只占3%；相對有些社企約40%資金來自政府，明途之運作顯得更獨立及市場主導。雖然政府的基金所占不多，但明途也承認，政府提供資助有其重要作用：

> 「明途聯繫」自2002年以來從上述基金（「創業展才能」及「伙伴倡自強」）取得近930多萬的資助，開展近二十個社企專案。這些由政府打本起動的社企專案，存活率高達七成以上，加上

「明途聯繫」十年來建立的商譽和佳績，加強了撥款機構對我們的信任。若非有種子基金支持擴充業務，我們的成長速度不會那麼快。

（2012/13年報，第38頁）

與外界互動方面，明途主要和供應商及醫管局建立合作關係。供應商主要為明途提供貨品，而基於這些年的發展，與明途合作的供應商也愈來愈多，由初期幾10家增至近期已超過280家，產品種類也超過4,000種，基於合作關係良好，其結帳期也延長了，對明途之現金流十分重要（2012/13年報）。至於政府的醫管局方面，主要的互動為兩方面，首先，明途會投標醫管局之商店，而當中一方面為病人及職員提供產品，也為明途開拓了主要的營運方向，同時，明途與醫管局有合作，前者會印製免費刊物《復康速遞》，經醫管局轄下的健康資訊天地將每期共20,000冊的雜誌送到全港41間公營醫院，把醫療資訊、同時有著明途產品之宣傳直接送到目標對象手上，這對明途的營運有很大幫助（2012/13年報）。

四、組織的「治理」狀況

明途為一家由香港心理衛生會持有的有限公司，其執行委員會管理包括明途的兩個直屬組織。明途的董事會由該執行委員會委任，共有6位董事，任期為兩年，近年之董事會成員基本沒有改變。現時之主席黎醫生為前任心理衛生會之執行委員會主席，而其中1名董事為現任主席。在董事會下之日常運作有董事總經理負責，明途之營運部為其社企營運的主要核心，另設有財務及人力資源部、行政部及資訊科技部（見圖11-3）。

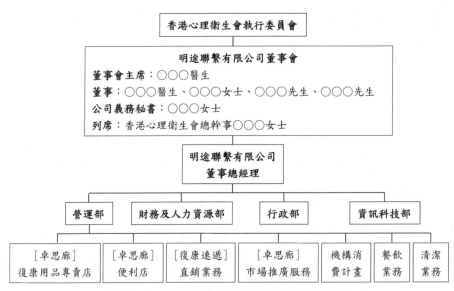

圖11-3　明途聯繫有限公司組織架構圖

資料來源：明途聯繫有限公司，2012/13年度年報

　　董事局的組成多來自醫護界、學界及公務員界別，一方面有豐富管治經驗，同時也有不同之網絡。該組成沒有來自商界之人士，避免了因為商界以利益最大化而影響了社會目標，他們不想要有太濃厚的商業元素在董事會中（明途訪談稿，2011/7/4）。正如董事總經理C指出：「這種背景有好處，我是社工，但我有MBA學歷。但我們也經歷了相當時間的磨合期，很多商界都是金錢主導（money-oriented）、任務主導（task-oriented）的。我說過你要高營業額，你可能要裁掉超過一半員工。」（明途訪談，2011/7/4）。由於董事有從醫管局來的，因此也有相關聯繫及效率，但亦不會太以商業為中心。至於商業背景人士的聯繫，明途設立了諮詢委員會，當中有會計及公司主席等給予意見。

　　明途之決策權在董事會，他們主要確保組織的發展是否按其設定的方向運作，而第一線員工也可以思考營運的建議，並在會議上提出來。同時他們會「關心財務狀況是否健康；為弱勢人士創造的就業機會是否與企業的發展成正比；員工是否獲得合理待遇，以及在財務及聘用弱勢人士的指

標上會要求有清晰的交代。」（2012/13年報）。而日常運作下放責任及權力予董事總經理及其商業團隊，董事總經理基本上扮演橋樑的角色，一方面決定日常營運，同時把各類經營的問題反映到董事會內作決定，而他每星期都會到明途與管理層開會。董事總經理C對此指出：「當然他們對我們的決定是很信任的，明途發展那麼快的原因就是董事們很信任我們的決定。」（明途訪談，2011/7/4）。

由於明途為心理衛生會轄下分支，因此心理衛生會在當中扮演一定角色，特別是其行政總裁操控財務，所以有一定的影響力。然而，他們與明途的管理思維不一樣，這與兩者的性質不同有關，特別是後者並非用NGO模式發展。董事總經理C強調：「如果我跟她（心理衛生會行政總裁）的思維一樣，明途不會像現在一樣。我是一個不會每一件事都交代的人，如果要按照一層層的官僚，NGO的文化就不行了，香港不少社會企業就有這個問題。」（明途訪談，2011/7/4）。因此，心理衛生會在明途的角色主要是以借貸方式提供現金流予明途（由高峰期的400萬到近年的300萬），董事總經理C指出，這是健康的關係，主要原因有二：「第一是心理衛生會的承擔，第二我們跟心理衛生會的關係密切，我們是她的資源生產者。透過商業營運的金錢交易外，亦申請政府的種子資金。我們每次想拿funding的話，都要透過心理衛生會。」（明途訪談，2011/7/4）。而明途每年會給心理衛生會營業額的1%作為管理費用，除此之外，在一般營運方面仍是明途自行營運。

五、社會與經濟目標之成就

明途的業務主要為銷售及清潔服務，其營業額近年穩步上揚且幅度驚人。根據董事總經理C口述及其年報顯示，明途的收入由2010/11年度接近5,000萬港元增至2012/13年度的接近8,000萬港元，有著近六成的增幅（明途訪談，2011/7/4；明途2010/11及2012/13年度年報）。

明途為不少殘疾人士提供了就業及實習機會，整體雇員人數中有超過七成為殘疾雇員，其比例比一般WISE高出不少，而且明途的目標並非僅在就業訓練，而是真正提供就業機會，因此獲聘用的員工都能長期留任，

為殘疾雇員提供了非常穩定的收入及工作，其獎勵計畫更同時促進社會及經濟目標。明途之花紅（bonus）加入了「聘用殘疾人士數目」及「毛利增長率」作為其中兩個決定花紅多寡的指標，以此鼓勵分店為此增聘弱勢人士，並同時使財政上更能獲利（2012/13年報）。

　　然而，急速發展亦有其隱憂。由於發展很快，營運上的社會與經濟目標不平衡漸漸出現，亦即出現社企傾向經濟考慮而多於考量社會目標。創造就業機會成為唯一目標，但對員工的福祉未必為最重要的考量。董事總經理C承認，當中有類似的情況出現：「我聽了很多員工說現在的明途跟以前不一樣了。你看營業額不斷增加，擴展也很快，有些員工已經不太習慣了。我看這也是有一點傾斜了，70%商業，30%社會思維。」（明途訪談，2011/7/4）再者，董事總經理C也指出：「發展就那麼快，創造就業機會變成了唯一的目標，但過程中員工有沒有感覺福祉（quality of life）受到尊重，他們的參與是不是比以前高？我以前開董事會談到同事的薪酬，績效獎金怎麼分配等，但現在先談總經理的績效獎金及經理的薪酬怎麼樣，最後才到前線的員工。」（明途訪談，2011/7/4）。

　　明途聯繫有限公司發展已有超過十年，不單為不少殘疾人士提供工作及就業機會，也因其重視市場主導之營運模式及其創新作為，成功在社企業界中建立極佳的形象，得到不少認同，在2013年社企獎勵計畫中獲得顧客滿意及員工工作滿意的重要獎項，亦獲得國際康復日關愛雇主的獎項。

個案四：基督教豐盛社會企業「豐盛髮廊」

一、組織特質與經營現況

　　基督教豐盛社會企業（以下簡稱「豐盛」）之母機構為基督教豐盛職業訓練中心（下稱「母機構」），創始於1987年，當時由於創辦人到監獄裡探訪受刑人時發現，他們都想重新做人，只是因為坐過牢的關係，出來之後很難找到工作，因此覺得不能只教他們怎麼於出獄之後做好人，更重要的是要如何幫助他們獲得謀生技能。當年創辦人也受到電影《英雄本

色》的影響，於是在1987年與一班基督徒創立了「基督教豐盛職業訓練中心」，營運車房並為更生青年提供職業訓練。

2001年母機構於香港旺角開設了豐盛髮廊，然而，當時由於發生了金融風暴，營運都是虧損，因此董事會開始想改變，並於2004年搬入西灣河，引入商業管理的專業人士，大部分都是從事髮廊的人，希望用商業手法經營。因此，其營運方式由慈善團體籌款轉變為以股份有限公司的方法。2008年，他們成立了基督教豐盛社會企業，並開放股份予投資者以籌集資金，並以良心消費作為營運策略。豐盛並於2009年於西灣河多開一家分店（100%豐盛髮廊），擴大聘請及培訓更生青年。現時豐盛共有兩家髮廊，都在西灣河。

二、人力資源聘用管理情形

在人力資源的聘用上，豐盛髮廊在2014年聘請了12人（包括6名髮型師及6名學員，部分是更生人士）；而「100%豐盛髮廊」則只有4人（包括2名髮型師及2名學員），當中一半是更生青年，一半是一般雇員。學員會留在豐盛十八個月，包括訓練各項髮廊剪髮之工作，以及剪髮技巧、客戶服務、工作態度、自律精神、基督教價值觀及人際方面等（香港社會創投基金網頁，2014）。當中有兩個評估，分別是第六個月及最後的第十八個月，當完成了整個流程後就可以畢業，豐盛會協助他們在外面找工作，同時可以招募新人來訓練，以繼續整個訓練的循環。

三、在資源獲取上，與政府、企業部門及社區的互動情形

與香港政府互動方面，雖然豐盛沒有申請政府的種子基金，但政府最主要的幫助是協助其於社會上「曝光」。當中最重要的就是以豐盛作為社企的模範，在刊物或報章上表揚他們的成就，或是在社企之通訊手冊上把豐盛放在前一、二位的社企組織，例如在民政處《社企營商・二十式》中有著「豐盛髮廊」的介紹；及在其《社會企業小冊子》中把他們放在第一個案例簡介。這對豐盛的宣傳有很重要的協助。正如其義務董事L承認：

「所以我覺得香港政府對我們做得最好的幫忙就是在市場營銷之效果上面，而我們也不需要政府出錢來援助我們。」（豐盛訪談，2009/12/11）。

豐盛與企業合作方面，主要是讓一般營利公司能要求他們員工每個月到豐盛剪頭髮，而豐盛則提供他們折扣優惠。這些企業包括匯豐銀行、醫管局等，有些企業亦讓豐盛在其網頁上放上相關資料以達宣傳之效。這種合作對雙方都有幫助。因為一方面對企業來說，這種合作不用出錢，但也能得到好名聲，同時對豐盛的營業額有幫助。正如其義務董事L指出：

> 一些規模比較大的公司跟我們有企業上的合作，事實上也為他們贏得了好名聲，就是「支持公益」。以這種方式，那些跟我們合作的企業根本就不用捐錢、或是提供免費的地點，只要每月請他們的員工到我們這裡剪頭髮即可，譬如匯豐銀行當時一共幫我們介紹了二十筆生意。
>
> （豐盛訪談，2009/12/11）

而員工來理髮也可以拿到折扣，從而達致三贏的局面，這比一般捐贈之方式更有效而且能達到多方面的正面影響。

在社區互動方面，豐盛最初與香港協青社的關係十分密切，特別是在2001年開始有合資營運，大家各自負擔一半的支出，然而在2009年10月起則維持豐盛租用協青社之地方的關係，而這種關係一直維持至今；另外，「香港社會創投基金」（Social Ventures Hong Kong）及「神託會」（Stewards）則是他們的投資者，帶給豐盛不同的協助，前者提供了豐盛所需要之人才及市場營銷之計畫；而後者一方面替豐盛製作網頁，同時協助他們與電視臺聯繫，進行訪問並於電視播出，對他們的宣傳有很重要的幫助。

四、組織的「治理」狀況

豐盛為一註冊的有限公司，並以股份有限公司之方式營運。豐盛一共有17個股東，主要都是團體投資者，包括香港社會創投基金、神託會、大

茶壺等，其股份分作A股及B股。A股占24%，為其母機構所擁有；其餘76%則為B股，是其他的團體投資者共同持有。每股一元，最少需投資10萬元。雖然A股為相對少數，然而在投票權上，每一個A股有5個投票權，而B股則只有1個，因此在決策權中，母機構可以確保控制權（120%對76%）。董事會方面，在17個股東中選8個人作為他們的董事，當中4個為豐盛委任，每年換一次，以確保其朝氣；其餘則是由投資者選舉出來。後者之選舉亦是每年一次，以確保流動性，不過近年他們的流動性亦不大，儘管當中盡量會安排差額選舉。某義務董事指出：「我們經常安排差額選舉。比如說有3個（董事）位置，我們就鼓勵多1個，共4個一起選，淘汰其中之一，這可確保董事的流動性。」（豐盛訪談，2011/4/6）。董事會內的成員都是商界人士，這是單一的，然而他們亦屬於商界中不同專業的人士，包括金融、市場營銷、中小企老闆等，以保持其多樣性。

在社企分紅方面，股東是可以分紅的，分紅是按照股權而非投票權。然而，他們一直都未曾分過，因為在分紅的政策中指明，除非過去他們的僱員中最少有30%是更生人士，只有達到此標準才可以分紅，以確保他們的營運是配合並達到其原本的社會目標，即是幫忙並給予更生人工作。

董事會每個月都會開會，一年當中六次會討論其生意營運，三次為社會服務，而另外三次則為神學。基本上所有董事都會出席會議，與其他董事會不同之地方是，他們不只是管治，亦包括規劃、監察、市場營銷，亦即他們也是企業的營運管理者，但其決定直接交由店長執行。其母機構委任了4名董事，平日運作不會干預，但的確透過其委任的董事擁有最終決策權（豐盛訪談，2011/4/6）。

運作的當中，除了商業的部分外，也有一些其他的支援，特別是有不同的諮詢人員，藉此能更新他們的知識及技術，使董事們也可以學習不同的知識並且建立團隊。例如當豐盛發現他們未能處理一些青年人的問題，社會服務的部分未能像商業般成功時，就會邀請理工大學關於犯罪學的講師，利用其專業知識協助他們處理那些社會服務的理論及實踐等。除此之外，他們也有一個社企導師，他是在學院的教師，同時擁有社企及教會的網絡，因此豐盛邀請他幫忙商業發展方面，他們每年大約會有十次會議，

是豐盛主要的諮詢人。最後，每年董事會都會做一個自我評估，看看有什麼地方可以改善。

五、社會與經濟目標之達成情況

豐盛開設了兩家髮廊，一方面為顧客提供服務，也同時為邊緣青少年提供十八個月的學徒培訓。豐盛之培訓能提高邊緣青少年的更生能力，並創造就業（香港社會創投基金網頁，2014）。自2010年起，豐盛共訓練了33個學徒，當中有20個已經工作超過半年。而豐盛也因營運成功而獲得2011年「傑出社企」獎。豐盛在培訓學徒時，同時做更生工作，幫助他們重新融入社會，因此成功減少社會成本。義務董事L計算其社會成本：「好處就是把這些孩子變成好人，我們做過調查，有78%會變成好人……每一個罪犯消費了香港政府一年的直接開支差不多有25萬。」（豐盛訪談，2011/4/6）。因此，豐盛之營運已減少了百萬元計的社會成本。同時，豐盛推廣良心消費，鼓勵消費者到社企消費，一方面擴大其營業額，亦能把其社會影響傳遞到市民，義務董事提及，他們曾做過一個調查，一般消費者會因為髮廊為社會企業而願意多付16%、願多給5.5%小費及願意多走八分鐘路程到髮廊消費（豐盛訪談，2011/4/6）。為了提升其社會影響，因此其盈利並不會太多，太約2%左右。而有盈餘的部分，豐盛都會多招聘學徒，如其義務董事L指出：「我們的盈利不會太多，差不多2%，因為有盈餘，我們就會多招聘學徒，以便將社會目標最大化。」（豐盛訪談，2011/4/6）。

肆、討論與意涵

經由分析以上四個不同WISE的組發展與治理運作，我們可以歸納以下幾個重點：

（一）不同的機構，在發展社會企業的路徑中，皆是因應當時的社會問題和社會需求，以這四個個案為例，WISE都是因應失業的問題而成立

的。此外，不同的社會企業也因應不同社群（包括康復者、低收入婦女、
邊青等）和他們的能力，從而發展了清潔服務、便利店、按摩、肥皂產品
製作，以至髮廊等不同類別的產品和服務。有些是勞動密集，而另一些則
是技術密集，這是按他們的能力水平和市場需求做平衡。

（二）不管什麼類別的工作整合，它們都有共同目標，就是「以工代
賑」，即是以工作來替代傳統的救濟模式。傳統的救助是以救援和慈善之
導向來協助有需要人士，社企則是鼓勵這些人士能自力更新，以勞力換取
工資，改善生活。這種以工代賑的模式也被許多國家視為社會創新之新方
向。

（三）若從資源依賴之角度來看，政府所擔當的角色在社企早期發展
十分重要，特別在種子基金提供方面，因此許多運作上都須符合政府的規
範和要求。但由於社企漸漸發展成熟，也開始掌握市場規律，「市場化」
的趨勢慢慢形成，以明途及豐盛為例，它們都比較以市場之規律和概念來
運作，市場的需求和供應定律成為主要的運作考量。

（四）至於內部治理方面，四個案例都以不同的方式吸納商業人才和
董事，以增強其商業管運的能力。例如一些社企會招納商界人士到董事
會，提供專業的意見，有些會成立專責的委員會來監督社企之運作和決
策，甚至有些完全以商業原則之股份制來激勵「股東」及員工，此結果也
可看到在社企中經濟目標和社會目標的平衡點會有不同的定位。

（五）如以EMES中所倡議之「參與式治理」（participating
governance）概念為參考，香港的WISE較傾向於符合政府的政策要求和市
場的供求定律。這也可能與各項基金的規範和問責有關。相反，那些沒有
申請政府基金支持的社企，在香港政府奉行「積極不干預」的經濟政策環
境下，則以「市場上那隻無形的手」為重要的治理方針。

參考文獻

官有垣（2007），〈書評：The Nonprofit Sector: A Research Handbook (2nd edition)〉，《臺灣社會福利學刊》，第6卷，第1期，頁227-238。

馮燕（2001），〈從部門互動看非營利組織捐募的自律與他律規範〉，《臺大社會工作學刊》，第4卷，頁203-241。

蘇力、葛云松、張守文、高丙中（1999），《規制與發展：第三部門的法律環境》。中國浙江：浙江人民出版社。

蘇國禎（2013），〈社會企業甘苦談〉，《2013年臺社會福利學會年會暨國際學術研討會》，金門：臺灣社會福利學會主辦，2013/5/10-11。

Froelich, K. (1999), "Diversification of revenue strategies: evolving resource dependence in nonprofit organizations", *Nonprofit and Voluntary Sector Quarterly*, Vol. 28 No. 3, pp. 246-268.

Gardin, L. (2006), "A variety of resource mixes inside social enterprises", in Nyssens, M. (ed.), *Social Enterprise: At the Crossroads of Market, Public Policies and Civil Society*, London and New York: Routledge.

Markowitz, H. (1952), " Portfolio selection", *The Journal of Finance*, Vol. 7 No. 1, pp. 77-91.

Mentalcare Connect Co. Ltd. (2013/2014), Annual Report of the New Life Psychiatric Rehabilitation Association, 2013/2014. Retrieved from: http://www.mentalcare.com.hk/content/AnnualReport/Annual%20report%2012-13.pdf

New Life Psychiatric Rehabilitation Association (2012/2013), Annual Report of New Life Psychiatric Rehabilitation Association, 2012/2013. Retrieved from: http://www.nlpra.org.hk/nlpra/media/2013/index.html

Nyssens, M. (2006), "Conclusions: social enterprise at the crossroads of market, public policies and civil society", in Nyssens, M. (ed.), *Social Enterprise: At the Crossroads of Market, Public Policies and Civil Society*, London and New York: Routledge.

Pfeffer, J., and Salancik, G. R. (1978), *The External Control of Organizations: A*

Resource Dependence Perspective, New York: Harper & Row.

Teasdale, S., Kerlin, J. A., Young, D., and Soh, J. I. (2013), "Oil and water rarely mix: exploring the relative stability of nonprofit revenue mixes over time", *Journal of Social Entrepreneurship*, Vol. 4 No. 1, pp. 69-87.

YOT (2013/2014), Annual Report of YOT, 2013/2014. Retrieved from: http://www.yot.org.hk/index.php?pid=86&submenu_id=5

第十二章
臺灣社區型社會企業的治理個案

王仕圖、官有垣、陳錦棠、杜承嶸

壹、前言

　　臺灣社區組織的發展相當活絡，這樣的發展也形成了新一波的公民社會風潮，從二十世紀末的社區營造，到當前強調的社區化照顧議題，都顯見社區組織在因應民眾所居住的環境，展現了一種自主與自覺的意識。臺灣自1987年解除戒嚴之後，民主化的觀念也逐漸深植民眾心理，發展成為對自我居住環境的關懷，進而促成社會大眾投入公共事務。這股力量形成一種由下而上的推力，促成社區組織的新形態發展，帶動社區居民投入社區活動、重視社區環境、保存社區特有文化、與維護社區生態等，造就臺灣社區的蓬勃發展（Wang, Kuan, Chan, 2014）。此發展過程中，部分社區組織運用社區資源，發展出特有的社會企業，有些社區結合在地特有的生態環境，如南投桃米社區、宜蘭港邊社區等；有些社區則結合在地的農產品，建立產品特色，如南投龍眼林福利協會、臺南玉井天埔社區等，這些CBSE在近年來的發展，已經逐漸成為臺灣重要的社會企業型態之一。

　　在社會企業發展的脈絡下，社區組織發展社會企業已經成為此波新興運動風潮的一環。在歐洲，社會企業以各種不同的形態逐漸發展，包含就業發展信託（employee development trusts）、社會公司（social firms）、中介勞動市場組織（intermediated labor market organizations）、社區企業（community businesses）等（OECD, 2003: 299）。CBSE成為公民社會中重要的一部分，在許多國家中皆肯定CBSE將成為社區成員參與決策的重要媒介之一，Bailey（2012）則認為社區被視為再生產策略中一個重要的成分，不過CBSE不會扮演核心的角色。但是，即使CBSE不是整體社會企業發展的核心，由於社區居民的福祉是CBSE最關注的對象，因此在英國特別強調從社區共享的角度進行政策的規劃，英國政府由政策及資金著手，包括修訂《公司法》，明定「社區利益公司」（Community Interest Company，簡稱為CIC）作為社會企業的法律形式，每年都要報告公司所創造的社區利益。

　　本章的個案分析選擇臺灣三個CBSE作為主要的論述對象，分別為「龍眼林福利協會」、「新港文教基金會」，以及「大港社區發展協

會」。個案分析的論述架構主要聚焦在五個面向，分別是：(1) 創立與發展，偏重於分析組織特質，亦即該CBSE的運作特質、經營現況與近年來的改變；(2) 人力資源聘用管理；(3) 在資源獲取上，與政府、企業部門及社區的互動情形；(4) 組織的「治理」狀況；(5) 社會與經濟目標之成就。

貳、個案分析

個案一：龍眼林福利協會

一、創立與發展

　　1999年臺灣因為九二一地震，造成中部地區嚴重受創，災後社區重建工作成為社區發展的重要任務，政府為了重建地震中的受損社區，除了將社區重建列為「災後重建計畫工作綱領」的四大重建計畫之一，也積極推動社區總體營造工作，自2002年起推出「九二一震災重建區社區總體營造計畫執行方案」，給予年度定額計畫經費補助，輔以專業團隊的協力，期望能夠達成：(1) 整合民間資源，參與重建事務，增加社區發展機會；(2) 凝聚社區意識，提振文化活力，恢復居民生活信心；以及(3) 建立地方文化特色，營造永續發展機制等三大目的（廖俊松，2008）。地震災後的重建過程中，由於產業受損、經濟無以為繼，造成災區在產業重建和災區居民的就業成為重要議題。從需求面來看，政府提供短期的就業機會成為解決災區居民失業的支持性就業策略。另外，在產業面上，可以發現許多自發性或由下而上的產業促進案例，其透過社會組織的自主性力量，動員內部的人力和外部的資源，形成區域的產業特色或是型塑特定的工作模式（廖俊松，2006；江大樹與張力亞，2008；王仕圖等人，2010）。

　　在此背景下，南投中寮「龍眼林福利協會」於2001年正式立案。在協會成立之前，有賴於南投中寮鄉龍安村建立重建工作站，首先是解決災區在飲食方面的問題，故成立公共食堂，後續便成為提供長者送餐及日間照顧老人據點的工作站。龍安重建工作站逐漸擴大成為提供北中寮地區相關

社會服務的重建工作站。由於災後重建過程中，許多資源需要整合，工作站主要負責人廖振益先生即整合相關外部資源，發展社區的教育平臺，其課程以藝能性、實用性為主，同時也將在地產業經濟加以結合，其後發展成為龍眼林社區學園。協會運用此一學習平臺，鼓勵社區居民學習進修並學習各種技能，以達到社區產業技術與產品行銷能力之提升（廖俊松，2006）。除了社區學園的機制，協會成立初期主要以提供福利服務為主，例如老人送餐、老人日托、清寒學童獎學金、弱勢照顧、急難救助等服務（陸宛蘋，2012）。

因為地震重建的需要，協會積極從政府方面進行方案補助，而為了減輕災區民眾的壓力，協會也從事相關募款活動，例如由於災民重建住宅必須申請房屋貸款，為了減輕民眾的負擔，其透過募款活動提供兒童的助學補助，以減輕民眾必須繳納貸款及負擔學童學費的雙重壓力。然而由於協會本身的資源有限，因此如何增進財源便成為協會領導者的重要思考方向。協會同時也看到社區的主要農產品的產銷問題，特別是龍眼，根據協會廖總幹事表示該項農產品的產銷時間，一般都是在農曆中元節時期，該節慶之後龍眼的銷售量即大幅下降。為了增進龍眼在該節慶後的附加價值，因此協會開始運用古法進行龍眼乾的烘焙，並辦理龍眼季活動，逐漸提高南投中寮地區龍眼乾的名氣，並創造協會更多元的收入。由於烘焙龍眼講求手工，每次需費時兩天三夜的製程，藉此開創社區的就業機會。相關產品經過媒體的宣傳與報導，所生產的產品供不應求，每年約有200萬元的收益，可用來支付協會的人事、行政費用（龍眼林福利協會訪談，2006/2/13）。

在此產業發展過程中，雖然能夠為協會的照顧服務提供財源，然而由於整體產品的產銷過程中，涉及到許多稅務方面的問題，因此協會為了更能夠整合社區產品與銷售，於2008年成立農產行，專門從事農產品的加工與產品的販售。廖總幹事指出：

> 我們這邊成立一個龍眼林農產行，是因為學術界老師都認同非營
> 利組織做營業，但是政府官員就不一樣了，承辦營業業務的政府

官員認為，假如你沒有申請營業登記，然後做營業業務，你就是犯法。我們跟他談，現在很多單位都希望能夠建立一種社會企業，然後非營利組織來做營利的部分，盈餘還是投入公益，不歸個人所有啊！但是官員說我不管，我辦的是這種業務，你非營利做營利就是違法，他就要罰你。因此，大概在2008年的時候，我就設立龍眼林農產行，農產行裡面，我們可以做營業，營業登記裡面我們就可以提列很多營業項目，包括零售、批發等。

（龍眼林福利協會訪談，2006/2/13；2013/10/3）

因此，龍眼林福利協會在組織的運作結構上，形成了福利服務和產業發展兩個不同的結構與運作，在福利服務的組織層次上，將服務面向委由協會提供，而在產業發展面向上的產品製作與銷貨，由商業註冊的農產行負責。農產品相關的銷貨收入與盈餘，則投入協會作為福利服務之目的。

二、人力資源

由於龍眼林福利協會成立之初，仍是為了因應地震災後的餐飲問題，以提供公共食堂為主，其後發展為送餐服務，2006年協會的人力規模大約為33位人員，其中有12位是從事送餐服務者，另有4位為在社區就業的身心障礙者。另外，政府從災後重建發展出來的多元就業服務方案（經濟型）也提供社區的人力。根據黃珮婷（2015）的綜合整理，自2007年開始，協會申請多元就業開發方案所進用的人數，每年約在4到7人之間，透過該人力的補充確實可以提供協會在產銷營運方面的產值，人力需求也代表其產銷營運持續擴大，因此需要更多人力進行包裝、烘焙、整理等工作，然而此項人力的持續申請，也可能代表協會對政府的一種資源依賴。

根據廖總幹事的陳述，在專職人力中，在地人的比率占九成以上。另外，近兩年社區產業獲得不錯的發展，有外出青年回鄉就業，但是近兩年才出現的，比率並不高，回鄉就業者普遍以有家業者居多，回鄉自行創業者少（龍眼林福利協會訪談，2006/2/13）。另外，由於送餐人員的工作雖屬於有給職的工作，但基於送餐服務是一種有時間性的工作任務，故該項

工作可視為一種兼職性質的工作，送餐或在這邊服務的工作人員都有薪水，但不高，屬於半志工性質，目前約有12位送餐人員，都是中高齡的人；他們的薪水有9,000元（身心比較不方便的人）、10,000元和12,000元等三種。送餐一個人要送30、40位老人，其實他們幫協會送餐，便沒辦法到外面找工作，因為需要花4、5個小時，所以福利協會雖然沒辦法給他們全薪，但也創造了一個工作機會。他們雖然沒有勞保，不過福利協會會為他們投保意外險（龍眼林福利協會訪談，2006/2/13）。

除此之外，由於龍眼林福利協會初期是以災後重建為主軸，因此社區學園在當時提供許多課程學習，據廖總幹事的回憶，那時候只要社區討論到有什樣的需求，協會就會設法引進相關的師資與課程，提供社區居民學習，以滿足社區居民的需要。廖總幹事強調：

> 從地震以後到現在十幾年下來，我上過學術界老師的課應該有一千四百個小時以上了，我還學到滿多的，我對於老師在講的專業，或者說這些老師他們的各項專長，我絕對很尊重，因為我自己也學了不少。
>
> （龍眼林福利協會訪談，2013/10/3）

因此，透過社區學園的課程，確實也造就協會在走向社會企業發展過程上，成就社區各式的人才培育。

三、資源獲取的努力及與各方的互動

基於地震災後重建之故，因此龍眼林福利協會在成立初期，許多照顧服務的工作必須仰賴政府和民間各類組織提供財務與實物的支持。有關協會與政府的互動方面，可以區分為兩個層次，一個是與地方政府的互動，另一個部分則是與中央政府之間的互動。在與地方政府的互動方面，由於協會總幹事廖振益先生過去曾擔任村長，他對於地方行政系統的運作相當嫻熟，例如在與公所的合作方面，協會經常與其共同舉辦大型活動，協助處理老人與孩童方面的問題。與縣政府的合作方面，則以社區業務為主

（廖俊松，2006）。另外，協會主要的人力補助來自中央政府勞委會的多元就業開發方案，另外教育部也提供有關偏鄉數位關懷計畫之補助，經由每一年就業方案的人力補助，可以降低協會的人力成本，同時提高協會在產品展售上的能見度，故中央政府的補助不僅可以增加在地就業機會，也間接提升了協會的營收，有助於協會的穩定與成長（黃珮婷，2015）。

　　近年來由於協會的農產行的產品類型走向多樣化，除了原有的龍眼乾產品之外，也開發出烏梅及荔枝乾烘焙等產品。特別是烏梅，協會與南投信義鄉農會的合作，也為協會創造出新的產品價值。根據協會廖總幹事的說法，他認為協會的存在必須為在地農民著想，以他的估計，中寮地區所產的梅子，一年的產量大概有20萬臺斤左右，但是生產的農民本身並沒有能力進行烘焙，加以鄰近地區的工廠只有一家，收購能力也有限，一年約收購3到4萬臺斤，因為看到這樣的機會，協會成員認為這項產品值得開發。協會於2010年開始從事烏梅的烘焙，隔年農會即對此項產品表示興趣，並進行合作事宜。廖總幹事曾對此表示：

> 研發烏梅過程，開發了兩年，第三年才成功，在開發第二年的時候，信義鄉農會就派一個組長來這裡陪我們開發該產品，當我們慢慢開發出來的時候，可以做得成，信義鄉農會就給我們全部買去了，第一年大概烘了一千多斤、第二年六千、第三年一萬二，現在一萬二已不夠了。我們今年還要加蓋五個灶，差不多再一、兩萬臺斤左右吧！我們又增加了很多收入喔！
>
> （龍眼林福利協會訪談，2013/10/3）

　　協會在推展社會企業的初期，與政府之間的關係較傾向於一種依賴的關係，但是隨著協會的服務和產業規模的持續擴展之下，二者也逐漸形成一種伙伴合作的關係。另在與其他部門的合作方面，協會在看到新的產品發展可能性下，投入研發的工作，動機仍以在地農產品的產銷為依歸，而農會的合作關係則是被動因應，而非主動尋找合作對象，此可能是肇因於協會的規模與名氣，促使相關業者與之合作。

四、組織的治理

　　有關龍眼林福利協會的理監事會治理結構部分，共計有15位理事與5位監事，理監事會的運作均屬正常，而且理監事成員主要以本地居民為主，形成一種在地化治理結構。然而由於協會主要的運作仍然取決於協會主要的靈魂人物，即廖振益先生，過去協會在他的主導下成立，故其擔任首任理事長。他基於協會成立初期以災後重建為主軸，故其治理模式較傾向是理事長制。曾擔任理事長的廖振益表示：「治理角色就是我單獨對理事會做報告，理事會如果沒有意見，就決議執行；理事會如果有意見就是大家共同討論，討論後給理事長意見，那我就去執行。」（龍眼林福利協會訪談，2013/10/3）。2006年協會運用其累積的盈餘在臺中市成立基金會，廖振益由協會的理事長被指派為基金會的董事長，在協會方面則轉擔任總幹事一職。就協會的運作而言，負責業務運作的總負責人，必須受到理事會的監督，經由這樣的監督機制，理事會才能夠瞭解總幹事與協會幹部對於相關服務與業務等之執行成效。

　　整體而言，協會的治理結構受到協會的主要人物的影響，故在決策與相關業務的執行方面，主要是由少數人進行決策。然而隨著組織的規模擴大與複雜化，治理結構的理事會參與者的情況也日益普及化，因此，協會對於社區居民參與決策的能力也日益看重，此亦影響社區領導者對居民公共意見的接納。

五、社會與經濟目標之成就

（一）社會目標之成就

　　龍眼林福利協會以災後重建為其創立的主要任務，隨著重建工作階段性任務的結束，協會立基在過去發展的基礎，如公共食堂、送餐服務與老人日間照顧等經驗，協會投入農產品的販售盈餘，期待能夠透過資源建設一個適合長者安居的環境。協會在提供社區照顧方面已經提供十五年的服務，照顧的方式包含日間照顧，服務規模有40多人；而在送餐服務部分，含蓋的範圍已經達到中寮鄉北部七個村里，以一位送餐人員所送餐的數量

估計，每一餐協會約需送出將近400個餐盒，加以協會每天送兩餐的量來看，這樣的數量實為相當大的規模。這樣的照顧資源無法僅仰賴公部門的支持而已，必須透過募款、案主部分負擔，以及運用其農產加工產品的營收。此外，協會對於邊緣戶家庭也採取認養方式提供免費送餐服務，以2015年為例，協會認養的家戶約為45戶，這樣的服務當可降低邊緣戶家的生活壓力（黃珮婷，2015）。廖總幹事受訪時表示，「現在要符合行政部門補助中低收入、甚至低收入，其實比較困難，但是對於邊緣戶的話，以我們在地人的瞭解，其實邊緣戶比低收入戶更慘，所以說這個邊緣戶的居家服務，包括我們有做促進健康的活動，以及現在增加了一項到宅服務。」（龍眼林福利協會訪談，2013/10/3）。

除此之外，在社區照顧以及產業的發展上，因為需要人力提供服務，這些人力來源也可使地區有就業需求的人士有就業機會，例如協會在2007年到2014年之間，申請政府多元就業開發方案所進用的人員中，所留用的人數高達20名，透過就業促進和培訓，其最主要的效益即是增加在地居民的就業，提升了社區居民的薪資收入。

龍眼林福利協會初期所販售的龍眼乾，主要是希望可以解決農民農產品的產銷問題，所以運用古法烘焙技術，輔以文化活動，增進在地農民生產農產品的收益。其後在農產品的販售上，協會也都強調產品的在地性，如總幹事廖振益先生所說，「我們本身就一直在強調，我們所賣的東西都是龍眼林的、都是中寮鄉的。鄉外的東西，很多人發覺跟龍眼林做生意滿不錯的，很多人都要來找我，我說不要啦！我還是堅持要賣中寮鄉的東西。」（龍眼林福利協會訪談，2013/10/3）。而其後所研發與販售的烏梅、荔枝乾等，也都強調是中寮地區的在地化農產品。

（二）經濟目標之成就

龍眼林福利協會在產銷營業方面，期許是透過農產品的販售，可以增進社區居民的收入，其次經由銷售的過程創造盈餘，以作為社區照顧與服務的資源。在增進社區居民收入方面，協會對於農產品的收購與販售，都是收購當地農特產品，目前由於協會販售的產品已達到經濟規模，因此在

收購能力上可以左右年度某項產品的收購價格，故對於產品價格的公平性更具影響力，此也可以建立一種良善的收購機制，並保障生產農產品的農民有更好的收入安全。例如廖振益表示：

> 當龍眼價位低的時候，攤販就來說，今年的龍眼乾我們來買40到50元就好了！我說我不要，我要買60！在我的堅持之下，他們最起碼在農民的身上要買55元、58元左右以上。譬如今年龍眼乾並不多，我們福利協會要經過理事會開會通過定價要買多少，我雖然是總幹事，沒有那種權力，但是我會建議價位，比如說60元。
>
> （龍眼林福利協會訪談，2013/10/3）

在這種保證價格的策略之下，對於社區居民收入，將產生一種隱性收益支持的效果。

協會過去推展社區學園的學習下，促使社區居民學習各種專業知識，並投入各種生產與觀光旅遊活動與服務，協會結合在地居民所經營之農場、民宿等，將周邊景點進行串連，形成一個環狀生態旅遊景點，透過遊客的參訪，刺激他們在當地的消費，此亦建構出一個社區產業的經濟價值。觀光旅遊可以帶動遊客在地消費的購買力，社區居民也可以經營生意，賺取收入，同時帶動社區民宿業的發展，而協會也透過這樣的機會販售自製的農特產品，有助於活絡社區整體的經濟產值。

六、小結

龍眼林福利協會的成立，是立基於九二一地震後災後重建的需求，加以農村社區人口老化，在地長者的照顧需求，促使協會提供服務的思考方向。在災後重建過程中，協會主要以社區學園為基礎，協助社區民眾學習各項技能與知識，此亦奠基社區在發展各項產業時的知識基礎。在治理結構方面，協會的理事會大部分均由在地居民組成，但是主要的領導者仍然以廖振益為主，協會成立初期其擔任理事長期間，主要的決策以其意見為依歸；其後協會聘任廖振益為總幹事，則其所報告的事項與建議則成為重

要的發展方向。然而在廖振益擔任總幹事期間，理事會成員對於協會相關
事務的討論日益活絡，也展現了社區培力的成果。最後，在產業的發展方
面，協會農產品的製作都強調在地化的原物料，除了能提升在地生產之農
民收益的社會目的外，協會所販售的產品收入，其用於社區照顧服務，建
構實踐了福利社區化的理想。

個案二：新港文教基金會——新港客廳

一、創立與發展

（一）創立背景

　　1987年時，臺灣社會普遍沉溺大家樂的簽賭風潮當中，連純樸的新港
小鎮也不免俗地陷入這股瘋狂的全民運動。小鎮醫生陳錦煌於1981年回到
家鄉開設診所執業，在懸壺濟世的過程中，不忍家園深陷簽賭風潮及電子
花車的氾濫，因而謀思改善當時庸俗文化盛行的環境，終於在1987年10月
成立了新港文教基金會（官有垣等，2003；新港文教基金會網站，
2014/8/15）。從設立開始，基金會將自身定位為一個社區草根性質的
NPO，宗旨為推展文化教育活動，維護社會善良風俗。基金會歷年來在嘉
義縣新港鄉及其鄰近社區推出高品質的活動與服務方案，如藝文表演、圖
書巡迴服務、生態保護與社區綠美化，以及與社區老人及身障等相關的福
利服務。基金會與地方社團、政府及企業、社區團體等保持密切聯繫、互
動及互惠，鼓勵社區居民以志工身分參與基金會的公共服務而備受人們的
讚譽（李宜興，2008；官有垣，2009）。

（二）「新港客廳」的設立與現況

　　基金會於2000年開始著手整理臺糖的廢棄五分仔鐵道，完成新港鐵路
公園的修建後，董事會決議將鐵路公園旁，從日據時代留下的臺糖公司的
站長宿舍予以承租並加以整修，共投下了近新臺幣200萬元的資金改建與
裝潢，在2003年成立了一家以提供地方特色餐飲為主、販售當地出產的伴

手禮為輔的社會企業，名為「新港客廳」，強調該餐廳是「新港人招待人客ㄟ好所在！」。新港客廳除了提供餐點之外，基金會亦透過新港客廳計畫，整合新港在地的社區產業與公益團體，共同推出套裝行程，帶動地方產業的發展，讓新港客廳成為在地產業的展售與推廣的平臺，亦促使在地人對新港客廳產生認同感（王仕圖等，2010；陳錦煌、徐家瑋，2013）。

　　其實「新港客廳」不僅僅是讓人們享用美食的餐廳，更大的意涵是一個入口，藉此行銷新港的社區產業，或稱作地方特色產業。基金會現任董事長陳錦煌強調：「這裡是一個很重要的行銷平臺，亦即來這裡可以得到相關的資訊，來這裡吃飯可以知道我到新港來該怎麼參觀，或是來購買、吃什麼的相關資訊。所以這個也是一個公共的地方，我們透過這個客廳行銷新港這個品牌。」（新港客廳訪談，2012/10/2）。換言之，將新港客廳當作入口，包括實體、網站，居民與外地消費者來此不但可以休息、吃飯，還可以計畫下一步要到哪裡，或參觀祭拜媽祖廟等，此係基金會在社區發展工作的一項重要目標。

二、人力資源

　　在人力的聘用上，勞動部給予「新港客廳」持續多年的實質補助。從2004年6月開始，基金會每年向勞委會申請「多元就業方案經濟型計畫補助」，獲得4到8人不等的工作人員聘用之薪資補助。新港客廳自開始營運以來，由於留用與自行聘用的人事薪資成本占了相當大的比重，因而面臨不小的財務壓力（新港客廳訪談，2012/10/2）。「新港客廳」的營運可提供社區內中年待業婦女的就業機會，除了販賣簡餐和飲料，也作為新港「社區產業」整合行銷、創新研發的平臺，是新港發展社會企業的起始（官有垣，2009；陳錦煌、徐家瑋，2013）。陳錦煌指出，新港客廳是一種新穎的嘗試計畫，由非營利機構經營所謂賺錢的事業，起初設立時的目標較屬於公共議題，期望能創造失業婦女二度就業的機會：「客廳其實是我們很新的一個嘗試，一個非營利組織可以經營自己所謂賺錢的企業，我們一開始設定相當多目標，比較屬於公共議題，希望能創造失業婦女二度就業的機會，這個當然包括訓練。」（新港客廳訪談，2012/10/2）。

　　基金會為了有效經營，組成「新港客廳經營的團隊」，核心成員包括基金會的董事長、執行長，以及聘請專職的總務與專案經理（官有垣，2009）。新港客廳所聘用的工作人員皆為社區婦女，且有半數以上為中高齡婦女，戮力以赴的目標之一是營造來此用餐的客人有回家的感覺。新港客廳相當重視訓練，所以在員工上班前會給予完善的訓練，使其未來在離職時能有充足的技能，以面對外面的競爭環境（新港客廳訪談，2012/10/2）。

　　關於經營方面，原先新港客廳是星期一沒有營業，基金會亦是，然而，基金會發現休假其實是不好的，所以將新港客廳改為每天營業，且利用休息時間，定期舉辦生活性演講，透過辦活動提高許多意義，同時讓網路上愈來愈多人認識新港餐廳。陳錦煌強調：「我們定期有一些比較生活性的演講，譬如說我們談這個住家怎麼投入生態，還有怎麼吃比較健康，諸如此類。我覺得辦活動可以來提高很多意義，也發現在網路上慢慢大家更知道這個餐廳。」（新港客廳訪談，2012/10/2）。

三、資源獲取的努力及與各方的互動

（一）與政府之間的互動

　　基金會在經營新港客廳方面，與政府在之間的關聯性，可從接受多元就業開發方案的人事費用補助談起。計畫開始初期時，勞動部幾乎是全額補助人事費用，使得基金會在客廳的經營壓力減輕許多（王仕圖等，2010）。然而，陳錦煌指出，其實從2007年開始，新港客廳面臨虧損，因為政府的補助逐步減少，2009年開始沒有任何補助。在這樣的情況下，經營面臨極大的困境，因為不是以利益為導向，而是以解決新港社區問題為主（新港客廳訪談，2012/10/2）。從新港客廳在政府資金補助到抽離的過程中，可以看見政府對於新港客廳經營是具有相當的影響，而政府停止補助的決定，也是開啟新港客廳蛻變的契機。

（二）與社區之間的互動

　　新港客廳是新港人所矚目的焦點，多年以來，基金會已經成為新港在

地及旅外鄉親生活的一部分，新港社區的問題亦是基金會所關切的問題，另外，新港客廳所聘用的工作人員皆為社區婦女。陳錦煌提及新港是一個城鄉差距嚴重的地方，特別是中年失業婦女特別多，而這也是新港社區急迫待解決的問題。除此之外，基金會亦期望能將新港的飲食健康、輕鬆舒服且溫暖的待客之道，轉換到日常生活領域。陳錦煌強調：「成立『客廳』另外一個原因是公共領域的部分，我們希望鄉民透過來這裡，大家學習一個比較好的生活品質內容，特別在吃的方面，以提升我們生活品質的內容。」（新港客廳訪談，2012/10/2）。另外，新港客廳結合社區的各項資源共同推廣社區產業，並使用社區種植的農產當作食材，不僅成功將客廳本身與在地產業行銷給遊客，也促使在地人對於客廳的認同感（王仕圖等，2010）。

四、組織的治理

　　新港文教基金會的組織架構設有一個17人的董事會。在董事會之下，設有秘書處，為專職支薪，由執行長帶領運作，並依據業務性質不同，分設八個分工小組：專案經理、專案企劃、社工員、圖書流通推廣、活動企劃、執行編輯與總務會計。其中，「新港客廳」是由一位專案經理管理。再者，義工組織係該基金會的特色之一，依照工作取向的不同，義工組織再細分為六個小組（新港文教基金會網頁，2014/8/15）。董事會、秘書處，以及義工組織三方各司其職，這樣的組織架構當中存有相當程度的民主參與特質（官有垣等，2006）。

　　新港客廳是基金會進行「社區產業」整合行銷、創新研發的平臺。在經營的過程中，治理層階或母機構領導階層的支持與投入，是事業經營的成功要素。新港文教基金會的董事長與執行長等，親身投入於該業事業單位的經營核心當中，對於新港客廳的經營有莫大的助益（王仕圖等，2010）。再者。2015年開始，在董事會組成方面，特別增設一組「社會企業組」。有鑒於行銷方面人才不足的問題，陳錦煌廣納人才，希冀透過加入董事會的企業界人士，以其企業專業改善基金會行銷方面上不足（新港客廳訪談—陳錦煌，2015/8/4）。社會企業組董事成員來自背景相當多

元，總共有5位董事。其中2位董事經營旅館，1位董事是科技電子公司的總裁，還有農業機械、環境教育背景的董事。各個董事成員認同基金會的理念宗旨，集結起來共同努力欲發揮不同領域上的專才，每月定期開會討論。增設「社會企業組」除了是在固有的公益理想，再加上企業面向切入核心討論社會企業的轉型，期盼能為基金會注入一股新活力。

五、社會與經濟目標之成就

新港文教基金會在經營其社會企業（新港客廳）上，由於人事薪資成本占了相當大的比重，因而財務上面臨的壓力不小。顯然在年度營收的經濟目標方面成效較弱，且光靠營收一項顯然尚不足以達成其組織的財務可持續性目標，還必須搭配其他來源的經費挹注（官有垣，2009）。譬如，新港客廳不再僅是賣餐點而已，也開始舉辦演講與小型演唱會，並且結合自然米與自然農法生產的蔬菜，提供健康的飲食來型塑健康的生活型態（陳錦煌、徐家瑋，2013）。陳錦煌亦提及健康事業是一個廣大的市場，所以希望能將健康事業與生活、公共利益和地方特色結合，並且可以運用在地種植的無農藥蔬菜來販賣健康的概念，而行銷則是透過演講的方式。這樣的作法，也將為新港客廳經營帶來新的突破與嘗試（新港客廳訪談，2012/10/2）。

雖然新港客廳在舒緩貧窮上有其侷限，但從員工到新港客廳工作後在人際互動、成就感與自信心或其他社會資本上的提升來看，對於在地社區發揮了相當大的影響力。亦即在「社會目標」的達成上，新港客廳持續提供在地社區婦女就業機會，換言之，新港客廳於整合社會企業所追求的成就在於「主要關係利益人的獲益極大化」，對就業與舒緩貧窮上產生了實質效果。同時在「社會與公民目標」的表現上，新港客廳在新港社區中不斷建構信任、合作、網絡與規範等社會資本，有助於社區發展的良好目的（官有垣，2009；王仕圖等，2010）。譬如，以「賦權」效應而言，在新港客廳，一位年紀不到20歲的員工，不因自己僅是高中教育程度，在工作過程中努力學習與客人熟絡的應對能力。亦有中年失業的婦女，原先是羞於講話的人，工作一段時間後，可以大方、驕傲地和客人介紹菜單（新港

客廳訪談—陳錦煌，2015/8/4）。另外，也有員工表示工作場合可以結交更多朋友：「我們來這邊比較有學到一些知識！我們在鄉下務農，回家就是煮飯。在這裡，我們可以比較多看到一些人，交到一些朋友。」（新港客廳訪談—員工，2015/8/4）。

　　陳錦煌提及，其實新港客廳與新港社區之間所遇到的困難息息相關，而新港客廳是為解決社區問題而存在，且以最大公共利益為導向，亦是基金會的社會責任之根本體現（新港客廳訪談，2012/10/2）。此外，陳錦煌針對經營績效分為有形和無形來談論，清楚說明基金會對於新港客廳的經營看法：

> 最近我們基金會在談一個概念，也就是所謂經營績效，比如說這個客廳的經營績效是什麼？我跟他們強調一個概念，就是說有些績效是有形的，像我們每天的收入，就是多少錢、創造多少利潤、能盈餘多少；另外一種算是無形的，基金會來經營這個客廳，雖然我們虧錢，但是我們在無形的部分，比如說幫忙新港行銷、創造健康的價值、empower這些失業的中年婦女有能力再度就業，這是我們做很多的，我們承擔、也認同。
>
> （新港客廳訪談，2012/10/2）

　　的確，基金會要如何在既有的社會目的中，再衍生經濟目的，此轉化對於基金會是莫大的挑戰。基金會省思如何永續經營，認為需要兼顧「未來」、「無形」、「間接」價值，並且堅持義工「公爾忘私」的精神，才能在發展「社會企業化」時能兼顧社會與經濟的雙重目的（陳錦煌、徐家瑋，2013）。

六、小結

　　新港文教基金會作為社區型NPO，其成立背景是在地人士看到一些社區的問題與現象，希望透過集體的行動與力量改變。同樣地，「新港客廳」的成立過程，主要也是希望透過該餐廳作為一個行銷新港意象的平

臺，同時可以提供一些弱勢婦女有就業的機會。近年來基金會對於環境友善與健康生活的議題日益重視，因此在多元就業開發方案的政府資源爭取上，也以自然農法作為爭取人力補助的方向。在治理的模式部分，基金會相當重視民主治理的觀念，故董事會、秘書處，以及義工組織三方各司其職分工合作，形成所謂「鐵三角」的治理架構。然而基金會由於近年來除了新港客廳的持續營運，也開始重視食物安全的議題，故運用農地從事有機種植，因此其董事會在2015年亦成立「社會企業組」以因應社會企業的發展。

個案三：臺南大港社區發展協會

一、創立與發展

（一）社區發展協會緣起

臺南市大港社區早期為塭寮養殖型態之漁村社區，後來漁塭養殖業沒落。直到土地重劃後現為建築用地，使社區成為全國汙染嚴重的河川之一，在大港觀海橋的鹽水溪以東已整治成灘地，以西卻尚未整治，溪內淺灘死水、廢棄垃圾、雜草叢生，是蚊蟲孳生的天堂。2002年登革熱疫情在全國造成極大的傷害，社區被列為登革熱的高度警戒區，且有一里民因而身亡。鹽水溪的汙染整治工程，在求助無門之下，凝聚社區民眾「生命共同體」的共識。在2004年透過「香草」植栽的媒介，致力於環境生態的維護，也藉助「香草」相關議題的推動，串聯人與人的交流、強化人與環境的認同，和促進人與文化的對話，「香草」變成了鄉親共同的話題。2006年到2008年期間大港社區接受行政院「臺灣健康城市社區六星計畫」的進階培訓，社區歷經登革熱的「浴火」，期許在香草發展中「重生」；另在2010年到2012年參與勞委會「多元就業開發方案」，因而大港香草產業萌芽、成長與茁壯，並透過產業盈餘的支持，持續推動福利化社區的營造（臺南大港社區發展協會，2014/10/18）。

（二）社區香草文化產業策略

培育香草苗圃，改造香草公園使得大港社區在社區營造工作的第一期程（2003-04年）成功營造了屬於社區的特點。在第二期的工作重點，則是社區營造小組努力推廣社區內家家戶戶種植香草，透過開設課程教導社區居民種植香草的相關技術與知識，並舉辦香草環境綠美化競賽，一方面鼓勵居民參與，另一方面也可美化整個社區環境。此外社區發展協會也開發一套完整的香草教學課程。其理事長提到：「從一個簡單的植栽，到簡單的泡澡、泡茶、洗澡，相關的香草DIY系列的產品，包括現在我們自己可以萃取精油，自己做一些教學，我們大部分都以教學為主。」（大港社區訪談，2014/2/14）。這套課程目前並不以商業取向為主，重要的是讓它成為社區居民認同的一個活動，讓香草成為居民的共同語言。該課程不僅是大港社區居民可以參與，其他社區亦可來研習，透過不同社區之間的觀摩與學習，彼此的工作經驗可以有效地交流、溝通。

二、人力資源

一般社區型組織由於規模小，在人力資源的運用上，多數以志工為主要的人力資源。大港社區發展協會基於香草產業的開發，在2008年申請政府多元就業開發方案過程中，開始規劃培育社區的志工成為具專業的人力資源，主要可區分為三部分，一是導覽志工，二是可以教學、DIY香草系列產品，第三則是透過一些免費訓練把這些人提升成一個合格OEM製造工作者（大港社區訪談，2014/2/14）。以2014年為例，參與香草產業的工作人員數目，員工有10位（包括經理），經理是勞委會多元就業聘的，另外有一部分人員（3位）的聘用也是來自多元就業的補助，另外有5位兼職性質者，還有3位屬於OEM的種子教師。大港社區發展協會的工數雖然不多，但其志工的動員及支援力很強，理事長表示：「譬如到去年（2013年）為止，志工拿到382張的證照，我們有一百多個志工，這十多年拿到這麼多證照，我們什麼都學，有很多老師給我們很多理念。」（大港社區訪談，2014/2/14）。由此可見，其社區志工勇於學習，以及參與考取相關證照，對於其社區營造與社會企業的發展，也帶來了許多助力。

三、資源獲取的努力及與各方的互動

　　大港社區發展協會在發展社會企業的過程中，主要是立基於社區營造的幾個面向，其中包含了「社福醫療」、「社區安全」、「環境景觀」、「人文教育」和「產業發展」等面向。其中在2006年社區成立了「夢工坊」，主要目的就是期待發展香草產業。因此在發展該產業的過程中，社區已經跟政府不同單位申請相關資源的補助，此一過程中，社區透過政府資源的補助進行香草產業的經驗累積。如理事長所言：

　　2006年剛好行政院六星計畫的啟動，2004年開始寫第一個案子申請去買香草回來，然後請農業改良場專家教我怎麼認識、栽培、利用。第一年玩得很成功，第二年跳到文建會的計畫，第三年勞委會就把我們吸收進去。他們知道我就是做產業的，然後鼓勵我去做產業，所以2005年成立夢工坊。

（大港社區訪談，2014/2/14）

　　大港社區推動香草產業的過程中，初期仰賴政府資源的程度較高，但是在2010年左右，協會開始思考永續性的問題，因此在經營香草產業上，產生較大的轉折，將香草產業發展的觸角往市場層面延伸。因此後續的營運策略呈現多角化，如成立於在地老街的販售點、參與政府推展的伴手禮競賽活動、於臺南市觀光景點商店進行寄售等。顯然地，大港社區香草產業的發展，早期很明顯受到政府政策的誘導與資源支持，也成為政府部門刻意培育的社區，但至營運中期後，他們開始有更多產品創新的想法，但也常受限於技術瓶頸而無法具體落實想法，而協會對於地方資源的串連有很多的積極行動，如臺南地區的大專院校，如臺南大學、長榮大學、嘉南藥理大學、臺南應用科技大學、南臺科技大學、中華醫事科技大學等，皆保持著良好的產學合作互動關係，也藉由學校技術團隊的輔導，在生產技術與流程的改造後，進而研發出具市場販售價值的產品。

四、組織的治理

大港社區發展協會2014年度會員有462人，現有志工114人，累積至2012年志工已領有相關證照328張。在組織架構中，理監事會成員共有12名，分別為理事9名、常務監事1名、監事2名，另編制有長青會、婦女會、香草產業夢工坊及8個志工團隊，志工團隊分別為社區規劃工作室、防災防疫中心、小愛媽媽志工隊、環保志工隊、守望相助隊、終身學習推動小組、祥和保健隊及河川巡守隊，各編制有1名隊長。大港社區發展協會的組織架構如下：

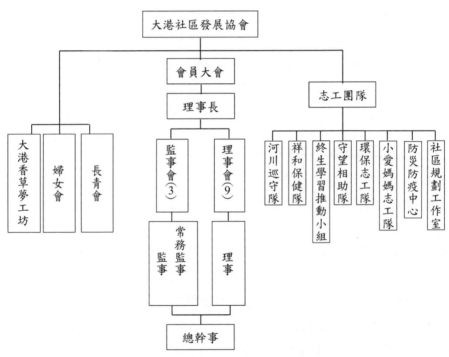

圖12-1 大港社區發展協會組織架構

資料來源：大港社區發展協會網站，2014，檢索日期：2014/10/18

大港社區協會運作過程中，為了讓組織能夠獨立運作，不受個人的影響，因此各個分組必須各自向理事會報告未來的運作和財務預算。理事長

表示：「我有8個志工隊，包括夢工坊在內。他們要提出明年要做什麼跟預算，不是我們在提，而是8個志工隊，因為他們是實際在執行的單位，理監事會去裁決，只要理監事OK，我就OK。」（大港社區訪談，2014/2/14）。此一運作主要在於期待不同志工隊和單位能夠有人負責。此外社區運作強調「鐵三角」領導，亦即社區中的3位主要領導者，分別負責環保、社區關懷據點和香草夢工坊，環保和生態由前任理事長主導，社區關懷據點由里長負責，現任理事長則負責香草夢工坊。而在決策過程中，除了3個主要領導者，理監事和各志工隊長等形成決策核心團體。

五、社會與經濟目標之成就

在經濟目標上，大港社區發展協會2012年總收入為900多萬元，其中會費、產業盈餘約為300多萬；2013年總收入約為800多萬元，其中捐助、產業收入、會費占約40%，其餘為政府補助；2014年預算編列約為900萬元，其中產業收入約為450萬到500萬，若再加入會費收入比例，則將占50%。而中央政府的補助經費比例則是逐漸減少，自主產業的部分則是持續增加中（大港社區訪談，2014/2/14）。

至於在社會目標的實踐上，有關社區產業的回饋機制，2009年經過理監事會議決議通過，明文規範：扣除成本後的利潤20%作為組員的勞務所得，15%弱勢老人、15%弱勢兒少、15%臺灣媳婦的福利服務，餘35%支應社區相關公益活動（獎學金、大活動等）的辦理。而就經濟目的而言，從永續經營的方向思考是目前社區組織的重要理想，因此有關香草夢工坊的營運績效，將是社區組織提供營運的重要收入來源，依社區目前營業額，約有45%來自夢工坊的營收，且此一額度有逐年提升的趨勢，因此就經濟目的而言，相當程度有達到其經濟效益。整體言之，大港社區為使香草家園能夠持續經營，進而思考「永續發展」的可能途徑。因此社區首先要解決「經濟面」的問題。大港社區在2011年，結合勞動部多元就業開發方案經濟型計畫，正式啟動產業商業化的機制，主要目的除協助失業者有就業機會外，已逐步實質擴大經濟效益，支持福利化社區及社會公益的推動。

六、小結

大港社區的香草產業發展已獲得很不錯的成績，近期更在百貨公司設有販賣專櫃，這對於CBSE而言誠屬不易。探析其成功原因，在組織發展過程中，其理事長扮演火車頭的帶領角色，他因有豐富實務的企業管理經驗，並將之落實於大港社區產業發展的策略規劃，加上深知網絡串連的重要性，不但從政府部門得到實質的協助，更懂得運用在地的大專院校技術奧援，使產官學的支援與指導經驗融於其香草產業的製造與發展，因而在香草產業市場中占有一席之地。但大港也深知其社會目標不能因為產業的發展而棄之於後，該社區設定有三個主要的社會使命，即弱勢照顧、環境保護、社區永續，為了堅持其社會目標的實踐，該社區在未來將有成立基金會的規劃，透過更正式的組織結構，聘任專業人士，將弱勢照顧的福利服務，移往基金會而成為其主要宗旨，但此一訴求仍在規劃階段，在此之前，大港的CBSE將會持續運作。

參、討論與意涵

本章共計討論三個CBSE，其中龍眼林福利協會和新港文教基金會的服務地理範圍較大，龍眼林福利協會以南投縣中寮地區為主要服務範圍，而新港文教基金會以嘉義縣新港地區為其服務範圍；另外大港社區發展協會所服務的地理範圍屬於傳統的社區領域。若就社會企業發展的型態來看，龍眼林福利協會的產品類型，主要是結合在地所生產的農產品，例如龍眼林福利協會的龍眼乾和烏梅產品。新港客廳以餐飲販售為主，近年來也開始從事自然農法的耕種，並提供農作物的販售。而大港社區發展協會則是以產品的製作與販售，作為其盈收的主要來源。

一、治理層面

有關社區型組織的治理結構方面，由於社區型組織的規模較小，沒有

太複雜的分工模式，加以董理事會的成員多數以社區民眾為主。在本章的個案裡，新港文教基金會和大港社區發展協會的董理事成員的異質性較高，前者主要是領導團隊持續引入他們所需要的人力資源擔任決策的角色，後者則因為位在都會地區，該區域的居民以高社經地位居多、人口的異質性高，因此董理事會的組成人員較具多元性。再者，龍眼林福利協會位處鄉村的聚落，人口老化較為嚴重，而且居民以農業為主要的經濟生產模式，因此其理事會的組成較為單純，以社區居民主要的理事成員。

　　然而本章介紹的三個CBSE的組織，基本上在治理結構上都有重要的決策人員，該成員在組織經營社會企業方面是非常關鍵的角色。除了新港文教基金會以團體決策為主之外，龍眼林福利協會、大港社區發展協會均以個人領導者為主，龍眼林福利發展協會現任總幹事為該社區之社區產業發展的重要人物，而大港社區發展協會則以該協會理事長為其發展社會企業的重要靈魂人物，而且兩位領導者的過去資歷中，都兼具商業經營的工作經驗。

二、社會與經濟目標的成就

　　本章所討論的CBSE個案，對於他們投入社會企業的運作，都強調此舉在解決社區的某些社會問題或滿足弱勢人口的需求。以三個CBSE而言，提供就業支持為他們投入社會企業運作的共同目的，特別是針對社區內的中高齡失業人口或婦女失業者，此類CBSE成為他們能夠就近工作的重要機會。此外，因為社區所在的地理位置，部分位處農村地區，故為了能夠解決農產品的產銷問題，便成為此類型社會企業的經營目標，如龍眼林福利協會收購龍眼，乃基於龍眼的滯銷問題。

　　有關CBSE的經濟目標部分，在新港文教基金會所經營之新港客廳與自然農法栽種農作物方面，由於其較側重於社會性目的，因此其所經營的餐廳與農業作物，並未能夠為組織帶來財務的收益，僅以期待能夠維持損益平衡為目標。另外，龍眼林福利協會、大港社區發展協會的社會企業之販售收益，主要用於服務社區民眾的需求，例如提供送餐服務，或提供弱勢學童的課業輔導等，因此社會企業所產生的盈餘便成為組織用於支持這

些服務，此一現象也符應了Defourny（2001）在討論社會企業的社會面特性上，即強調社會企業具備實踐「社會責任」的理念，同時也主張應由社區人士組成社會企業等生產活動，促進地方經濟或解決地方問題。

最後，本章作者認為一般CBSE的運作特質有三，分別是(1) CBSE是否由社區人士發起（In Community，簡稱為IC）；(2) 社區居民在CBSE的運作與活動過程中的參與程度（By Community，簡稱為BC）；(3) 針對社區資源特色以及發展的問題與挑戰，CBSE提出一套計畫方案因應，試圖舒緩與解決當地所面臨的社會與經濟問題（For Community，簡稱為FC）。若以本章分析的臺灣三個CBSE個案而言，其在IC與BC上的表現相當出色，然而在FC上卻明顯較為遜色。臺灣在1990年代以降的社區經濟與社會發展明顯是由下而上的模式，社區居民自主組成協會或基金會來規劃執行各項相關的方案，這些社區草根NPO的規模與資源普遍小與弱，領導者的特質、手腕與創意是相當關鍵的因素，另外，地方政府與中央各部會的相關資源之挹注，亦是啟動與持續發展社區經濟的重要推手。IC與BC的重要性從公民社會的角度觀之自不待言，但FC的能力弱、表現差，社區居民實際上亦難受惠，故未來臺灣的CBSE應加強IC、BC與FC的整合發展。

參考文獻

王仕圖、官有垣、林家緯、張翠予（2010），〈工作整合型社會企業的角色與功能——臺灣與香港的比較分析〉，《人文社會科學研究》，第4卷，第2期，頁106-130。

臺南市大港社區發展協會網頁（2014），香草產業。檢索日期：2014/10/18。網址：http://www.taka.org.tw/

江大樹、張力亞（2008），〈社區營造中組織信任的機制建構：以桃米生態村為例〉，《東吳政治學報》，第26卷，第1期，頁87-142。

李宜興（2008），《社區型基金會與臺灣公民社會發展——以嘉義新港文教基金會為例》，國立中正大學社會福利研究所博士論文。

官有垣、謝祿宜、李宜興（2003），〈臺灣社區型基金會的組織結構、義工參與及運作功能——以新港文教基金會為例〉，收錄於官有垣編著，《臺灣的基金會在社會變遷下之發展》，頁34-74。臺北：洪建全基金會。

官有垣、李宜興、謝祿宜（2006），〈社區型基金會的治理研究：以嘉義新港及宜蘭仰山兩家文教基金會為案例〉，《政大公共行政學報》，第18期，頁21-50。

官有垣（2009），〈臺灣的工作整合型社會企業：動能與差異〉，2009年社企民間高峰會的演講資料。

陳錦煌、徐家瑋（2013），〈談新港文教基金會轉型「社會企業」的社會價值累積與轉化機制〉，《社區發展季刊》，第143期，頁197-204。

黃珮婷（2015），《臺灣社區型社會企業維繫社會與經濟雙重目標之研究——以龍眼林福利協會為例》，國立中正大學社會福利學研究所碩士論文。

新港文教基金會網頁，檢索日期：2014/8/15。網址：http://www.hkfce.org.tw/chinese/1about/1_about.php?kid=14

廖俊松（2006），〈非營利組織與福利社區營造：龍眼林社區之經驗分析〉，《環境與藝術》，第4期，頁81-94。

廖俊松（2008），〈社區總體營造之回顧與展望〉，《府際關係研究通訊》，第3期，頁4-6。

【訪談資料】

臺南市大港社區發展協會理事長，2014/2/14，地點：臺南市大港社區。

南投縣龍眼林福利協會總幹事，2006/2/13，地點：南投縣中寮鄉。

南投縣龍眼林福利協會總幹事，2013/10/3，地點：南投縣中寮鄉。

新港文教基金會陳錦煌董事長，2012/10/2，地點：嘉義縣新港鄉。

新港文教基金會陳錦煌董事長，2015/8/4，地點：嘉義縣新港鄉。

新港文教基金會員工，2015/8/4，地點：嘉義縣新港鄉。

Bailey, N. (2012), "The role, organization and contribution of community enterprise to urban regeneration policy in the UK", *Progress in Planning*, Vol. 77, pp. 1-35.

Defourny, J. (2001), "Introduction: From third sector to social enterprise", In Borzaga, C. and Defourny, J. (Eds.), *The Emergency of Social Enterprise*. London and New York: Routledge press.

OECD (2003), *The Nonprofit Sector in a Changing Economy*, Paris: OECD.

Wang, S. T., Kuan, Y. Y., Chan, K. T. (2014), "The resource mobilization of community-based social enterprise in Taiwan", *The Hong Kong Journal of Social Work*, Vol. 48 No. 1/2, pp. 3-27.

第十三章
香港社區型社會企業的治理個案

陳錦棠、王仕圖、官有垣、杜承嶸

壹、前言

在香港，社會企業早在2000年代初受各界廣泛討論和擴展，而CBSE強調透過地方居民的共同合作及參與，以解決社區內的問題及服務對象的需求。因此一些NPO以設立社會企業的方式來解決社區內服務對象的需求，吸引當地居民共同參與及支持，推動CBSE在社區內發展。

本章將先闡明CBSE的主要相關理論、CBSE在香港的發展趨勢，以及CBSE的特徵及政府之角色，接著選擇兩個在香港的CBSE個案進行分析及討論，分別是聖雅各福群會（St. James' Settlement）的「社區經濟互助計畫」及女青年會（YWCA）的「大澳文化生態綜合資源中心」。個案分析的內容重點分為五個維度，分別是：(1) 創立與發展，著重於組織特質的分析、經營狀況與近年來的改變；(2) 人力資源聘用及管理；(3) 在資源獲取上，與政府、企業部門及社區的互動情形；(4) 組織的「治理」狀況；(5) 社會與經濟目標之達成。

貳、主要理論

一、社區型社會企業背景

在香港，社會企業的背景及成立原因與政府的財政困難及經濟衰退有密切關係。在1970年代，歐洲國家的福利體系由於長期在公共開支上急速擴張以及經濟增長逆轉，以致遇到愈來愈大的財政赤字，導致這些國家遇到財政危機。另外，由於愈趨嚴重的失業問題，歐洲各國政府開始進行與勞動和就業市場相關的改革。由於這些國家及其福利體系都失靈，遂透過外判合約（契約委託）方式以舒緩財政壓力。在地方分權的情況下，福利措施希望變得靈活及更符合人民需要。1980年代後，由於財政赤字，西方國家政府減少福利服務。此外，NGO在同一時間亦快速發展，而資源競爭也變得更為顯著。因此，NGO為了在財政上更獨立，於是結合了社會企業

的運作方式（Amin, Cameron, and Hudson, 2002; Kerlin, 2009）。

　　由此看來，社會企業的出現與各國的社會經濟脈絡密切相關，有一些社會企業發展是為解決社會問題，另一些社會企業則期望尋求更多財源以增強組織的自主性。Wallace（1999）界定社會企業為有社會目標，它們有企業的架構或模式，其主要目的是解決社會問題。Young（2001）將社會企業定義成兩個方向：(1) 企業是有助於公共福利；(2) NPO透過商業化運作以獲得額外收入。因此，社會企業以重視雙重底線為機構營運的核心價值，就如Dees（1999）所強調，社會企業是處於慈善及盈利兩者中間的意思一樣。

　　此外，「經濟合作與發展組織」（OECD）亦對社會企業的發展有很大影響。OECD的社會企業報告提及，社會企業是為了公眾利益的活動，帶有企業策略但主要目的並不是賺取利潤，而是實現一定的經濟及社會目標，以及為社會排斥者及失業問題提供創新的解決方法。進一步來說，社會企業主要的特點包括：(1) 不同國家（合作社、協會等）的不同法律形式；(2) 企業組織的活動；(3) 盈利不分配，但會再投資以實現社會目標；(4) 重視利益關係人多於股東，尤其是民主參與；(5) 經濟及社會目標並存；(6) 經濟及社會創新；(7) 尊重市場價值；(8) 經濟可行性；(9) 混合融資，帶有高度的自資方式；(10) 透過預測商品及服務以回應社區上未滿足的需要；(11) 勞動密集的活動（OECD, 1999: 11）。由於社會體制的不一致，對OECD國家來說，各國之間是不容易產生一致的立法模式。但是，他們的共同特點都包括對弱勢社群及就業整合進行技能培訓，從而促進地區就業市場，以及通過生產服務形式刺激貧困地區的就業活動。因此，社會企業最重要的特徵是社會創新，以社會創新為失業及社會排斥提供動態的解決方法，以及為經濟發展帶來幫助。

　　在社會企業發展的背景下，CBSE遂成為新浪潮的環節之一。在歐洲，社會企業逐漸發展成不同的形式，包括員工發展信託、社會公司、勞動市場中介組織和社區商店（OECD, 2003: 299）。社區組織在公民社會裡成為愈來愈重要的部分，很多國家期望社區居民參與政策制訂過程中，他們變得愈來愈有自己的主見。雖然社區參與在許多重建策略中被視為重要

部分，CBSE通常會參與但又很少處於重要或協調的角色（Bailey, 2012）。即使CBSE並不是整體社會企業的核心，社區居民的福祉仍是其最關注的對象，英國特別強調政策資源於社區共享，當中明確規定：「社區利益公司」（Community Interest Companies）是社會企業的法定形式，以及社區利益須每年提交報告。

在英國有關CBSE的研究指出，一般而言，CBSE的規模都較小，不容易維持財政自主，同時，他們的資源取得多寡也取決於政府的政策。在政府的資本結構下，很多社區組織儘管願意進行投資，但都容易被排於門外。此外，弱勢的社區組織很少有機會獲得貸款。因此，政府的資源支持相當重要，否則他們可能會被邊緣化（Wallace, 2005）。

Peredo和Chrisman（2006）相信CBSE能夠開發一些領域以回應社區所面對的威脅，只有這樣才可以同時創造經濟機會及體現社會價值，而這有賴於社區內居民的積極參與。其次，CBSE是集體經驗和知識累積得來的，有利社區內特定行業的發展。此外，社會資本是最為重要和寶貴的社區資源。最後，社區的規模同時會影響社會企業的營運，所以CBSE最理想是由社區所擁有或有足夠的資源投入。因此，基於資源支配的能力，CBSE所在的社區規模不能太小，若能夠維持在中等及大型的社區，應是最有利於CBSE的營運與發展。

從上述的說明我們瞭解CBSE應該以社區為基礎。社區的概念可以是基於地方社區，也同時注重實踐的社區。因此，CBSE其中一個重要特徵是對本身所在的社區有一定程度的認知，而這些CBSE必須擁有自己的戰略目標，而且這些目標有相當的經濟、社會和政治意義。除此之外，CBSE必須擁有積極參與的成員，當然也包括主辦單位本身。他們的持續參與、擔當重要甚至主導的角色，都能引領CBSE達到經濟效益，提升公共福利和居民的參與程度（Somerville and McElwee, 2011）。

二、公民參與和社會資本

社區的發展與當地居民的參與有緊密的連繫，所以，社區組織還應考慮把居民融入社區組織過程的可能性。基於這樣的概念，CBSE的公民參

與可從兩個方面來討論，其一是以「過程導向」，即CBSE的發展必須從經濟運行模式來提升對社區充權的概念，例如運作過程中可使參加者提升一定的技術或能力，同時，它也能提高社區的發展和營造。其二，是以「結果導向」來看，CBSE能持續在社區運作，使當地經濟有一定的發展和形成所謂的普遍富裕社區。其三，CBSE在社區的經濟收益和利潤將會從社會福利的角度再投資於福利和社區發展上，並形成一種社區照顧和改善生活質素（Hwang, 2004）。

如果公民參與是從行動的角度來看，那CBSE亦應當包括公民參與（Peredo and Chrisman, 2006）。根據Gilchrist（2004）的說法，促進社區相關工作的條件首先包括提升社區參與者的能力；其次，社區組織設立可相互連繫的系統，即建立關係網絡，當中可包括公共和私營部門；其三是於社區獲取的內部和外部資源成為社區發展的動力；最後是突顯談判的重要性，強調社區的利益關係人可以相互合作。

Hwang（2004）指出社區發展應依隨著彈性的發展模式，並強調對社區有彈性的干預，只有這樣才可以培養社區的可持續營運能力。因此，對於社區中的公民參與，應當從「為社區而做」（doing for community），到「與社區共做」（doing with community），再到一種「由社區來做」（doing by community）的社區充權的狀態。Hsiao（1998）以社區照顧為例子，強調社區服務和參與的重要性，首先，維持社區內的弱勢社群並給予適當的照護；其次，讓那些願意投身於為弱勢群體、為其提供服務的居民到社區中；其三，使社區裡的居民建立共享和相互支持體。

隨著CBSE的發展，除了對公民參與的信賴，資源的連繫和網絡也是關係社會企業發展的重要因素。因此，由Bourdieu（1986）、Coleman（1988）和Putnam等人（1993）最初提出關於社會資本的觀點成為本研究的重要理論基礎。社會資本強調，它是一種多方面的社會結構，包含認知上（如信任）和空間上（如社會網絡）的元素。參與組織活動被視為是在一個健康與平等的社會中一項關鍵指標。Putnam（1993）認為公民參與裡的密集網絡會產生信任、互惠和合作（即社會資本），而這種網絡可反過來導致一個帶有健康發展的經濟以及健康的民主（Lowndes and Wilson,

2001）。Putnam認為「規範和公民參與的網絡能為良好政府鞏固基礎」
（Putnam, 1993）。Putnam（1995）把社會資本定義為「社會組織的特
徵，例如網絡、規範以及信任，用於促進協調和合作並達致互惠互利。」
藉著參與團體和網絡能增加獲取信息的渠道，使個人的社會支援獲得倍增
（Palmer, Perkins, and Xu, 2011）。社區的發展更強調社會資本的儲備和應
用，當社區擁有足夠的社會資本時，他們能以更有效的方式應付貧窮、失
業和弱勢家庭等困難（Woolcock and Narayan, 2000）。最後，總括對社會
資本的不同看法，社會企業在公民參與的過程中，相當重視社區的充權，
而這樣的過程也應成為CBSE中的一項重要準則，以獲取居民的信任。

參、社區型社會企業在香港的發展

　　香港CBSE的出現可以總括為由於當時不明朗的社會和經濟環境下，
香港特區政府政策與公民社會活動之間的互動所帶來的結果。受到亞洲金
融危機的影響，香港的失業率持續上升，社會和經濟的發展全面衰退。為
了應付高失業率、貧窮及其他種種社會問題，香港社會對社會企業的需求
亦隨之增加，亦推動了社會企業在香港的發展。在社會企業積極發展的趨
勢下，政府、NPO和商界的支持和互動成為促進社會企業在香港發展的三
大主要動力來源（陳錦棠，2012）。在1990年代，民間組織透過社區經濟
和申請補貼以營運社會企業，這些民間組織開始使用互助和社區經濟發展
操作模式，以推出社會企業的原型，例如透過成立二手物品商店和零售商
店，幫助社會上的弱勢群體及被排斥的群體獲得工作和就業培訓的機會，
這亦合符CBSE的定義和方針。

　　自2005年以來，香港特區政府成立「扶貧委員會」負責協調一切在香
港與扶貧相關的工作，而推動社會企業亦是扶貧的主要策略。扶貧委員會
認為這個扶貧策略能夠有效處理社會的貧窮問題，並創造更多可持續的就
業機會。基此，扶貧委員會積極鼓勵社會企業發展，為社區提供就業機會
及使失業人士再次投入就業市場（扶貧委員會報告，2007）。在2007年，

香港民政事務總署正式推出「伙伴倡自強」社區協作計畫的種子基金，目的是集中定位本地社區、聚集社會資本、共同解決社區內的問題和改善民生。民間組織可以藉著此計畫申請基金，以舉辦不同的社區活動，同時為社區提供就業機會、促進地區網絡發展及構建和諧社區（陳錦棠，2012）。

香港社會企業的運作不僅是為弱勢社群提供就業機會和提升他們的收入，同時亦著重透過社會環境和社會問題的改善，提高居民的生活品質。與此同時，社會企業亦賦予居民更大的權利，積極鼓勵社區居民參與運作和決策，因此能夠進一步強化社會融合，弱勢社群在社會上受到被排斥的問題亦得以減少和預防（陳錦棠，2013）。

香港是市場主導型經濟，政府在發展社會企業所扮演的角色相對較小。譬如，聖雅各的負責人指出：「在2007年，政府有一個伙伴倡自強計畫，它清晰地說明計畫是一個專為社會企業設立的種子基金。當我們在擴展綠色小店時就申請了它。」同樣地，女青年會接受了為期二年的種子基金用於機構的發展。再者，香港的CBSE在發展上大多利用了民間組職的資源，如聖雅各在發展的早期，他們建立了「時分券」以幫助機構獨立。同時，他們亦從樂施會獲得支援，甚至借助學院講師來為社區經濟發展帶來支持。而女青年會則聯合當地的一些酒樓及船隻運輸公司，共同發展「生態旅遊」的事業。

由於香港強調自由市場，政府一向在發展社會企業中擔當較小的角色，為避免受外界批評干預市場，政府不希望投入過多資源在社會企業身上，對它們的支持大多是以種子基金形式撥款。香港民政事務總署於2006年推行「伙伴倡自強」社區協作計畫，以配合扶貧委員會的措施，加強以地區為本的扶貧紓困工作。計畫之目的旨在向符合資格的NPO提供種子基金成立社會企業，藉此推動可持續的地區扶貧工作，助人自助，特別是協助社會上的弱勢社群自力更生。伙伴倡自強計畫的目的不是給予福利或短期救濟，而是提升可雇用人士的技能和就業能力，並為弱勢社群提供就業機會，讓他們可以自我裝備和更有效融入社區。每項核准計畫最多可獲300萬元的資助，資助期限最長為三年。

肆、個案分析

個案一：聖雅各福群會社區經濟互助計畫

一、創立與發展

　　1997年的金融風暴導致香港經濟低迷、失業率嚴重，令灣仔區內經濟活動減少及區內原有的社區網絡解體。有見於此，在灣仔區內提供社區發展服務的聖雅各福群會在2001年推行「社區經濟互助計畫」（Community Oriented Mutual Economy，簡稱為COME），期望透過以另類貨幣「時分券」（Division Coupons，一種社區貨幣）作為社區中的交換媒介，促進居民，尤其是弱勢社群的服務及物品交換，並透過互相幫助，一同重建地區經濟，解決資源不足的問題。時分券的運作是以時間計算勞動付出的方法，一小時的服務可換取六十時分（COME網站，2014/9/25）。之後COME成功向政府取得一間店鋪，命名為「時分天地」，以時分券聘請居民值班及進行區內二手物的交換活動。為了滿足會員的日常生活需求及增加服務種類，COME亦發展出多元的社區經濟活動，例如由會員成立時分合作社每天蒐集二手麵包、定期舉辦「來墟」（COME marker place）讓會員交換物品和服務，以及成立資源運轉站，提供二手家具的熱線配對服務。從2005年開始，COME朝向透過發掘會員的才能，開展合作生產的方向，例如成立「天衣無縫車衣隊」，回收碎布製作袋子及其他布製品，以及組織會員進行食物生產，例如種植有機的黃金茹等。至2007年，COME進一步成立「土作坊」社會企業，與本地農夫合作，進行本地農產品銷售及加工工作（聖雅各福群會訪談，2012/12/3；2013/12/5）。

　　聖雅各社區經濟及社會企業的項目主管鄭女士認為，COME的發展是以社會經濟的理念出發，目標是發展一套與主流資本主義不同運作邏輯的經濟模式，當中包括不同種類的經濟活動：「我們想像社會經濟發展是寬一點……社會經濟方面有這個合作社、還有其他公平貿易，還有其他什麼……通通包起來都是社會經濟發展，所以社會企業都是裡面的，是其中的一個部分。」（聖雅各福群會訪談，2013/12/5）。

二、人力資源

以2013年為例，聖雅各的社區中心服務裡有5人負責COME的管理和運作，包括1位項目主管、2位社會工作助理、1位社會福利員（非註冊社工），和1位會計。除了會計是由COME以自負盈虧的方式聘請外，其他都是本身隸屬聖雅各社區中心服務的職員，由社會福利署、民政事務署或其他公益機構資助的社會服務項目所聘請（聖雅各福群會訪談，2013/12/5）。

在人力資源的背景上，除了會計外，其他管理的員工全都是社工背景出身，當中沒有市場營銷方面的專家。聖雅各社區經濟及社會企業的項目主管鄭女士表示，未來可能考慮聘請1位公共關係或市場行銷的專家，不過她認為聘請商業管理的專業人員經營COME時要小心謹慎，因為他們未必明白社會經濟的理念，可能會變得只追求盈利，忽視了社會目標，另一方面她亦強調社工本身的技巧，例如社區工作中建立網絡的手法可以應用到做生意上，社工可以學習一些基本的商業管理知識，以經營社會經濟的活動，但不能為了做生意而背棄原先服務社會的理念（聖雅各福群會訪談，2013/12/5）。

三、資源獲取的努力及與各方的互動

由於聖雅各總部沒有對COME計畫提供財務上的支持，因此外部資源的獲取對COME的成立及發展有很大的重要性。在計畫開展初期，COME獲得香港樂施會（Oxfam Hong Kong）提供四年的資助，讓COME能聘請2位社工及一些營運經費，為計畫的發展打下良好基礎。樂施會的資助結束後，COME向特區政府申請社會投資共享計畫的基金，但因為COME強調「經濟」的概念不符合政府要提供「義務」性質的福利計畫，因此未獲資助。面對資源的限制，COME嘗試發展社會企業的方式，向特區政府民政署申請「伙伴倡自強」的種子基金，成立「土作坊」，成功獲得了總數約180萬港元的兩年資助，包括營運方面的各種支出，例如資本設備和員工薪資等，在資助結束後以自負盈虧的方式繼續營運。2013年時，COME取

得的外部資助只剩下公益金資助二手家具的熱線配對服務，但金額只能補貼1個聖雅各社工的部分薪資（聖雅各福群會訪談，2012/12/3；2013/12/5）。

雖然COME的資助來源一直欠缺穩定及持續性，但是透過從政府和社區中獲取的資源，讓COME可以一直持續發展。與政府的互動上，首先COME取得最大的支持是政府在灣仔的保育項目藍屋建築群中，提供了一間大概700呎的「時分天地」地鋪，以一年1元港幣的象徵式租金租給COME，讓居民長期在灣仔有落腳的地方及發展社區經濟活動。其次，COME屬於聖雅各社區發展的服務，本身屬於政府社會福利署資助，因此即使COME不能從外部得到資助時，社區服務部的社工人員可以將參與COME當作本身工作的一部分，繼續運作計畫（聖雅各福群會訪談，2012/12/3）。

與社區的互動上，COME著力動員社區的資源，包括社區居民的能力及過往被浪費的資源。首先，COME透過時分券作為另類貨幣，以時分券作為居民提供勞動的薪金，使得COME可以動員很多社區居民的參與，卻沒有太大的財政負擔。COME鼓勵會員承接COME各個工作小組的崗位，使計畫即使缺乏資源聘請足夠的社工協調計畫的發展，亦能夠有效運作計畫。譬如，二手家具的熱線配對服務最初是由社工組織了大約10位居民參與，成立了工作小組，然後培訓他們處理熱線配對服務，最後交由他們自己處理大部分的日常工作，如接聽電話及記錄捐贈家具的資料，協助申請者進行家具配對等。其次，COME積極動員社區上過往被浪費的資源，鼓勵居民捐贈二手物品，讓其他有需要的居民可以透過時分券換取，在時分天地中有七成的物品都是透過捐贈而來，包括衣物、玩具、家具及電器等（聖雅各福群會訪談，2012/12/3）。此外，COME亦會與社區的小商店合作，讓會員可換取的物品和服務更多元化，例如時分合作社會與社區的麵包店合作，每天前往蒐集剩餘的麵包，然後在時分天地讓會員以時分券交換，減少浪費（COME網站，2014/9/25）。

在外部合作方面，COME會選擇一些理念相近的團體或機構合作，希望可以互通有無和互相幫忙，然後達到互惠互利。例如COME過往由居民

自己種植有機茄，然後自己做加工，但成本很高，後來知道西環有露宿者的團體會種茄，但沒有地方銷售，因此就與該團體合作，轉為主要幫他們銷售（聖雅各福群會訪談，2012/12/3）。另外，COME亦與本地農民建立合作關係，類似外國「社區支持農業」（Community Support Agriculture，CSA）的概念，以2012年為例，COME共有9個合作的農場。COME與農民的合作方式能夠達致雙方的互惠互利。對農民來說，COME除了為他們種的蔬菜提供在灣仔的銷售點，增加他們的收入外，透過賣菜賺取到的時分券可以聘請COME會員幫助他們處理訂戶的訂購，節省他們的時間，亦可以聘請街坊居民到農場協助處理不同的工作。以比例來說，農民在COME賣菜所得的收入比例大概70%是現金，其餘30%是時分券。對COME會員來說，他們可以使用時分券加部分現金買到有機蔬菜，吃到較優質的食品，如果是已銷售第二天或第三天的蔬菜，甚至可以全用時分券購買（聖雅各福群會訪談，2012/12/3）。

　　COME過往較少和企業合作，不過隨著「土作坊」的發展，近年開始與一間較大型的企業健康工房合作，它主要是銷售健康食品，2013年時在全港有24間店鋪。「土作坊」與「健康工房」的合作模式是由「土作坊」生產六個指定產品，然後交由健康工房銷售，而產品會貼上雙方共同設計的品牌商標。「健康工房」會先付出一筆「出廠價」給「土作坊」，在店鋪銷售後的純利會按照各自一半的比例平分。透過和企業的合作，「土作坊」的產品加工的收入占總收入的百分比大概增加了一成。聖雅各社區經濟及社會企業的項目主管鄭女士認為，COME和企業合作的前提是要雙方的理念相近，COME不會因為有商業機會就妥協，相反她認為要進一步影響企業的想法，讓他們明白社會經濟的理念（聖雅各福群會訪談，2013/12/5）。

四、組織的治理

　　在組織的治理架構上，聖雅各社區經濟及社會企業的項目主管鄭女士認為機構的價值觀是「殊途同歸」，傳統上聖雅各管理層的理念是較傾向由下而上，容許不同服務背景的部門按自己的理念及需要發展合適的服

務，亦沒有要求進行定期的績效評估，即使是發展自負盈虧的社會企業，各部門都有較大的自由度，可以用不同的手法營運，董事會基本上亦不會干預。例如「土作坊」屬於社區經濟發展的範疇，隸屬於社區中心服務，另外一間社會企業「Green Ladies」屬於企業拓展部門。不過鄭女士亦提到機構管理層的轉變有可能帶來新的管理觀念，影響原先的自由度（聖雅各福群會訪談，2013/12/5）。

　　聖雅各由下而上的管理理念，容許社區中心服務的社工可以按照社區發展的理念發展COME。由2002年開始，COME就採取參與式治理的方式，成立一個由聖雅各社工及居民共同組成的「管理委員會」（community board），讓居民可以直接參與計畫的管理和決策。管理委員會負責整個計畫的管理，包括訂定發展方向、處理會計事務、監管時分券的發行及負責統籌會員大會等。管委會的功能亦包括處理一些會員違規的事情，例如欺騙其他會員圖利，如果發現會員違規，管委會先成立一個仲裁委員會，然後訪談投訴人及被投訴人，並且搜集資料，判斷投訴是否成立，結果會在社區報刊登，通知其他會員。如果發現會員違規三次，就會革除其會籍（聖雅各福群會訪談，2012/12/3）。

　　管理委員會委員每屆任期兩年，最多有20位委員，其中包括最多5位當然成員，即聖雅各社工，主要負責計畫的行政工作，以及最多15位但不少於7位的居民代表。居民代表是由民主選舉的方式產生：首先他們要由會員提名方可參選，提名以後會有足夠的時間讓他們宣傳自己參選的理念和政見，讓會員認識候選人，最後會有一星期的投票時間。此外，COME會成立一個選舉委員會，統籌每屆選舉安排及就細則事宜進行討論及修改（聖雅各福群會訪談，2012/12/3；2013/12/5）。項目主管鄭女士形容聖雅各福群會與管委會是一個平衡的關係，管委會是一個平臺，這個平臺的設計是希望能夠做到平衡參與，讓聖雅各社工及居民的聲音都可以透過這個平臺得到表達，互相影響對方，決策時可以求同存異，例如管委會之前討論是否要轉換工作小組的組員，因為有些組員已經做了很多年，是否要退下來讓其他人可以參與，管委會的意見較為分歧，最後的共識不是換走全部組員，而是每個工作小組換走一半（聖雅各福群會訪談，2013/12/5）。

　　由於土作坊最初成立是透過申請民政署「伙伴倡自強」的基金以社會企業的方式成立，當時是以獨立方式運作，因此雖然時分券都適用於土作坊，但現時並沒有加入COME的管理架構中，行政上直接隸屬於社區服務中心，不過兩者的負責人都是社區經濟及社會企業的項目主管。隨著「伙伴倡自強」的資助結束，COME現時仍在考慮是否要將土作坊加入管理委員會的架構中，不過尚未有定案（聖雅各福群會訪談，2013/12/5）。

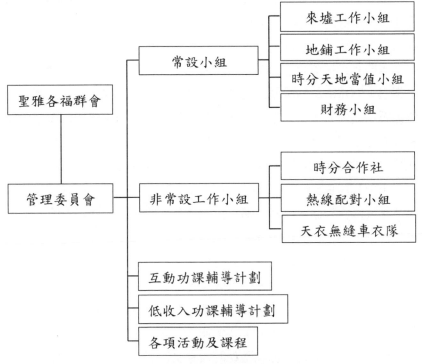

圖13-1　COME管理委員會架構圖

資料來源：http://come.sjs.org.hk/cht/section02/

五、社會與經濟目標之成就

　　COME由2001年成立發展至今已逾十三年，會員由最初150多人增加至現時超過1,600個會員。COME的目標是讓弱勢社群即使缺乏金錢，都可以透過賺取時分券換取到各種生活所需的物品和服務，以便有較好的生活保

障。COME計畫現時大約有100位較常參與的會員，他們賺取較多的時分券，獲發放一本時分簿記錄他們的時分券存款，讓他們可以存取起來作日後生活的保障。COME曾試過，有一些陷入貧困的會員未能領取到綜援的社會保障金，僅靠持有的時分券能夠生活一個月，亦有一些露宿的會員透過時分券滿足他們的生活需要，可見時分券能發揮保障弱勢社群生活的功能（聖雅各福群會訪談，2012/12/3）。

COME在2008年進行了一項成效評估研究，反映在具體的物質生活改善方面，會員能夠透過使用時分券換取玩具、三明治和麵包、二手電器和家具等，減輕日常生活開支，亦能夠以較低價買到有機蔬菜和其他食品，這些是他們在正規市場裡負擔不來的食物（許寶強，2008）。項目主管鄭女士指出，COME為弱勢社群提供了生活上更多的選擇，本來他們因為缺乏資源而無法參與，現在都可以透過時分券得到，而土作坊的發展更能讓弱勢社群使用時分券購買一些更健康和有品質的食物，例如有機蔬菜。在土作坊一年大概有120多萬港元的營業收入，當中10多萬是使用時分券，大約占10%（聖雅各福群會訪談，2013/12/5）。

在就業機會方面，COME創造另類就業機會，讓一些被主流市場排拒的邊緣社群，如單親家庭或低收入家庭的婦女，能夠以彈性方式參與經濟活動，讓她們因應自己的情況安排值勤表。項目主管鄭女士強調，參與社區經濟的活動不只讓她們增加收入或改善生計，更重要是經濟方面的參與能夠讓她們達致充權的效果，從而在工作中提升自信和獲得尊嚴（聖雅各福群會訪談，2013/12/5）。2008年的研究顯示，參與COME的活躍會員認為，相較於作為領取傳統福利服務的被動受助者，COME的活動更能體現和確認個人的價值（許寶強，2008）。

另外COME能重建區內居民的社會資本，促進社區居民的互相幫忙。時分券是一套另類貨幣的制度，會員需要建立對時分券的信任及學習如何使用，這有助建立他們的共同身分，而時分券提倡會員用自己的能力和其他人交換，互相幫助，讓他們認識更多朋友及促進彼此的信任關係，亦慢慢建立對COME的歸屬感。加上COME開放任何人參與，容納不同背景、階層和區域的人士，例如農夫，有助擴展會員的社會網絡（聖雅各福群會

訪談，2012/12/3；2013/12/5）。此外，COME鼓勵二手物交換的活動減少資源的浪費，亦促進會員建立循環再用的環保概念。項目主管鄭女士指出，2008年進行成效評估中，大約80%都表示支持二手物品，顯示該計畫能大大提升參與者的環保意識（聖雅各福群會訪談，2013/12/5）。

個案二：大澳文化生態綜合資源中心

一、創立與發展

　　香港基督教女青年會大澳社區工作辦事處於2006年成功得到民政事務總署「伙伴倡自強」計畫的支持，以社會企業的運作模式，成立「大澳文化生態綜合資源中心」（以下簡稱「大澳資源中心」）。大澳資源中心透過運用大澳的文化和生態兩大資本，為地區上低技術和低學歷的社區居民提供在職培訓及就業機會，並促進大澳的可持續發展（大澳資源中心網站，2014/9/15）。

　　大澳資源中心的成立源於女青年會過去三十年在大澳進行社區發展服務所累積的經驗，而大澳社區發展隊在1980年代進行的「大澳經濟發展合作計畫」（以下稱「經發計畫」）可被視為資源中心的前身。大澳位處大嶼山的西北面，是香港昔日的四大漁港之一，由於地理環境的關係，晒鹽及捕魚兩大行業過去在大澳發展十分蓬勃，1950-60年代更是兩大行業的高峰期，更為當時曾高達2、3萬人口的大澳提供了大部分的在地就業機會。然而，邁入1970-80年代的時候，大澳的晒鹽及捕魚兩大行業面對鄰近地區加劇的競爭下而日漸式微，導致大澳的工人及漁民被迫轉型以尋求生計。另一方面，港英政府自1970年代開始推行免費教育，大澳新生的一代教育程度得到提升後，大多數都不再願意留在大澳，紛紛出外尋找工作。面對地區經濟轉型，勞動人口大量流失，人口逐漸老化等問題，女青年會社工於1984年與大澳的地區人士，包括小學老師、教會信眾、婦女合作，成立了一項「經發計畫」，希望刺激地區經濟發展，製造一些就業機會，以回應當時的社區問題。後來「經發計畫」的成員發現大澳的文化和生態特色

能吸引遊客，因此在1980年代中後期開展了一項名為「大澳漁村體驗計畫」，製造了一些如搖櫓、漁船網魚、棚屋住宿等的體驗活動，讓大澳居民既可以賺取活動收入，又能夠善用他們的技能，例如搖艇、網魚等。經發計畫前後運作了十年的時間，最終因組織問題在1994年正式結束。

　　1997年的金融風暴及2003年的SARS令香港經濟陷入低迷，很多大澳居民經濟環境變差，需要依賴綜援的福利金生活。面對轉變的社區需要及問題，大澳社區發展工作隊重新考慮服務的定位及解決方法，於是探討社區發展工作結合經濟發展計畫的可能性，以及如何讓社區發展工作原先的目標和理念不會因此而偏離。當時工作隊參考經發計畫的經驗，認為生態和文化是發展大澳的重要資本，開始研究「可持續發展」的理念，強調經濟、社會和環境三者是一個金字塔的關係：環境是大澳經濟發展的基礎，想讓大澳得到好的發展，就需要先妥善保護大澳的文化和生態資本，經濟活動的發展亦不是單純為了追求盈利，而是希望同時能夠實現一些社會目標。因此，工作隊其後成立大澳資源中心，透過發展生態旅遊推動大澳的可持續發展（女青年會訪談，2013/12/13）。

二、人力資源

　　在未成立大澳資源中心前，女青年會在大澳社區工作辦事處的人手編制是按照社會福利署的「鄰舍層面社區發展計畫」（NLCDP）工作隊的標準，職員包括3位註冊社工、1位文員及1位半職庶務員。成立大澳資源中心後，以2013年為例，女青年會另外聘請了5位職員負責中心的營運，包括1位項目經理、2位全職活動工作員及2位半職活動工作員。該項目經理過去是修讀旅遊管理的高級文憑及工商管理的學士課程。除了項目經理外，其他職員均是來自大澳或大嶼山的本地居民。

　　女青年會在大澳的人力資源聘用上，背景可分為社工及商業管理兩方面的專業人員，女青年會社區服務督導主任張先生強調兩個專業服務需要慢慢結合，社會企業的發展才不會偏離原先社會服務的理念：

　　我們有些社工很專業，但不懂得做生意，所以我們需要項目經理

的專業。簡單來說我們的社工同事也要裝備自己去學很多社會企業的服務技巧與知識……她（項目經理）像不像一個社工？也很像一個社工，她也學輔導的課程。我想將兩個專業慢慢的結合，亦即，我們在服務中看到我們的社會企業，社會企業看到我們的服務，共同成長。

（女青年會訪談，2013/12/13）

三、資源獲取的努力及與各方的互動

在與政府的互動上，社區工作辦事處最初是申請民政事務總署「伙伴倡自強」計畫的兩年資助基金，作為大澳資源中心的啟動資金，大約是港幣200萬的資助額。兩年的資助結束後，大澳資源中心就以自負盈虧的方式繼續運作，並沒有再獲得政府的資助。女青年會的青年及社區服務督導主任張先生強調，社會企業的發展長遠是希望將來減少社區發展工作隊對政府資助的依賴，能夠延續女青年會在大澳的社區發展服務（女青年會訪談，2013/12/13）。

大澳資源中心會與當地伙伴如社區居民和小商戶合作，安排文化生態旅遊及體驗活動給外來參與者，例如在導賞團介紹大澳製作的特產。大澳資源中心現時並未曾與外面的大企業合作或獲取他們的資源，因為擔心會將大企業引進來，影響大澳的本土經濟發展。

在與社區的互動上，大澳社區工作辦事處成立了一個顧問團隊，邀請了地區代表及不同界別的專業人士參與，如大澳鄉事委員會成員、熟悉環保工作的專家等，以爭取地區上對成立資源中心的支持。另一方面，在資源中心成立後，亦有其他本地團體成立了類似的地區旅遊計畫，與資源中心進行競爭。

雖然大澳資源中心是以大澳的社區為本，透過與當地居民合作發展地區旅遊，但整項計畫的緣起並不是由社區居民們自發提出及運作，或是由社區領袖進行主導。女青年會社工人員是社區的外來者，不過他們憑藉著多年來服務大澳居民的經驗，觀察到社區面對的問題及與居民討論，瞭解

他們的需要，再以其專業知識主動向居民提出發展「社區經濟」的解決方案，並鼓勵他們參與計畫。因此，在大澳資源中心的治理上，主要由女青年會的專業團隊主導發展方向和決策，而社區居民的參與則主要在具體活動的設計和執行方面，例如體驗計畫的內容、導賞的路線、向外來參與者分享等。

四、組織的治理

女青年會的董事會目前有12位董事及6位特聘董事，來自社會上不同的專業背景，有教育界的老師和校長、人力資源管理和財務管理的專才、大企業的董事長、社工及一些女性服務使用者。女青年會是一個比較傳統的社會服務機構，董事會在管理上比較保守，特別是財務方面不願承擔太多風險，因此對於發展社會企業不願投資過多，現時董事會亦沒有特別吸納一些對社會企業認識較深的專業人士加入，在行政架構上亦沒有成立一個委員會負責督導社會企業的發展。不過董事會下面設有一個「公益業務拓展委員會」，當中吸納了幾位社會企業家作為委員，他們有決策權，可以決定服務發展的方向，但是具體執行由服務部門的督導主任決定。

由於女青年會沒有一個專責部門統合社會企業的發展，因此社會企業隸屬於開展服務的部門及中心，由部門的督導主任向服務部門所屬的委員會負責，例如資源中心在架構上隸屬於大澳社區工作辦事處，是從屬的關係，而社區工作辦事處屬於「青年及社區服務部」（下稱青社部），由部門的督導主任負責管理，向青社部的委員會負責交待服務的開展及運作情況等（見圖13-2）。青年及社區服務督導主任張先生認為女青年會的中層管理者，即服務單位的督導主任會在決定服務單位是否發展社會企業有較大的決定權，因為他一方面與第一線員工協調和溝通，能夠清楚瞭解服務的需要及發展社會企業的可能性，另一方面也負責協調管理層，說服他們接受發展社會企業的計畫（女青年會訪談，2013/12/13）。

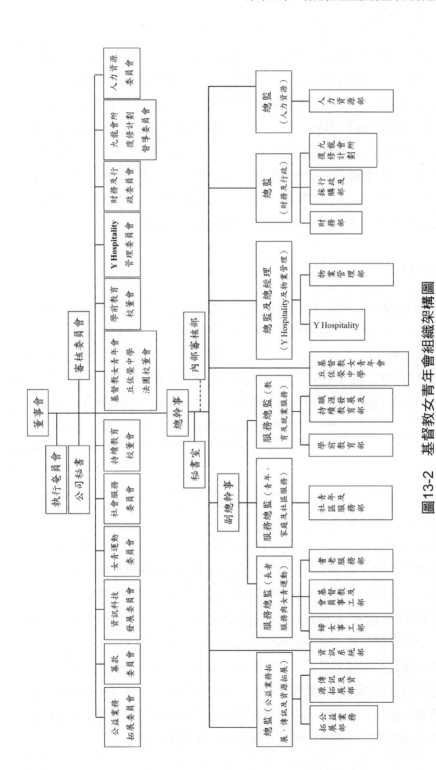

圖13-2　基督教女青年會組織架構圖

資料來源：香港基督教女青年會網頁，2014/5/15

　　另外，大澳資源中心與社區工作辦事處，在服務管理上是一體的，但在財務管理上，則是分開兩個會計帳目管理，一個是屬於津貼的服務，另一個是屬於社會企業。資源中心的盈餘會獨立管理，留作自身營運的儲備，原則上不會補貼社區發展工作隊。相反，若資源中心虧損，社區工作辦事處亦不會補貼。雖然津貼服務和社會企業的財務管理是獨立分開，不過督導主任在向青社部委員會申請成立社會企業時，計畫書要說明如何營運社會企業及對未來財務狀況的估計，並需要申請一個中央的備用款，預留了大約港幣20萬，作為服務虧損時的補助（女青年會訪談，2013/12/13）。

五、社會與經濟目標之成就

　　女青年會近年設計了一套「服務效益評估工具」（Social Impact Assessment Tool），評量各類服務的「服務效益」及「財務效益」，每個部門皆要根據評估工具對服務進行評估。假若服務的兩者效益都低，女青年會就會選擇將該服務進行縮減，將資源重新調配於其他服務上面。假若服務的「服務效益」高，但「財務效益」不高，女青年會就會優化及擴大服務規模，以追求更大的財務效益，例如過往社區發展服務的經濟效益低，但服務效益高，透過發展社會企業後，能夠讓服務效益和經濟效益同時提高。

　　在經濟效益的實現上，大澳資源中心現時已經能夠自負盈虧，並且有盈餘，已經不用倚賴政府的資助。在社會效益的實現上，主要體現在三方面：首先，大澳資源中心創造了很多就業機會，除了能夠為大澳居民提供一些全職工作外，亦提供了約50個部分工時職位，例如為導賞團提供煮飯、開船等工作，或者教育參與者編織漁網等工作。大澳資源中心每年差不多有三至四成的收入會分給這些合作的在地社區伙伴，讓他們得到合理回報，改善生活品質，特別是本身低收入的家庭。其次，大澳資源中心舉辦的生態旅遊亦讓更多外面的遊客能夠認識大澳的文化和環境，瞭解保育大澳的重要性。再者，大澳資源中心希望鼓勵本地居民參與社區及關心大澳的發展，在成立初期每年均會進行調查，瞭解合作的居民之意見，社區工作隊亦會向其他大澳居民宣傳資源中心，邀請他們參與。

伍、討論與意涵

透過以上的兩個CBSE的運作和社會影響分析，我們可歸納香港CBSE有以下的意涵：

（一）除了WISE外，CBSE也是香港存在的另一類別社企。雖然運作的方式不一樣，但在目標和功能都是以經濟方法達到改善社區民生的社會目標。

（二）相對就業型社企，CBSE更強調社區內的居民參與和共治，從而提升居民的解決問題能力，達致充權之目的。此外，在過程中更強化居民之間的互助、互信，從而增強社會資本。

（三）在資源的運用上，CBSE亦會採用「資產為本的社會發展」的方案，除了本地居民的社會資本外，亦會善用本地的資源，例如聖雅各用社區的古老建築來發展導賞事業，女青年會則以大澳的漁村風光及漁業來發展生態旅遊，為區內居民提供就業機會，改善經濟生活。

參考文獻

Amin, A., Cameron, A., and Hudson, R. (2002), *Placing the Social Economy*, London: Routledge Press.

Bailey, N. (2012), "The role, organization and contribution of community enterprise to urban regeneration policy in the UK", *Progress in Planning*, Vol. 77, pp. 1-35.

Bourdrieu, P. (1986), "The forms of capital", in Richardson, J. (Ed.), *Handbook of Theory and Research for the Sociology of Education*, New York: Greenwood Press.

Chan, K. T. （陳錦棠）(2012), "The development of social enterprise in Hong Kong", Kuan et al., (Eds) *Social Enterprise: The Comparison between Taiwan and Hong Kong*, Taipei: Chuliu Press. (in Chinese)

Chan, K. T. （陳錦棠）(2013), "Social impacts of work-integration SEs in Hong Kong: an initial exploration", paper presented at "2013 International Conference on SE and Social Impact-Employment Promotion and Poverty Alleviation". Taipei, Taiwan. May 24-25. (in Chinese)

Chan, K. T., Kuan, Y. Y., and Wang, S. T., (2011), "Similarities and divergences: comparison of social enterprises in Hong Kong and Taiwan", *Social Enterprise Journal*, Vol. 7 No.1, pp. 33-49.

Coleman, J. S. (1988), "Social capital in the creation of human capital", *American Journal of Sociology*, Vol. 94, pp. 95-120.

Dees, J. G. (1999), "Enterprising nonprofits", *Harvard Business Review on Nonprofits*. (pp. 135-166). Boston: Harvard Business School Publishing.

Gilchrist, A. (2004), *The Well-Connected Community: A Networking Approach to Community Development*, Bristol: Policy Press.

Hong Kong Young Women's Christian Association （香港女青年會）(2014/5/15), Retrieved from: http://www.ywca.org.hk/files/mgt/%E6%A9%9F% E6%A7%8 B%E7%B5%84%E7%B9%94%E5%9C%96Organization%20Chart.pdf.

Hsiao, Y. H. （蕭玉煌）(1998), "The Significance and policy plan for communization of social welfare", Community Empowering Society (Ed.), *The Collections of Communization of Social Welfare*, Taipei: Community Empowering Society Press. (in Chinese)

Hwang, H. K., Gui, S. J., Lin, S. J. (2001), *The Total Medical Report of Community Development*, Taipei: Yuan-Liou Press. (in Chinese)

Hwang, Y. S. （黃源協）(2004). "Whither community work: community development? community building-up?", *Community Development Journal*, No. 107, pp. 78-87. (in Chinese)

Kerlin, J. A. (2009), *Social Enterprise: A Global Comparison*, Massachusetts: Tufts University Press.

Kuan, Y. Y. （官有垣） (2001), "The third sector and the construction of civil society: an essay focusing on relations among sectors", *NTU Social Work Review*, No. 4, pp. 165-201. (in Chinese)

Kuan, Y. Y. （官有垣）(2007), "Social enterprise development in Taiwan", *China Nonprofit Review*, Vol. 1, pp. 146-181. (in Chinese)

Lowndes, V. and Wilson D. (2001), "Social capital and local governance: exploring the institutional design variable", *Political Studies*, Vol. 49 No. 4, pp. 629-647.

OECD (1999), *Social Enterprises*, Paris: OECD.

OECD (2003), *The Non-profit Sector in a Changing Economy*. Paris: OECD.

Palmer, N. A., Perkins, D. D. and Xu, Q.(2011), "Social capital and community participation among migrant workers in China", *Journal of Community Psychology*, Vol. 39 No. 1, pp. 89-105.

Peredo, A. M. and Chrisman, J. J.(2006), "Toward a theory of community-based enterprise", *Academy of Management Review*, Vol. 31 No. 2, pp. 309-328.

Putnam, R. D. (1993), *Making Democracy Work*, New Jersey: Princeton University Press.

Putnam, R. D. (1995), "Bowling alone: America's declining social capital", *Journal of Democracy*, Vol. 6, pp. 65-78.

Somerville, P. and McElwee, G. (2011), "Situating community enterprise: A theoretical exploration", *Entrepreneurship and Regional Development*, Vol. 23 No. 5-6, pp. 317-330.

Wallace, B. (2005), "Exploring the meaning(s) of sustainability for community-based social entrepreneurs", *Social Enterprise Journal*, Vol. 1 No. 1, pp. 78-89.

Wallace S. L. (1999), "Social Entrepreneurship: The role of social purpose enterprises in facilitating community economic development", *Journal of Developmental Entrepreneurship*, Vol. 4 No. 2, pp. 153-174.

Wang, S. T., Kuan, Y. Y., Chan, K. T. (2011), "The resource mobilization of CBSEs in Taiwan", paper presented at "3rd EMES International Research Conference on Social Enterprise", Roskilde University, Demark. July 4-7.

Wang, S. T., Kuan, Y. Y., Chan, K. T. (2013), "The importance of social entrepreneurship/social innovation on the development of the community–based social enterprises in Taiwan", paper presented at "4rd EMES International Research Conference on Social Enterprise", Liege University, Belgium. July 1-4.

Woolcock, M. and Narayan, D. (2000), "Social capital: implications for development theory, research, and policy", *The WOTU Bank Research Observer*, Vol. 15 No. 2, pp. 225-249.

Young, D. (2001), "Social enterprises in the United States: alternate identities and forms", Paper presented at an International Conference on Social Enterprise, University of Trento.

第十四章
臺灣社會合作社的治理個案

官有垣、王仕圖、陳錦棠、杜承嶸、韓意慈

壹、前言

　　以合作社形式成立的社會企業在歐洲已有長久的發展歷史，從十九世紀中期開始，此類型社會企業的概念與運作特質逐漸傳播於國際，至今可以在全球各地發現此類社會企業組織，例如農民合作社、儲蓄互助合作社、消費者合作社、住宅合作社等（Defourny, 2004: 4）。合作社的主要特性在於強調組織內部的利益關係人透過組織共同追求集體利益，利益關係人被鼓勵積極參與組織事務，因而從中可以獲得利益，是故合作社形式的社會企業發展的好壞，對於利益關係人的權益有頗大的影響。在義大利，社會合作社包括A型和B型兩種（Borzaga & Santuari, 2004: 171）：A型社會合作社（A-type social co-operative）強調提供社會、健康、教育等方面的服務為主；B型社會合作社（B-type social co-operative）則重視如何將弱勢族群整合入勞動力市場，強調本身的中介媒合弱勢者工作，包括輔導就業和創業。臺灣在日據時期即有SC的存在，到了二次大戰結束之後，西方傳教士更是積極在臺灣的山地與偏遠鄉村推動「儲蓄互助合作社運動」（官有垣，2004：166-186）。在過往的一世紀，合作社的發展，類似義大利社會合作社概念的組織在臺灣也真實存在，顯著的例子有「主婦聯盟生活消費合作社」與「原住民勞動合作社」等（轉引自官有垣等人，2012：82-83）。

　　本章的個案分析是根據官有垣等人的科技部專題研究計畫「臺灣與香港的社會企業之治理研究」（2012-2014）的成果資料，選擇三個SC研究個案進行論述，分別是「主婦聯盟生活消費合作社」、「大埔農產品生產合作社」，以及「第一照顧服務勞動合作社」。個案分析的內容架構聚焦於五個面向，分別是：(1) 創立與發展，偏重於分析組織特質，亦即該合作社的運作特質、經營現況與近年來的改變；(2) 人力資源聘用管理；(3) 在資源獲取上，與政府、企業部門及社區的互動情形；(4) 組織的「治理」狀況；(5) 社會與經濟目標之成就。

貳、個案分析

個案一：主婦聯盟生活消費合作社

一、創立與發展

「主婦聯盟生活消費合作社」源自「主婦聯盟環境保護基金會」裡的「消費品質委員會」，1993年該會引進日本「共同購買」理念，推動綠色消費運動，以環境保護、節約消費及支持在地農業為訴求。在合作社形成的過程中受到國內《合作社法》種種的限制，故改採《公司法》登記為「生活者公司」、「綠主張公司」，總社業務則委託「臺北縣理貨勞動合作社」辦理，同時發行《生活者》刊物，倡導合作社運動與綠色消費理念。2001年以1,799名社員為基礎，正式成立全國性的「臺灣主婦聯盟生活消費合作社」（以下簡稱「主婦聯盟合作社」）（李永志，2011）。至今有近5萬個家庭加入，從環境守護到共同購買，從消費力的集結到社會力的展現，透過「環保、健康、安全」的生活必需品，實踐綠色生活，支持地球永續（臺灣主婦聯盟生活消費合作社網頁，2016/1/20）。

主婦聯盟合作社以「共同購買」為核心，聚集關心自己、環境與生產者的消費者，按照生活需求以尋找有共同理想的生產者，提供安全、健康、環保的生活。理事主席S表示：「我們每天都在消費，但我們的消費行為每天都受制於生產者。我們只能從生產者生產出的東西做選擇，但產品是消費者要使用的，消費者在生產過程卻沒有參與意見，所以推共同購買是為了回歸消費的主導權。」（主婦聯盟合作社訪談，2014/7/29），亦即透過消費者直接與生產者對話、親身體驗生產環境以及人與人之間交流，共同解決彼此需求以達到社會互助。藉著推動綠色消費，改善環境品質，以計畫性消費及合理價格給予生產者支持；透過食品安全教育，讓人與土地都健康，這就是主婦聯盟合作社的綠主張（主婦聯盟生活消費合作社網頁，2016/1/20）。根據張美姍（2008）在〈消費合作社平抑物價之研究——以主婦聯盟為例〉的研究發現，「共同購買」不但有效穩定農民生產量與種類分配並大幅減少囤貨成本，且合作社免去中盤商剝削，以合理

菜價回饋社員，其管銷成本不但低於一般企業，加上社員盈餘分配亦減輕社員開銷。

　　有別於一般NPO，主婦聯盟合作社的治理以女性為主體，凝聚共識推動食物、環境、社區與性別平等的各項課題，並且挑戰傳統消費者與生產關係——消費者以價格取向講求物美價廉，生產者採取低成本策略以便提高獲利。該組織提倡生產者與消費者互助精神，以合理價格契作蔬果讓農民得以安心生產有機安全蔬果，這是傳統買賣關係未具備的新倫理（李永志，2011）。而作為「從事生產的消費者」[1]，與生產者一起產出生活材，透過共同預約購買凝結購買力，構築可持續發展的生產、消費的多元經濟（主婦聯盟生活消費合作社網頁，2016/1/20）。曹永奇（2006）也強調，主婦聯盟合作社的成立乃由主婦聯盟環境保護基金會參與「共同購買」的媽媽們為延續理念所創立的自主性組織，係為典型的社會企業——社會合作社。

　　主婦聯盟合作社目前（2015/12）在全臺設有5個分社，分別為北北分社、北南分社、新竹分社、臺中分社以及臺南分社。截至2015年底，社員人數已有63,125人，設有48個站所，共計400個班[2]。與主婦聯盟合作社簽約的契作有150位農友，其供應品項高達800多種，以友善農耕的方式，照顧600公頃的農地（主婦聯盟生活消費合作社網頁，2016/1/20）。至於合作社的年度營收方面，在2006年時，營業額僅約為新臺幣4億4千萬元，到了2013年，合作社的年營業額已達11億元多，到2014年底年營業額超過12億元，換言之，這八年期間（2006-2014），合作社的年度營收成長了將近300%。雖然在2008年時遭遇金融風暴，成長幅度停滯，但整體來說每一年仍是穩定持續的成長（主婦聯盟合作社訪談，2006/4/12；2014/7/29）。

1　意指能自主判斷，並進一步積極要求健康安全環保的生活材；有別於被動的購買者。
2　源自日本合作社組織概念，由社區中3到10位會員共同組成，並集體訂貨，為共同購買運作中的基本單位。

二、人力資源

主婦聯盟合作社在2006年工作人員約160人，八年後已增長至400多位員工，全職人員的工作包括物流、行政工作；而在第一線服務站多為兼職員工，約為150位，以二度就業婦女為主。合作社的理事主席S談及：「基本上大部分是以媽媽為主體，我們都在一個家庭裡面，媽媽其實最辛苦，如果說社會上可以提供一份穩定的工作，對這些媽媽來說是莫大的福氣。」（主婦聯盟合作社訪談，2014/7/29）。這也是主婦聯盟合作社的特色，其組織成員本來就是由一群媽媽組成，在工作人員方面必然會聘請媽媽，讓她們有一份穩定的工作。

除了正職工作之外，合作社的理事主席S強調：「我們會有part-time員工，因為有些二度就業婦女，如果她們在就近的站所，不用整天都掛在那，她們用排班的方式，選擇她們比較方便的時間跟站長協調好就ok，她們一方面有收入，還可以兼顧家庭的照顧。」（主婦聯盟合作社訪談，2014/7/29）。主婦聯盟合作社除了提供媽媽一份穩定工作，也因應母親的照顧需求而提供兼職工作。此外，合作社聘有一些社會弱勢的員工，分為兩個部分：一部分是合作社直接聘任，以精神障礙者為主，亦有其他障別者；另外一部分是與生產者合作，譬如販售來自喜憨兒麵包坊的麵包，其聘任的員工都是心智障礙者。

三、資源獲取的努力及與各方的互動

在與政府部門的互動方面，主婦聯盟合作社曾與內政部在「國際合作社年」共同推行「合作找幸福」，目的係宣導合作社知識。政府提供的經費多集中在合作教育，不過整體來說，政府角色在主婦聯盟消費合作社中是較為薄弱的。此外，政府積極推動WTO之際，導致資源過度集中於大型企業，使得中小企業面臨營運危機，因此主婦聯盟合作社所合作的企業多為中小企業，也支持中小企業組織。

再者，主婦聯盟消費合作社每年會提供結餘10%的公益金，以此筆款項作為發展合作社組織區域內合作教育及其他公益事業之用（主婦聯盟生

活消費合作社網頁，2016/1/21）。理事主席S表示：「對於社區關懷這部分，我們就是小部分的經費支持，至於社員的部分就有一些活動力比較強的會在站所成立小組去推動。」（主婦聯盟合作社訪談，2014/7/29）。主婦聯盟消費合作社主要透過好所在與取貨站進行社區服務的參與，內容包含社區才藝課程規劃、取貨站成為社區的交流場所以及創造社區就業機會（曹永奇，2006）。在國際交流方面，於2000年，臺灣主婦聯盟環境保護基金會與日本生活俱樂部生協聯合會婦女委員會、韓國幸福中心生產者協會，締結「亞細亞姊妹會」，往後每一年由三個國家輪流定期舉行國際交流會議。

四、組織的治理

在組織結構的變革方面，主婦聯盟合作社為因應組織成長快速的情勢，近年來在組織架構上有相當大幅度的調整。在分社改革的部分由原本僅有臺中分社、臺南分社，規劃成目前的北北分社、北南分社、新竹分社、臺中分社、臺南分社；而行政部分方面，除了當初的企劃部、組織部、產品部、管理部外，新增設人資行政部與財務資訊部。此一變革清楚劃分了各分社以及各部門的權責，在進行產品需求評估的時候納入更多元的考量（參見圖14-1）。

根據主婦聯盟合作社章程規定，理事會中設有11位理事，監事3位，並於每三個月召開社務會議，每個月召開理事會、監事會。理事會的性別比例以女性為主，目前為9位女性與2位男性。每250位社員選出1位社員代表，再由社員代表中選出理事。而11位理事中再選出3位常務理事，理事主席則由常務理事中選出。理事會下設有中長期計畫委員會、生活材委員會[3]、編輯委員會、教育委員會、國際交流委員會以及營運委員會，委員會通常由理事召集，各分社社員代表擔任成員。

主婦聯盟合作社組織決策通常經由理事會決議再送交行政團隊執行，

3　透過社員自主學習與調查，增進社員對生活材、產業及大環境的瞭解，照顧社員對生活材的需求，並協助產品自主管理制度之建立。

理事會通常是社務端的參與，而組織業務運作則由行政團隊執行，每個月兩次的理事會議通常由總經理負責報告。至於總經理的角色，理事主席S認為：「管理這個區塊，總經理這個職位是最重要的，坦白說內部的培養是不夠的，所以我們在總經理的人事異動算是頻繁的。」（主婦聯盟合作社訪談，2014/7/29）。對於總經理的選任其經歷背景並非主要考量，而是需要具備社會面與經濟面的特質，與組織核心理念是否相符乃重要因素。由此可知，總經理扮演著連結理事會與行政團隊的重要角色，但理事會仍扮演最後的決策角色。

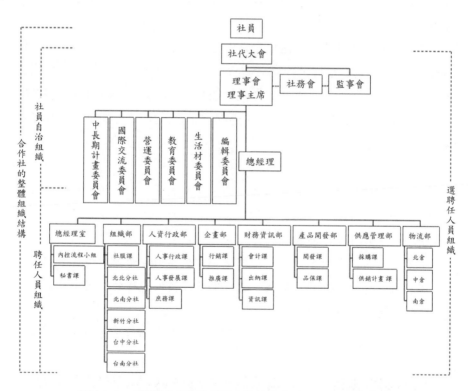

圖14-1　臺灣主婦聯盟生活消費合作社的組織架構

資料來源：臺灣主婦聯盟生活消費合作社網頁，2016/1/20

理事會裡設置的委員會，其功能運作在治理過程中扮演重要角色，譬如總社的「營運委員會」，除了理事的加入之外，行政部門的一級主管都

被納入，合作社的中長期計畫需要經過該委員會的討論。一般而言，每一個委員會都有理事搭配社員參與，而社員是從各分社派代表參加，例如編輯委員會是每一個分社派一名代表，教育委員會則是一個分社派兩名代表，很多的問題就是透過委員會來討論處理。總社的決策模式是如此，分社亦然，理事主席S指出：「比如說生活材委員會，我們在最基層的社員覺得，我們要開發怎麼樣的產品，會在分社的生活材委員會討論，得到共識後才會提到總社的生活材委員會討論。」（主婦聯盟合作社訪談，2014/7/29）。由此顯示，主婦聯盟合作社在組織管理上，民主式的治理是其特色，總社透過社員代表為媒介與各分社緊密連結，在決策制定上，綜合多方意見並通過層層評估後再執行。

　　主婦聯盟合作社的成長速度相當穩健，但在治理上也有一些隱憂，譬如組織發展過程中，因為政府並不是十分重視合作社，相對地，民眾對合作社的性質亦不甚瞭解，因此產生社員顧客化的現象，即社員往往將主婦聯盟合作社視為一間有機商店，於是形成了許多「睡覺社員」[4]。理事主席S指出：

> 會碰到這麼多睡覺社員是因為他們很多都是早期加入的，他們沒有參加過入社說明，對合作社不太理解，對產品的開發也不太瞭解。當時只有主婦聯盟在開發這樣一個市場，其他有機商店尚未那麼盛行，再怎麼不方便，他們還是會想要到主婦聯盟這邊。然而，當生意人看到這個商機，已經很多人投入這塊的時候，可能他家附近就有這樣的商店。
>
> （主婦聯盟合作社訪談，2014/7/29）

　　也就是說早期僅有主婦聯盟合作社時，社會大眾為了購買有機食品會到合作社，但是現在盛行有機商店，因此即使不繼續成為合作社的社員，還是能夠到其他商店購買有機食品，因而才會形成許多睡覺社員。

4　依《合作社法》規定不得開除社員，但若未按時繳交年費遭到停權，則無法參與合作社運作。

　　不過，理事主席S也強調，主婦聯盟合作社目前已積極針對社員強化合作教育、合作運動的理念，因此在2007年開始有入社說明會，社員必須聽完入社說明會，認識什麼是合作社，認識主婦聯盟的理念（主婦聯盟合作社訪談，2014/7/29）。藉由入社說明會傳達合作社宗旨，增加社員對合作社的凝聚力，強化對合作社的認同感，鞏固社員對合作社的支持。

五、社會與經濟目標之成就

（一）社會目標

　　在社會面的成就目標方面，首先是主婦聯盟合作社在消費行為與環境保護的連結作為。合作社發現不當的消費行為會直接或間接影響環境保護，因此致力於宣導正確的消費行為才是環境保護的根本所在，故在社員教育，理事主席S指出在教育的部分，會邀請生產者到合作社的服務站所來開課，或舉辦研習營等大型的教育宣導活動，譬如認識油品、透過生產者與專家的演講、增進社員對於產品的認識；再者，有時也會舉辦生產者之旅，例如帶社員至翡翠水庫上游的生產地瞭解種茶的過程。一般茶農通常採用慣行農法，而與合作社合作的生產者是用自然農法，甚至是用野放的，所以可以觀看他們產出茶葉的栽培過程（主婦聯盟合作社訪談，2014/7/29）。讓社員深入產地瞭解生產過程，雖然成本較高但社員透過實地探訪，不僅是對產品的理解，更重要的是兼具環境教育的意義。

　　其次在農友的照顧方面，相較國外合作社以低價吸引社員，主婦聯盟合作社更強調品質導向，除了滿足社員，也要照顧農友，以合理價格照顧農友，視其為伙伴關係而非傳統買賣關係。理事主席S認為：「農友有責任提供好的產品給社員，社員有義務要照顧農友生計，如此才能走得長久，合作長遠。」針對農友的財務支持部分，合作社目前有提供急難救助金以及無利息的貨款預借。理事主席S強調：「例如有個農民過世了，但小孩還小，即可發放急難救助金以協助這個孩子到高中畢業的註冊費與零用錢。另外是貨款預借辦法，當農民在栽培過程需要資金，在貨品還沒交之前，可以貨款預借，等採收之後，再從貨款裡面扣款，可以分期攤還。」（主婦聯盟合作社訪談，2014/7/29）。顯然此作為是合作社結合社

員力量共同協助農友，達到互助合作的社會目標。

在綠色消費理念下，主婦聯盟環保基金會擔任理念倡導者，而主婦聯盟合作社則扮演理念實踐者，如推廣有機農業、廚餘做堆肥等，讓抽象性的運動經由經濟行為具體化、持續化。2014年該組織覺察臺灣面臨糧食、能源自給率不足，加上老年人口急遽攀升，因此響應日本經濟學家內橋克人所提出「FEC自給圈」，呼籲以F（Food）意指食物與農業、E（Energy）為能源、C（Care）為照護、更廣義的福祉與社會互助，作為地區發展自給自足事業及永續發展的軸心，期望合作社實現共生共老的未來藍圖（主婦聯盟生活消費合作社網頁，2016/1/21）。由此可知，合作社的發展方向以基金會為主軸，以環保、自然、安全為核心，希冀透過互助合作與終生學習來改善社員文化與經濟生活，創造公義、健康、幸福、永續的社會。

（二）經濟目標

前曾提及主婦聯盟生活消費合作社的年度營收，在2006年時，營業額僅約為新臺幣4億4千萬元，但到了2014年，合作社的年營業額超過12億元，換言之，從2006年至2014年期間，合作社的年度營收成長了將近300%。然而，主婦聯盟消費合作社並不以營利為目的，產品平均成本率約在70%，管銷費用約在30%以內，營收結餘約在1-2%。每年扣除管銷費用後的結餘，有一半依社員該年利用額作分配，回歸每一位社員的股金。而結餘分配依照組織章程第七章第三十七條規定，當年終結算有結餘時，應先彌補累積損失，再分配股息（以不超過銀行利率為準），其餘平均分成100份，依規定辦理，其分配分別為社員結餘分配50%、公益金10%、公積金10%、特別公積金20%以及理事與職員酬勞金10%（臺灣主婦聯盟生活消費合作社網頁，2016/1/20）。

六、小結

主婦聯盟合作社係由一群媽媽從共同購買連動起的消費運動，其強調「環保、安全、健康」的生活必需品，特別在食安危機之下，食品安全成

為每一家庭最關注的議題。從1995年創立至今，該合作社在臺灣遍及各地，會員累積多達6萬人，因而也創造出400多個工作機會。不僅如此，在生產者端，合作社秉持社會正義價值，給予農民合理價格不從中剝削，使得農民能夠安心生產農產品。除此之外，合作社也關心與倡議環保議題如反核運動，且教育社員們環保意識。在組織結構方面其堅持民主式治理，每一社員皆有選舉、投票權利，社員、社員代表、理事、常務理事再到理事主席，層層結構之下，最後由委員會來實際執行與評估事務。主婦聯盟合作社從關心家庭餐桌食安開始，進而關心環境議題，也倡導合作社的理念，讓大家共同創造美好的在地生活。因此，簡單的消費行為也可以改變世界，使得世界變得更美好。

個案二：大埔農產品生產合作社

一、創立與發展

　　大埔農產品生產合作社的前身「青春不老隊」，於2004年3月，在屏東縣地方產業交流中心經營規劃小組幫助下誕生，此係由屏東縣高樹鄉大埔村社區居民組成，初期召募隊員17人（鍾秋香等，2004）。當年10月，青春不老隊由非正式組織立案成為「大埔農產品生產合作社」，以此朝向專業社區經濟組織發展，亦希冀藉由立案社團能獲得相關政府單位的協助。該合作社係以加工農產品聞名，其扮演中間角色，將農產品原物料送到合作社成員家中，待成品釀造完成後，再由合作社進行末端包裝、販售。為了著重於品牌行銷，在2011年成立「客庄孃孃釀造工坊」，建立釀造文化形象，以利行銷高樹鄉的農產品。

　　成立合作社主要緣由和目的，經理說：「說起來其實不是為了要營業，也不是為了合作社的本質，而是為了地方的產業，意即是要帶動、活絡這個地方。」（大埔農產品合作社訪談，2013/1/22）[5]。高樹鄉如同多數

5　以下引述「大埔農產品合作社」的訪談時，將簡稱「大埔訪談」。

農村社區，面臨人口老化、青壯人口外移等問題，因此合作社成立的目的是為了銷售當地農產品、活絡社區經濟，以此期盼青年返鄉工作，讓社區充滿生機。但是成立之初，鄉民有許多質疑的聲音，懷疑動機不單純甚至認為有政治意圖。回憶起當年的辛苦，經理說：「過程不堪回首。但是不難理解，因為這個社區是那麼淳樸，突然間有人在做，他會質疑你的企圖心，然後開始攻擊。」（大埔訪談，2013/1/22）。不過時至今日過去質疑消逝，甚至轉為主動尋求協助農業方面的問題，亦有愈多人願意加入合作社的釀造行列。

從種植農產品、加工到包裝販售，大埔農產品生產合作社成功經營一套獨特的模式，經理說：「這個過程中農民跟我們的末端銷售是最大贏家，因為農民獲取他們該有的報酬，末端的銷售也獲得他該有的銷售利潤。」（大埔訪談，2013/1/22）。不僅如此，藉由這個過程，合作社充權於社區農民，使之感受有價值、有成就感，亦達到馬斯洛需求理論層次中的自我實現。而且合作社成功活絡社區經濟、帶動社區發展，讓一個偏僻農村搖身一變成為高知名度的釀造農村。更重要的是創辦合作社的主要領導者為一名女性，此亦提供女性創業的成功案例，鼓舞臺灣的合作社發展。

二、人力資源

在人力資源方面分成農場、釀造工坊，農場聘用5名員工包含總幹事在內，寒暑假則會有一些工讀生。其薪資來源為農場收入，經理指出：「合作社自己有農場三公頃，可以養活這些員工，所以我們才敢大膽地放掉政府資源。」（大埔訪談，2013/1/22）。合作社不再與政府合作之後，企圖以農養工，進而達到自給自足、永續經營。而在釀造工坊區分為成員與社員兩種屬性，成員主要以大埔居民為主體，主要在推動社區產業。從成立非正式組織「青春不老隊」時的17人，到目前有21位成員加入；而社員則非限定大埔居民，係一群支持計畫理念的人。成員和社員最主要的差異，如經理所言：「社員是來支持理念、付出奉獻的人，真正要做社區產業的是工坊，是社區的居民，要先帶動的是這個社區居民。」（大埔訪

談，2013/1/22）。亦即，真正在釀造工坊做事的人一定是大埔居民，因為唯有先帶動社區居民才有能力為其他社區付出。

三、資源獲取的努力及與各方的互動

（一）政府

大埔農產品生產合作社與各界互動相當頻繁，可分為政府相關單位和企業。於2004年成立合作社之主要原因，即希望藉此獲得政府協助。經理強調：「這幾年下來，拿了政府的資源做產業行銷也滿多了，我覺得從裡面我們也得到一些概念、邏輯。」（大埔訪談，2013/1/22）。在政府相關單位中，合作社主要受到客委會、文建會的協助；勞委會則是資助多元就業開發方案，不過2011年後因為理念不合，便不再申請；而農委會應屬最適合協助合作社的單位，但是農委會的體系是農會，故此經費往往先撥款給農會，以至於無法分配給合作社。然而，這些合作過程中並非都很順遂，譬如勞委會的多元就業開發方案，經理感慨說：「多元就業計畫做了六年，拿了五年績優，表示我們沒有浪費政府的錢，然後到第六年，我們覺得這一塊肉要割掉，因為政府消耗我們很多資源，也消耗很多時間跟金錢，我們沒有因為多元的補助而賺錢。」（大埔訪談，2013/1/22）。對於合作社而言，與政府合作最重要的便是從中可以成長，然而有時卻得到反效果。未來若還有機會與政府合作，經理認為，要引導政府，就像在輔導居民一樣，讓他更正確地把錢放在那裡（大埔訪談，2013/1/22）。政府和合作社的關係應屬於錦上添花，不應是一味砸錢、要求成果報告，卻反而拖垮組織成長，如同經理表示：「以後若要靠政府，可要很清楚地知道這個計畫的藍圖跟要做的方式是什麼，不再盲目地靠政府，而是要有積極的方向在。」（大埔訪談，2013/1/22）。

（二）企業

在與企業的合作部分，因應政府資源退場之後，大埔農產品生產合作社為求經營、添購營生機具，進而接受代工以創造營收。經理說：「我們開始接受所謂的代工，我們今年讓政府資源退出去之後，必須有更多的營

收，所以我們把一部分盈餘買了碾米機，然後開始對外代工碾米，這個東西都可以創造我們的盈餘。」（大埔訪談，2013/1/22）。合作社企圖開創通路如超商、臺糖公司，讓農產品可以在更多地方上架販售。但是，過程中合作社必須顧及社區利益又要達到營收目的，因此賺得利益也相當有限。不過，經理強調：「譬如，雖然我們在毛利上賺一萬塊好了，可是我們卻可以創造相當數量的農產品，而且又可以打地方的品牌。」（大埔訪談，2013/1/22）。因此，歸納而言，在政府資源退卻後，合作社添購營生機具，進而接受企業、超商、量販店等代工以創造營收，雖然代工賺取的營收微薄，卻可藉此為合作社代工途徑增加知名度，此外，經由代工也增加與企業合作的管道，近幾年合作社的通路也日益多元化，達成「自給自足、以農養工」的模式。

四、組織的治理

在組織治理部分，大埔農產品生產合作社的治理單位為小型的理事會，由3位理事和3位監事組成，理監事成員背景為農民、在地居民或是當地公務人員。雖然規模小，但是經理指出：「不主張理事會規模一下子擴充到很大，寧願規模稍微小一點。因為畢竟這是我們大家一起有的共識，大家本來就認同要做這些事情，讓很多人進來時，這個地方開始就會分裂、有派系。」（大埔訪談，2013/1/22）。大埔社區的老人居民共有100多位，只有21位加入合作社。合作社非常強調認同感，即使規模小人不多，但是把事情做好，大家一起成長才是最重要的事情。而在盈餘分紅方面，合作社強調利益共享，經理說：「我們一開始就說未來的盈餘就是要放在做地方福利工作。」（大埔訪談，2013/1/22）。然而目前為止尚未分紅，合作社將盈餘繼續投資於設備，或地方上的社會福利，使社區發展生生不息。

五、社會與經濟目標之成就

大埔農產品合作社成立的其中一個重要目標，就在於讓社區老人能夠經由此一產品的製作而增加收入。故當訂單量大而無法即時因應時，合作

社會讓更多老人參與製作，一方面增加老人的額外收入；另一方面，透過製作產品獲得肯定，增進長者們的成就感。經理強調：「讓更多老人做，對老人家的所得增長有助益。老人本身不是為賺錢而加入、而去做這些，反之，他們覺得你肯定我的東西就很開心。」（大埔訪談，2013/1/22）。而合作社也不斷持續提升行銷管理的技能，例如2004年由財團法人婦女權益促進發展基金會出版的《黃昏的朝露——青春不老隊醃漬傳奇》，談及青春不老隊到合作社從無到有的過程。又或是近幾年合作社出版刊物，讓大家瞭解合作社的經營理念、生產的農產品，也教授如何食用農產品，或如何烹飪客家菜餚。這些再再證明合作社不只是追求獲利，更強調於社區居民、整體社會，包括合作社在內，都能在經濟目標上雙重獲益。

　　而在社會目標成就方面，首先要瞭解合作社成立目的從來都不是只為了服務成員而是整個社區，過程中合作社讓社區居民獲益，亦是一種集體利益的概念。例如在2009年的莫拉克風災，切斷了社區的水源，高樹鄉產業文化與農產品行銷有一大部分是依賴鄰近的觀光景點，也在這次的風災摧毀了。外界各地都想要幫助高樹鄉，所幸因合作社的知名度，很快連絡上並給予協助，經理指出：「外界因為在高樹找不到對口，會找上大埔，所以大埔變成一個災害的資源平臺。」（大埔社訪談，2013/1/22）。

　　在盈餘投資方面，合作社有一願景，即「看到釀造想到大埔」，經理強調：「你進到大埔，挨家挨戶就可以交易。一個單位出名不代表一個地方出名，我要整個地方出名，消費者可以挨家挨戶交易，這個叫釀造之家，所以我們在打造一個全社區的釀造之家。」（大埔訪談，2013/1/22）。也就是說合作社並不僅想要賺錢，更是希望藉由釀造之家的知名度，讓家家戶戶都能因此獲得利益。除此之外合作社還要創造亮點，與企業合作建設光電能源農場。釀造之家的知名度加上光電能源農場的話題性，必定為合作社帶來一波又一波的觀光熱度，大大行銷其農產品，帶動社區經濟發展。最終，合作社希望藉此能讓青年返鄉，青年返鄉不僅是高樹鄉農村的願景，亦是所有農村的期待。面對人口老化、青壯人口外移嚴重的問題，若是家鄉有工作機會能留住青年人，必然會解決社區照顧、農業凋零等社會問題。

六、小結

　　大埔農產品生產合作社成立目的係為解決社區居民的農業凋零問題，過程中帶動社區經濟發展，亦帶來觀光商機。合作社一直是以商業角度看待營運，但卻也產生許多社會影響，如充權於社區居民使之產生成就感，以及成功發展高樹鄉的農產品，使之成為高知名度的客庄嬤嬤釀造之家。不僅如此，合作社儼然成為高樹鄉的資源平臺。合作社的治理模式尚屬小型理事會，多是由經理及少數幹部支撐合作社的營運，但是其能成功發展亦是靠這一群社區成員的努力堅持。過往家家戶戶都會製作的傳統美食，在包裝商品化過程後成為一個有價值、傳承文化的商品。

個案三：第一照顧服務勞動合作社

一、創立與發展

　　屏東縣萬丹鄉為莫拉克颱風的重災區，當時（2009年）屏東縣慈善團體聯合協會至當地協助救災，而後接受內政部委託進駐至萬丹鄉成立「莫拉克颱風屏東縣萬丹鄉生活重建服務中心」（以下簡稱為「重建服務中心」），並對2,789戶的受災戶展開需求普查，統計結果顯示就業服務需求最高。所以，如何創造在地就業機會與增加收入來改善家庭經濟，並讓「災後生活比災前更好」，即成為當時萬丹鄉災後生活重建的重要工作。然而，災後生活重建服務僅提供三年，內政部期望民間有規模的機構能設置服務據點長期駐點於災區，若機構規模不大，則期望在這三年間重建服務中心能輔導一個在地團體留下來服務災民。因此，在莫拉克風災二週年（2011年8月）時，重建服務中心輔導成立「屏東縣第一照顧服務勞動合作社」（以下簡稱為「第一照顧勞動合作社」），其使命在於傳遞「專業的服務」、「良好的信譽」與「無私的愛」之精神理念。第一照顧勞動合作社主要目的在於幫助萬丹鄉失業婦女開創在地就業機會，透過從事居家服務、家庭托顧與社區日間照顧服務等工作來增加家庭收入。

第一照顧勞動合作社的創立與發展之關鍵人物為前屏東縣社會處處長——倪榮春先生。倪榮春考量我國老年人口不斷增加，照顧服務的未來市場將逐漸擴大，老人照顧服務是可以大力推廣的產業，且照顧服務是從在地所衍生的需求，屬於較不易外移的產業。在第一照顧勞動合作社成立之後，便承辦屏東縣長期照顧管理中心的屏東市、長治鄉、萬丹鄉、麟洛鄉等區域服務，截自2013年11月止，已有130位服務對象。除此之外，勞動合作社的成立同時鼓勵屏東縣其他相同性質的組織成立，如獅子鄉的「幸福原住民照顧服務勞動合作社」與萬丹鄉的「承福照顧服務勞動合作社」（第一照顧勞動合作社訪談，2013/11/27）。

因為是合作社的型態，第一照顧勞動合作社以認股方式進行社員股權認購，一股100元，一位社員至少認購十股，即為1,000元，日後社員仍可隨時增加。初期號召社員加入，僅有7位受過照顧服務員訓練的人來認股響應，然而，屏東縣政府社會處規定至少要20位社員，且皆需受過110小時照顧服務員的訓練，亦或是有護理專業背景的人加入。創辦人開始向身旁的人宣傳合作社的理念來召募社員，很多人亦紛紛介紹人加入，因而順利成立勞動合作社。

二、人力資源

第一照顧勞動合作社截自2013年11月止，有17位照顧服務員、2位居家服務督導與1位社工，共計20位，皆為社員。照顧服務員的薪資則依服務的案量與時數多寡計算，每位照顧服務員平均月薪約為22,000元，若服務時數較多者，可達34,000元（第一照顧勞動合作社訪談，2013/11/27）。另外，居家服務督導與社工屬於合作社的專職人力，總經理則為不支薪的志工。由於照顧服務員來自於各地區，若限定服務萬丹鄉的鄉民，反而綁手綁腳，所以勞動合作社的服務範圍包含萬丹鄉、屏東市、麟洛鄉與長治鄉，並非僅侷限於萬丹鄉。在接案的過程中，勞動合作社會考量交通成本，而照顧服務員各分居於萬丹鄉、屏東市與內埔鄉等區域，內埔鄉則鄰近於麟洛鄉與長治鄉，正好可以負責這二個鄉鎮。綜上觀之，勞動合作社在服務範圍與照顧服務員的居住地能相互搭配，對於勞動合作社而言，可

減少許多交通成本。另外，由於照顧服務員多為有家庭的婦女，所以若能在住家附近工作且工作時間彈性，可讓照顧服務員同時兼顧家庭。

三、資源獲取的努力及與各方的互動

（一）與政府之間的互動

由於成立時間為2011年8月初，當年已過公部門社會服務契約委外的最佳時機點，第一照顧勞動合作社雖然可以開發自費的服務方式，但是在屏東縣較難，因為即使是有政府補助，民眾也多捨不得申請，若以自費的服務方式更是難上加難。直至2012年屏東縣政府長期照顧管理中心要重新招標時，第一照顧勞動合作社便積極參與投標，進而開始進行服務。勞動合作社除有公部門轉借而來的服務對象外，亦有開發自費的服務對象。

第一照顧勞動合作社在辦公處所的房租、照顧服務員的勞健保費用與社工員的薪資皆有政府部門補助，另外亦有行政費用可補助水電與影印等費用，最大宗的負擔為照顧服務員的勞健保費用與勞工退休準備金。由於政府部門的補助，減輕勞動合作社的營運成本壓力，但是政府部門的行政程序繁雜等因素，常延遲給付相關款項，致使勞動合作社需要先墊款的狀況發生。受訪的勞動合作社經理表示：

> 照顧服務員的勞健保費，我們雇主要負擔70%，自己出30%，這70%，政府又補助我們90%，所以還可以支撐下去就是這樣子。政府的用意就是希望一個小時一百八，全部要給照顧服務員，精神是這樣，所以有些照顧服務員來應徵，我說你不用煩惱，我們的福利會不會比人差？絕對不會，因為合作社沒有中間剝削的問題，全部都是公開的，應該分配多少就分配多少。
>
> （第一照顧勞動合作社訪談，2013/11/27）

四、組織的治理

截自2013年止，共有35位社員，皆受過照顧服務員的訓練，其中有17位社員為第一照顧勞動合作社的照顧服務員。理監事會是由5位理事與3位監事所組成，其中，有1位理事與3位監事為勞動合作社的照顧服務員。由於成立初期，理事主席更換頻繁，因為要找到認同勞動合作社使命的理事長並不容易。在創立初期，首任理事主席是一位在萬丹鄉相當有聲望的人，但由於其歲數年長，家中子女認為不妥，因而退出勞動合作社。第二任理事主席是一位以商業為導向的經營者，在薪資的給付上，並非採取實支實付的方式，使得勞動合作社的專職員工不願繼續留下工作，理事主席最後亦辭去職位。第三位理事主席則是一位企業家，給予許多經營管理上的指導，但由於理事主席看到若妥善經營照顧服務的產業，可獲得良好的利潤，尤其是在高雄地區，所以退出勞動合作社，選擇到高雄地區成立新單位。創辦人亦是現任經理強調：「合作社的靈魂人物還是經理，理事主席只是掛個名，所以這個十字架一定要我來背。」（第一照顧勞動合作社訪談，2013/11/27）。顯然，在第一照顧勞動合作社中，亦是現任經理的創辦人是維繫組織正常運作與發展的核心人物，從合作社的成立或政府標案的爭取等，皆是由其主導，具有相當的影響力。

五、社會與經濟目標之成就

在受訪過程中，經理曾提及：「這些照顧服務員都是中高齡，年輕的不會來當，都是中高齡經過世事滄桑，知道生活不是這麼好過，才會肯吃苦，我們很明確就是這樣的社會目的。」（第一照顧勞動合作社訪談，2013/11/27）。因此，勞動合作社營運的社會目標，即是創造中高齡失業婦女再就業的機會。截至2013年11月止，勞動合作社已提供20個就業機會，包含17位照顧服務員與3位專職人員，並預定在2016年創造100個就業機會。另外，經理有針對照顧服務員的狀況進行說明：「單親媽媽都很拼命工作，她們賺的錢幾乎都是兩萬八、兩萬九、三萬多這樣，因為她們需要錢，所以你排愈多的時間給她，她就愈高興，她連禮拜六都願意出來服

務。」（第一照顧勞動合作社訪談，2013/11/27）。由此可看出這份工作對於照顧服務員而言，具有一定重要性。由於照顧服務員有近半數為單親媽媽，在屏東縣難以就業，所以勞動合作社提供她們工作機會，有助於她們維持家庭生計，給予實質的協助。

此外，勞動合作社章程即規定盈餘的分配，即公積金15%、公益金10%、社員分配金65%與酬勞金10%，其中，酬勞金是每月出席開會即給付。由於2012年才實際提供服務，所以2013年時暫無提撥公積金，但是勞動合作社多運用重建服務中心的資源，且政府亦有補助行政費用，所以在辦公室的相關行政事務大多不需支付費用（第一照顧勞動合作社訪談，2013/11/27）。關於人事費用的支出的部分，勞動合作社採公開透明，應有福利與薪資皆照實給付。因此，有照顧服務員提及此份工作相較於之前的工作，薪資與福利皆較為優渥，對於家庭經濟具有實質的幫助。

六、小結

第一照顧勞動合作社成立之時，有許多資源是承接於重建服務中心，所以大多數的資源是來自於政府，而與其他服務單位亦建立良好的互動關係。在組織治理的方面，勞動合作社的創辦人亦是現任經理為重要的靈魂人物，即使在理事主席不斷更替的情況下，經理仍堅守職位，帶領勞動合作社持續運作。在過程中，勞動合作社對於使命的堅持，期望理事主席能是一位共同守護使命的人，而非以營利的角度來看待勞動合作社定位。最後，在社會與經濟目標的成就方面，由於勞動合作社從創立初期已有明確的社會目標，即為創造中高齡婦女再就業的機會。雖然成立距今時間並不長，但仍持續實踐此社會目標，並給予照顧服務員合理的薪資與福利待遇。對於中高齡婦女而言，經濟支持是最為實際且迫切需要的協助。在盈餘分配的部分，經理預計將公益金回饋於社區，使更多社區居民能受惠，「取之於社會，用之於社會」，帶來更多善的循環，以創造與社區共榮的光景。

參、討論與意涵

本章討論三個臺灣SC案例，著重於治理結構和社會影響層面。將三個案例依照組織規模可分為全國性與地方性的合作社型態，主婦聯盟合作社的組織體系最為健全，分布於都市型縣市且各有分社，社員人數眾多，為全國性的組織型態。另外二個組織是由屏東縣在地社區工作者所組織而成的合作社，社員人數較少，主要為當地居民，係為地方性的合作社型態。

一、治理層面

首先在治理層面上，全國性和地方性這兩種合作社的型態，在理監事會結構上所呈現的樣貌截然不同。前者由於組織規模龐大，其有五個分社，社員多達6萬多人，遍及全臺各地，必然需要嚴謹的組織章程和制度來支撐合作社的運作。因此在組織架構與運作上，形成一套完整的體制，尤其在理監事會上，分設各委員會負責不同事項，共同分擔合作社的相關事務，因此理監事會在組織治理的過程中扮演相當重要的角色。反之，後者由於組織規模較為小型，在治理層面上不同於前者嚴謹、系統性的管理，其原因在於社員主要為在地居民（尤其是社區長者），或是從事照顧服務的工作者，對於組織治理較無心參與，因此主導合作社相關事務大多是合作社的管理者，如經理人員。

再者，全國性和地方性的組織差異亦可以從理事會成員背景觀之，主婦聯盟合作社中其理監事會係在規模龐大的社員中，透過民主體制選舉而成，可想而知其成員背景相當多元，各有其專業知識；不過地方型的合作社，理事會成員背景多為在地農民、一般公務人員與居民等等，背景較為單一化。因此，在組織治理的過程中，依照成員背景的專業知識亦會有所不同，例如大埔合作社的理事會成員係在地農民為主，經理人員在專業行銷方面，便會加強與政府、企業、其他民間組織等合作來補充專業知識。

然而，兩者的治理模式皆有利有弊。主婦聯盟合作社的優勢在於組織體制完善，可以發揮社員所長，追求共同最大利益；劣勢則在於雖然社員

眾多，但同時亦有許多「睡覺社員」，對於該合作社的相關事務並不理解，不過合作社已針對此部分做出對策，開始進行社員教育。大埔合作社和勞動合作社的優勢在於它是從地方的需求與產業開始發芽，凝聚在地力量追求社區共榮，讓在地人服務在地；劣勢則在於合作社的管理主要由一人或極少數人擔當，在永續發展上易面臨困境，改善之道需培植與結合更多在地力量，一同參與治理過程。

　　整體而言，在治理的角色上，這三家SC的運作頗重視共同參與決策的價值。再者，其呈現的治理模式與組織年齡及組織目標相關。隨著組織年齡增加、組織運作範圍擴大，運作方式就更加朝向重視民主價值的方向轉變，當然也日益強調科層化的治理模式，以因應不同分區或龐大的社會事業的管理需求。

二、社會與經濟目標的成就

　　在社會與經濟目標的成就，由於每家合作社的成立皆有其不同的宗旨與使命，所欲達成的目標亦有所不同。首先，主婦聯盟合作社為倡議型團體，提倡綠色主張、消費運動、環境保護與支持在地農業，期望帶領社員共同創造安全、健康、環保的生活。大埔合作社則聚焦於以農產品的生產照顧社區老人，並帶動社區經濟與期盼青年返鄉。最後，第一照顧勞動合作社期望創造更多在地的就業機會。綜觀此三個案例的宗旨與使命，皆希望藉由合作社這個組織來凝聚社會大眾的力量，解決社會問題與發展當地產業特色。

　　在社會目標方面，三個案例有一共同之處，即是均有提供工作機會。主婦聯盟合作社有400多個工作機會；大埔合作社的農場有5位員工，寒、暑假期間則會有工讀生；第一照顧勞動合作社則有20位員工。合作社聘雇的員工多為二度就業的婦女，有些也是單親媽媽，因為她們在求職的過程中較為艱辛。因此，透過提供工作機會的方式，協助家庭能經濟獨立。重要的是，三個案例皆強調社會正義，合作社提供工作機會外，不從中剝削，亦會替每一位員工納保。除了與社員之間關係強調社會正義，於相關利益人亦是強調公平分配。譬如，主婦聯盟合作社與生產者的合作中，強

調農民獲得合理價格使其能安心生產；而大埔合作社亦是如此，收購農產品過程中也不抽成，給予農民公道價格。因此，有別於一般公司或組織，三者皆認為必須公平分配，讓社員及其相關利益人皆能獲得應有的福利與保障。

歸納而言，三個案例的社會影響可分為三種層次：第一層次為促進弱勢就業，包含基層與二度就業婦女、社區老人、受風災失業的婦女等，培訓這些難以進入傳統勞動市場的人員使之就業。第二層次牽涉到弱勢者培力與自主價值的建立，即就業本身能對當事者所帶來的正向影響與充權之。第三層次則是透過合作社的建立與推展擴展組織理念，向社會大眾倡議不同的價值觀，譬如，主婦聯盟推展綠色消費。

至於經濟目標的成就，合作社強調組織內部的利益關係人共同追求集體利益，所以利益關係人需積極參與組織的事務，因而從中獲益。由於合作社的組織特性，主婦聯盟合作社與第一照顧勞動合作社，將50%以上的盈餘回饋社員；而大埔合作社則是成立初期，即向社員說明盈餘將投入設施設備與老人福利。由此可知，這三家合作社的組織章程上，皆有明文規定盈餘的分配，強調將盈餘回饋社員或當地發展和社會福利的重要性。

本章的分析顯示，三個案例皆呈現充沛的社會企業的樣貌，亦即，以經濟為手段來改變或解決社會問題。主婦聯盟合作社的共同購買、大埔合作社的客庄嬤嬤釀造工坊或是勞動合作社的照顧服務，皆是販售商品、提供服務，因此三者共同貫徹的理念是以商業行為回饋社會並帶來經濟上的循環改變，也依著合作社的盈餘分配理念，將賺得的利益回歸組織繼續投資，或回饋社員。亦即，如同主婦聯盟合作社所倡導的理念——「用消費改變世界」。

參考文獻

鍾秋香、廖國秀（2005），《黃昏的朝露──青春不老隊釀漬傳奇》。臺北：
    財團法人婦女權益促進發展基金會。

官有垣（2012），〈社會企業在臺灣的發展─概念、特質與類型〉，收錄於官
    有垣、陳錦棠、陸宛蘋與王仕圖（合編），《社會企業：臺灣與香港的比
    較》。高雄市：巨流。

官有垣（2004），《半世紀耕耘：美國亞洲基金會與臺灣社會發展》。臺北：
    智勝文化事業公司。

李永志（2011），《臺灣民間社團與非營利企業之發展及其特色──以「臺灣
    科學振興會」及「主婦聯盟生活消費合作社」為討論案例（1930-2010）》。
    淡江大學歷史學系碩士論文（未出版）。

曹永奇（2006），《社會企業的社會經濟運作之探討──以主婦聯盟生活消費
    合作社為例》。國立中正大學社會福利所碩士論文（未出版）。

張美姍（2008），《消費合作社平抑物價之研究──以主婦聯盟為例》。逢甲
    大學管理碩士在職專班碩士論文（未出版）。

黃志忠（2011），《照顧災民屏東縣第一家照顧服務勞動合作社8.8成立》。
    檢索日期：2014/10/12。網址：http://www.thecommonsdaily.tw/2011/8/805/
    KKP3/kkp03-05.htm

保證責任屏東縣高樹鄉大埔農產品生產合作社（2016），關於高樹鄉大埔合作
    社。高樹鄉大埔合作社，2016年1月21日。網址：http://dabu.com.tw/

臺灣主婦聯盟生活消費合作社網頁（2016），《認識合作社》。檢索日期：
    2016/1/20。網址：http://www.hucc-coop.tw/

【訪談資料】

屏東縣高樹大埔農產品生產合作社經理，2013/1/22，地點：屏東縣高樹鄉。

屏東縣第一照顧服務勞動合作社創辦人，2013/11/27，地點：屏東縣萬丹鄉。

臺灣主婦聯盟生活消費合作社理事主席，2006/4/12，地點：臺中分社。

臺灣主婦聯盟生活消費合作社理事主席，2014/7/29，地點：臺北總社。

Borzaga, C., and A. Santuari (2004), "Italy: from traditional co-operatives to innovative social enterprises," in Borzaga, C. and Defourny, J. (Eds.), *The Emergency of Social Enterprise*, London and New York: Routledge.

Defourny, J. (2004), "Introduction: from third sector to social enterprise," in Borzaga, C. and Defourny, J. (Eds.), *The Emergency of Social Enterprise*, London and New York: Routledge.

第十五章
香港社會合作社的治理個案

陳錦棠、官有垣、王仕圖、杜承嶸

壹、前言

　　合作社在香港的發展可追溯至上世紀，當時香港工業並沒有發展，仍然依靠漁業和耕種，因而早期的合作社是在漁農署登記和註冊，目的主要是協助農民及漁民以合作社之形式來彼此扶助，從而香港的《合作社條例》幾十年來都沒有更改。伴隨著社會企業的發展，除了WISE及CBSE外，近年有一些社會企業是以合作社的方式來營運。本章主要的目的是欲瞭解SC的性質、定義，以及一些類別和運作方式。此外，本章亦分析香港SC的狀況及合作社條例之內容。最後，以兩個不同的個案來分析SC的治理和社會影響。

　　根據Thomas（2004）的界定，合作社具有彼此互惠互助的目的，進而協助股東或相關持分者生產物品及利益的權利（Thomas, 2004: 247）。當中，SC具有八大基本原則：(1) 內在互惠性（internal mutuality）、(2) 外在互惠性（external mutuality）、(3) 利益分配（non-distribution of profit）、(4) 參與性（participation）、(5) 代表性（representation）、(6) 可接觸性（accessibility）、(7) 跨代共融（inter-generational solidarity），以及(8) 跨合作社共融（inter-cooperative solidarity）。

　　總體而言，合作社是以協力方式，改善相關的「股東」或會員的權益，以達至整體的最大利益。在西方社會，SC的會員可大致分為三大類（Thomas, 2004）：(1) 以借貸及接受貸款的會員（lending or funding members），這些都是以貨品提供或服務提供來換取一些經濟收益；(2) 受益者或使用者會員（beneficiary/user members），例如一些長者或傷殘人士或其親屬；(3) 志願者或義工會員（volunteer members），則是指個人提供了一些服務，目的是推展社區內的人力資源，以整合區內的居民。

　　至於SC的活動以及運作方面，以義大利為例，SC較為多元化，業務可包括家務助理服務，以協助殘障、兒童以及長者。另外，亦包括一些職業培訓、就業提供、手工藝品之製作及生產，以至勞動密集較高的農業耕作、漁業及公平貿易等。因此，SC可促進：(1) 教育功能，即為其他的社群提供輔導和協助；(2) 社會融合功能，使一些弱勢社群能重新融入主流

社會，不至被社會排斥；(3) 職業再培訓，為會員提供職業訓練，希望會員能重新投入勞動市場就業。

　　根據Defoury及Nyssens（2012）的分析，歐洲的SC可追溯到上世紀二次世界大戰後。在1950年代，由於剛剛受到戰爭的傷害，居住及貧窮都是人們面對最大的痛苦。有不少宗教及慈善團體都紛紛組織人民，鼓勵彼此互助及參與，以改善生活品質。到了1960年代及1970年代，由於民主意識以及公平與平等的思潮湧現，公民社會運動也開始活躍起來，以改善社會裡的各類問題，甚至提供服務與倡議政策。到了1980年代，由於世界整體環境的蕭條，經濟不景氣，政府削減公共開支，並且持續面對大量失業數字，社會運動者為了要面對這些失業人士的生計需要，所以把這群人士組織起來，以自助自救方式，成立SC來改善生活。誠然，香港SC的出現，也是基於同樣的背景和原因。

貳、個案分析

個案一：母嬰康逸協會有限公司

一、創立與發展

　　在香港，母嬰康逸有限公司（以下簡稱為「母嬰康逸」）創立與發展過程中，與循道衛理觀塘社會服務處（以下簡稱為「觀塘社會服務處」）的關係密切。起初，觀塘社會服務處於1966年在觀塘成立，由於觀塘為工業區，多為基層勞工與新移民居住之地，所以觀塘社會服務處開始提供勞工服務，關心他們的就業狀況。然而，在1998年亞洲金融風暴發生之際，失業勞工日漸增多使得家庭經濟出現危機，致使家中婦女決定出來找工作，但她們學歷、工作經驗與年齡的「三低」困境，成為找工作的阻礙。然而，觀塘社會服務處在提供婦女服務的過程中，發現她們對於照顧嬰兒有豐富的經驗，便針對此優勢設計一系列課程，並請專業師資重新包裝她們，教導照顧嬰兒的相關知識，並創造陪月員的工作機會，協助成立「母嬰康逸社」。

　　母嬰康逸的發展過程可分為四個時期，分別為探索期、發展期、鞏固期和快速發展期。在探索期（2000-2003年）時，由於觀塘社會服務處的資源有限情況下，僅能提供婦女們就業服務，而後來婦女們自行管理內部事務，觀塘社會服務處則在協助服務媒合與宣傳的部分。在發展期（2003-2005年）時，母嬰康逸獲得政府「社區投資共享基金」（Community Investment and Inclusion Fund）兩年資助，開設八項課程，提升陪月員的服務品質，並獲得許多免費宣傳的機會。在鞏固期（2005-2008年）時，由於政府資助撤離，而再次使用觀塘社會服務處的資源來支持母嬰康逸。此時，觀塘社會服務處聘用其單位員工至母嬰康逸協助發展，成立內部小組，開始有初步的組織架構體系，一些業務的決策權已由母嬰康逸掌握，觀塘社會服務處同工則主要擔任顧問的角色。即使如此，母嬰康逸仍歸屬於觀塘社會服務處的管轄範圍。在快速發展期（2008-2011年）時，母嬰康逸已掌握主要決策權。在此階段，母嬰康逸亦透過香港理工大學EMBA學生的協助，於2010年11月正式成立「母嬰康逸協會有限公司」，並自勞工處申請領取職業介紹所牌照，成為以「合作社模式」營運的社會企業（母嬰康逸協會有限公司網頁，2016a）。

　　母嬰康逸提供的服務，包含陪月員與褓母。陪月員是針對嬰兒與產婦提供相關照顧服務，可依服務對象的需求設定期限。在嬰兒的部分，包含照顧嬰兒起居飲食，並指導和交流育嬰的心得與方法等；在產婦的部分，包含依照產婦體質烹調飲食與調理身體，並教導產婦在坐月子期間的保健知識與產後運動等。另外，亦有提供褓母服務（母嬰康逸協會有限公司網頁，2016b）。目前，母嬰康逸的工作範圍已遍布香港各地，透過擁有豐富經驗的陪月員照顧與陪伴，讓產婦與嬰兒能獲得妥善的照顧服務，同時亦創造婦女的就業機會。

二、人力資源

　　截自2011年4月為止，共計約有80位會員，亦為母嬰康逸的陪月員。從成立迄今，有些會員的流失是因為自行創業，累計已訓練約300位陪月員。母嬰康逸亦有褓母服務，因為雇主不放心將嬰兒交由外傭照顧，較信

任陪月員，母嬰康逸因而訓練一批婦女成為褓母。一開始，薪資是由雇主與陪月員之間協議即可，所以陪月員會自行與雇主簽訂雇傭合約，並放一份雇傭合約至母嬰康逸留存作記錄，且當獲取收入時會將6-8%放於母嬰康逸的基金內，其餘則為陪月員的收入，陪月員的收入約港幣8,000-10,000元左右，乃依據其工作內容與時數而定。從2015年4月開始，母嬰康逸明確規定雇主需交付的行政費用、每日陪月之時數和每週天數應給付之薪資與特別服務費用（詳細情形請參閱，母嬰康逸協會有限公司網頁，2016c）。

　　要成為母嬰康逸的會員需先參與培訓，並通過考試才能加入。母嬰康逸的總幹事提及：「我們所提供的課程都是由醫生、護士、心理學家、中醫師、營養師提供的，考試都是由他們負責，很有規模，他們要通過不同的考試才能加入。」（觀塘社會服務處訪談，2011/4/8），藉此說明母嬰康逸相當重視陪月員的素質，且透過每個領域的專家提供指導，使得陪月員能獲得各方面的專業知識，確保每位陪月員有一定的品質。然而，起初培訓過多新會員在管理上可能會造成衝突，總幹事表示：「有些資深的會員會覺得母嬰康逸社好像自己的嬰孩，但是也有些後期進來的只懂得賺錢，投入感沒有之前的那麼強，所以在管理方面也會出現利益衝突。」（觀塘社會服務處訪談，2011/4/8）。由於衝突造成彼此的關係緊張，使得母嬰康逸開始反思，認為最重要的應是確保團隊的凝聚力，讓合作社能穩定運作，而非不停地接生意。因此，母嬰康逸改變過去的作法，不再汲汲營營地訓練新人，而是經營好合作社的品質與團隊的凝聚力。

三、資源獲取的努力及與各方的互動

（一）與政府之間的互動

　　其實母嬰康逸與香港政府之間的互動鮮少，主要的互動是在2003至2005年期間申請「社區投資共享基金」，得到兩年的政府資助。該次資助給予母嬰康逸許多幫助，除開設八項課程外，亦獲得許多宣傳的機會，總幹事表示：「我們到很多地方宣傳，比如電臺、電視，出席一些研討會等，在兩年之間很多人認識了我們的服務，母嬰康逸社於是逐漸成長。」

（觀塘社會服務處訪談，2011/4/8）。這段時間亦為母嬰康逸的發展期，成功奠定基礎，且讓更多人知道與認識母嬰康逸。但是，在2005年後，政府即不再提供資源予母嬰康逸。

（二）與觀塘社會服務處之間的互動

　　母嬰康逸與觀塘社會服務處的互動相當密切，從起初的創立到營運，直至現在擔任顧問的角色，持續協助母嬰康逸發展。從發展脈絡來看，雖然觀塘社會服務處的主導權已慢慢抽離，讓母嬰康逸能掌握決策權，自行獨立運作，但實際上仍有部分資源需要觀塘社會服務處的協助。首先，為母嬰康逸提供培訓課程，總幹事提及原因在於：「現在她們還沒有很大的能力做訓練班，因為這是網絡的問題，她們這方面的資源還是不夠。」（觀塘社會服務處訪談，2011/4/8）。其次，母嬰康逸較不擅長投資，所以觀塘社會服務處會從旁協助。再者，即使母嬰康逸本身有投訴處理小組，觀塘社會服務處同工亦會參與小組會報，共同評估陪月員的狀況。此小組有一套懲罰機制，除辭退陪月員或不分配工作外，亦需接受觀塘社會服務處的輔導，改正後再安排陪月員工作。另外，觀塘社會服務處有時亦會擔任與雇主調停的角色。目前母嬰康逸與觀塘社會服務處的關係仍相當密切，有80%的雇主是透過觀塘與母嬰康逸建立合約關係（觀塘社會服務處訪談，2011/4/8）。觀塘社會服務處將自身定位為協助者的角色，即使在互動過程中會發現對方的缺點，仍然將其轉換為優點來看待，彼此之間合作氣氛愉快。

（三）與其他單位之間的互動

　　母嬰康逸起初並沒有商業方面的協助，直至有香港理工大學EMBA協助後，才在商業運作與成立公司方面獲得許多支持。首先，兩方合作互動關係良好，常一同開會與辦理各種免費的活動，而香港理工大學EMBA學生多為企業高層主管，可以幫助母嬰康逸規模化，以及註冊與會計系統等部分。另外，香港理工大學EMBA的學生會到母嬰康逸擔任志工，像是幫助母嬰康逸註冊成立公司，並做一些配對工作、電腦化、會計和管理等工

作。由此觀之，母嬰康逸與香港理工大學EMBA之間的互動關係，主要是在行政事務與商業運作體制的建立。

四、組織的治理

母嬰康逸目前共計約有80位會員，皆為陪月員。在治理部分，母嬰康逸共分成三層，即為董事管治委員會、核心諮商小組與分區區長（見圖15-1）。首先，董事管治委員會是由5位董事組成，管理母嬰康逸所有治理之事宜。每年皆由所有會員選出董事，主要是志願擔任且所有會員同意的方式，若要改組則需會員投票，且董事是無給職。5位董事在權力方面是平等的，但各自有不同的治理分工，負責處理不同的事務。有2位負責「市場策略」，另外3人則各自負責「行政與公關」、「康樂與培訓」和「財務與保養」三部分，其中有1位擔任社長之職，為合作社的領導者。其次，每位董事皆負責一個核心諮詢小組，同董事的分組類別，即為「行政與公關組」、「康樂與培訓組」和「財務與保養組」，協助董事處理各部分的運作狀況。

在分區區長的部分，由於服務範圍遍及香港各地，所以母嬰康逸將其分為8個區域，每個分區皆各有一位區長與副區長來管理，區長是由所有會員選出。區長扎根於地區運作，清楚掌握區域的工作情況，受訪的總幹事提及：「如果發生什麼問題，她們不一定第一時間找我們的同工，她們可以找區長，或者先跟副區長討論。」（觀塘社會服務處訪談，2011/4/8）。發生事情時，主要仍是先由區長與副區長來處理，可看出區長與副區長扮演相當重要的角色。母嬰康逸每月均有一次大會，由所有會員組成之，帶領會議的人是母嬰康逸董事。大會主要討論母嬰康逸的各項事務，包含服務收費調整與整體業務發展，經由所有會員討論與議決才能成為政策。

綜上所述，母嬰康逸是以合作社模式運作，其治理模式非一般商業模式管理，有著民主治理的體制。經由所有會員選出董事帶領母嬰康逸，並且每位成員皆參與其中，各自負責不同的事務。在此過程中，除透過層級管理合作社的相關事務，亦培養每位會員的能力，建立合作社的凝聚力，使得母嬰康逸有能力獨立運作且持續發展。

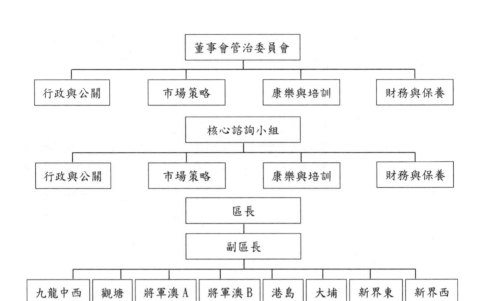

圖15-1　母嬰康逸協會有限公司之組織架構圖

資料來源：2000-2012年母嬰康逸協會成立紀念特刊

五、社會與經濟目標之成就

　　就社會面而言，母嬰康逸可歸納五方面的成就來說明。首先，母嬰康逸提供陪月員訓練課程，使婦女擁有專業技能，維持一定的品質，並提供就業機會，改善經濟狀況。總幹事指出：「我們考慮到這群獨立的婦女會有經濟需要，她們可能沒工作，我們於是以幫她們為主。我們康逸社不是為牟利，希望可以幫到有需要的婦女，讓她們有工作。」（觀塘社會服務處訪談，2011/4/8），此清楚說明母嬰康逸核心的社會目標，即在於提供婦女就業機會，非以賺取營利為主。其次，陪月員在服務的過程中表現良好而得到雇主的讚賞，無形之中增強陪月員的自信心，且有些陪月員退出合作社後，自行創業成立陪月公司。總幹事提到：「她們有些自己開店。有一個會員做得非常好，雇主每一次都給她很高的評價，她後來走了，與她的護士表姐退休後成立公司。」（觀塘社會服務處訪談，2011/4/8），此是婦女成功自立之例。

　　再者，陪月員的照顧服務有助於預防產婦的產後憂鬱症。母嬰康逸發

現產婦生產完後，常會有情緒或婆媳之間的問題，此容易引起產後憂鬱症。因此，陪月員的傾聽與陪伴對於產婦而言相當重要，若有問題，陪月員亦會向母嬰康逸的心理醫生詢問處理方法。另外，從運作至今，婦女們逐漸學會自行治理合作社，不再凡事依賴觀塘社會服務處的協助，並由各董事帶領會員一同處理各領域之事務，讓所有會員皆能參與其中，培養其管理與執行的能力。最後，總幹事表示：「政府也會打電話過來，轉介一些可能有憂鬱症的病人，我們就收錢讓陪月員來幫忙，因為陪月員也要生活。」（觀塘社會服務處訪談，2011/4/8），此說明對於母嬰康逸而言，除維護合作社會員的權益外，更期望所培養的陪月員能幫助有需要的人。

就經濟面而言，現今母嬰康逸於觀塘已有自己的獨立辦公室，且每年的收入皆有成長。陪月員在領取薪資後，會抽取部分薪資放入合作社的基金裡，以支付合作社運作的相關費用，而母嬰康逸亦另外向雇主收取行政費用，已累積一定的基金。總幹事提及基金的運用方式：「她們會拿基金裡面的錢給沒工作的婦女，她們也會拿基金的錢做宣傳，特別是關心產後憂鬱症的人。」（觀塘社會服務處訪談，2011/4/8）。另外，雖然觀塘社會服務處協助母嬰康逸成立，但各自的財務是獨立管理，母嬰康逸每月皆支付觀塘社會服務處顧問費用港幣28,000元，觀塘亦需支付相關費用予母嬰康逸，兩方的財務相當清楚。綜上所述，母嬰康逸在財務部分能自行獨立運作且呈現成長趨勢，而在基金的運用上，會將賺取的收入再度投入於社會目標，即為典型社會企業的作為。

六、小結

母嬰康逸的創立，是一種為回應當時社會問題的產物。母嬰康逸相當重視陪月員的能力培養，所以在訓練時會經由多元的專業課程，培養陪月員的技能，且要加入母嬰康逸亦需通過兩道關卡以確保品質。但是，母嬰康逸除重視品質外，對於合作社的凝聚力亦相當看重，期望彼此之間對母嬰康逸有認同感。在發展過程上，觀塘社會服務處占有重要的角色，提供各項資源協助，而香港理工大學EMBA則協助商業與管理體制的建立，並幫助成立公司。在此期間，政府的社區投資共享基金對於觀塘社會服務處亦有相當重要

的影響，除協助開設課程外，亦提供多種管道讓母嬰康逸有宣傳的機會。雖然後續政府未再提供資源，但亦協助母嬰康逸奠定一定的基礎。

在治理方面，五位董事分別負責不同的領域管理母嬰康逸，但在事務的決策上，仍需要透過會員大會決定。各董事依本身負責的領域設立各小組，帶領所有會員共同參與母嬰康逸的事務。由於母嬰康逸的服務範圍廣闊，所以採用分區的方式管理，並設有區長與副區長管理區內事務，並在發生問題時給予即時的協助。此種治理模式使母嬰康逸能更有系統地管理所有事務，且重視每位會員的聲音。所有決策亦是採用民主的方式，最重要的是能藉此凝聚所有會員的向心力，共同為母嬰康逸努力。最後，在社會與經濟目標之成就方面，已歸納五項社會目標之成就，包含提供婦女就業服務、增強陪月員的自信心、預防產婦產後憂鬱症、組織已能獨立運作、協助有需要幫助的婦女。在過程中，雇主的肯定亦提升陪月員的認同感，建立自信，且陪月員能自行管理合作社的事務，亦是成功賦權之例。另外，在經濟目標成就方面，母嬰康逸在財務上已獨立自主且為成長趨勢，並能運用基金來幫助更多的婦女，從此處看見母嬰康逸並非以營利方式在經營，而是堅守合作社的宗旨運行。

個案二：香港婦女勞工協會

一、創立與發展

香港婦女勞工協會（以下簡稱「女工協會」），是一個註冊的非營利團體，成立於1989年，以組織勞動婦女為目標、爭取婦女勞動權益為宗旨，並與婦女共同開創發展空間。而所謂的女工，即「婦女勞工」包括從事有薪酬勞動的婦女和從事無酬家務勞動的主婦（香港婦女勞工協會網頁，2016/1/30）。女工協會的宗旨有六大項：(1) 關心婦女勞工問題、爭取婦女勞工權益；(2) 團結婦女勞工力量發展婦女的生活空間；(3) 提升婦女勞工的自我覺醒和自我成長；(4) 倡議法例保障婦女權益、喚起社會對婦女勞工問題的關注；(5) 針對不符合婦女和勞工權益的政策，做出關注

和提出意見；(6) 關注並參與促進社會公義的事件（香港婦女勞工協會網頁，2016/1/30）。

　　女工協會從工會起步，係一社會運動團體，倡議、呼籲政府和社會重視女工權益。女工協會其組織架構多元，除了工會，底下還有「清潔工人職工會」，關注於清潔公司外包制度的問題。另外，成立「推銷員及臨時工工會」，關心臨時工的權益。此外，女工協會亦在大學設立合作社販賣部，目前共有三間，分別為2001年設立的「中大女工同心合作社」、2010年成立的「港專女工合作小賣店」和2013年承辦的「理大食+飯堂女工合作社」。女工協會與大學學生會合作在校園裡面設立販賣部、食堂，提供女工就業機會同時推廣合作社運動。再者，於2006年成立「環保姨姨社區網絡」，以環保進入社區，藉由回收資源物品來進行社區工作、組織社區，教導居民環保意識進而建立情感關係、活絡社區，甚至在辦公室設立二手賣場，歡迎社區民眾前來購買，乃至邀請街坊參與討論社會議題。近兩三年來則推動「團結升級再造車衣合作社」，鼓勵低收入家庭婦女，利用環保布料縫製各種袋子製成品，定期開班教授基本縫紉知識。

　　對於女工協會來說，從事的工作不論是合作社、工會或是推廣環保，這些業務是一場社會實驗，更是一種基層社會運動。在利益掛帥的香港社會中，女工協會的作為強調以人為本的民主經濟、社區經濟，有別於政府鼓勵社會企業，更強調合作社的精神，即是社員民主決策、公平分配，以及將盈餘以一定比例的利潤回饋社會。

二、人力資源

　　女工協會的組織以協會為主體，底下有2個工會、4間合作社和1個環保社區團體。女工協會雇有數名全職員工，各負責倡議小組、工會或合作社，而協會與各單位之間互為獨立運作，但是彼此又是一種你泥中有我、我泥中有你的合作關係。協會與各單位之間在運作、財務上皆是獨立，不過因為協會指派1名員工協助各單位，以增進相互之間共同溝通與瞭解，所以在合作關係上是緊密的。而合作社賺的盈餘不需要直接回到協會而是由社員分配，但是其盈餘必須要用於實踐社會責任，回饋於社會。

在人力資源培力方面，每個合作社皆在成立之後招募當地社區的新成員，主要針對婦女勞工、失業或家務勞動者，會員大約有5到12人。招募的人數不多，但真正願意留下來的人亦不多。在培訓的起初，女工協會便直接表明有三種人不適合加入合作社，第一種是想要學做生意的人，第二種是想要賺錢的人，第三種則是害怕處理人事與協調開會的人（女工協會訪談，2014/6/20）。協會營造合作社的理念不是以賺錢為導向，因此拒絕想要學做生意賺大錢的人，再者其強調民主合作精神，希冀會員都能勇敢表達自己的意見且要聆聽其他會員的聲音。

三、資源獲取的努力及與各方的互動

分析女工協會與各界互動和資源獲取方面，可分為大學和政府。女工協會主要與大學的學生會合作，三間女工合作社都在大學校園食堂經營。而與政府的互動可為合作也可為倡議，協會幾年前申請「伙伴倡自強」基金，不過更多時候會向政府倡議社會議題。而與企業則是完全沒有任何合作關係，其原因可能是協會的工會性質，因此雙方較無往來。大體而言，女工協會較少與政府合作，主要資金來源是仰賴民眾捐款，因此，在經營組織過程仍然是相當艱困的。

女工協會與政府的互動關係有合作，也有倡議。舉例來說，協會不斷爭取香港的最低工資，但是未有成果。因此開始經營販賣部，以此為一社會實驗。其標榜最低工資一小時 33元，從中瞭解營運現況，沒想到一年之後販賣部沒有倒閉，而女工的生活品質因為工資提高而有所改善，卻也發現經營上最困難的是原物料的漲價（女工協會訪談，2014/6/20）。女工協會所做的事情是希望香港社會可以更好，女工的權益亦能受到保障，因此透過倡議方式與政府對話，甚至期盼與政府合作。

再者，女工協會與大學之間的合作關係，起初，於2001年中文大學的學生會基層關注合作社此一概念，認為大學素有社會平等的精神，故與女工協會接洽合作，遂於校園成立販賣部。幾年後，在推廣合作社的場域，亦有多所大學認同合作社的精神理念，如理工大學、港專，接續和協會合

作在學校成立小賣部、食堂。但並不是每一次的合作經驗都十分順遂，譬如，與港大的合作經驗最終以雙方理念不合而告吹。因此，若以與中大合作為成功典範，總幹事認為其因素為：「一方面就是學生會的學生對這一種合作社經濟的支持與認同。另一方面……因為他們一直支持，我們就有空間去推動合作社運動。」（女工協會訪談，2014/6/20）。因此，經濟利益、學生都不是最大的因素，成功的關鍵在於認同合作社的理念。

合作社的盈餘不會直接回歸女工協會，而是依照成員民主決定之後再捐款協會，以盡到社會責任，因此協會組織的營運大多數還是仰賴社會大眾捐款。也就是說，在與各界互動上，協會除了與政府、學校之餘，另與社區、社會大眾的互動才是最為頻繁。總之，女工協會扎根基層社會，藉由與社會民眾互動，仰賴大眾捐款以維持運作。

四、組織的治理

女工協會在治理方面，首先採取會員制度，凡是認同協會理念者，不論性別皆可加入，雖是強調婦女勞工的協會亦有男性工作者。在治理結構上以兩年一任的「執行委員會」為組織的治理者，執行委員會的委員背景有老師、媒體工作者、學生等，皆是過去在社會運動場合上認識協會的支持者。執行委員會之下是委員大會，又分成各小組負責組織工作如合作社、工會。針對協會的治理，總幹事強調：「我們手頭上有工會、合作社，那些會裡面的決定，執行委員會其實不可能推翻。」（女工協會訪談，2014/6/20）。也就是說，在強調民主制度的協會中，其管理方式係尊重各合作社、工會的自主權利，而執行委員會的功能主要是瞭解與協助各單位的運作情況和規劃組織的方向。

再者，各單位和協會之間亦需溝通交流，定期舉辦會議，從小型到大型的會議可分為每個月的「約會」、三個月一次的「微聚會」。每個月的約會係指所有會員均可參加，在協會大廳舉行社區論壇，每月有不同主題討論社會議題，如托育、財政預算等。微聚會則是作為小組代表的交流，不論是小組、合作社、工會都要派代表出席，分享各小組正在進行的事務

和關注的議題。因此，各自獨立運作的工會、合作社平時除了有協會組織工作者的協助之外，也會藉由每次的聚會來瞭解彼此近況，從中互相學習溝通與分享知識。

不過，雖然同屬基層，但是每個人的觀點卻南轅北轍，在民主協商過程中時常產生衝突與對立，協會的立場卻是鼓勵會員吵架，總幹事強調：「吵架就是你要說服人，你要把你自己的意見講出來，這是一個訓練的過程，不容易。然後你要有耐性聽不同意見的人，聽他要講什麼，這個過程的學習也是很不容易。」（女工協會訪談，2014/6/20）。正因為如此突顯出民主的價值，即必須尊重他人、學習聆聽更要表達自我立場。

五、社會與經濟目標之成就

女工協會從社會運動出身，重視婦女勞工權益，希冀團結女工、爭取工作尊嚴。在資本主義社會中，工人附屬於公司老闆，沒有自主權利，而協會強調信任工人，團結工人組織工會，爭取集體談判權，在工資、權利上爭取工作尊嚴；亦藉由營運合作社讓工人自己當老闆，從中瞭解身為人的權利與價值，發展出以人為本的經濟民主，帶給社會另一種經濟想像。因此，在社會面目標成就上，可分為三項，即女工、合作社，以及協會帶來的社會影響。

對於基層女工來說，其一生經常循環於工廠、廚房，窮極一輩子於工作、家庭，因此，協會希冀帶給她們「破」與「建立」的價值觀。總幹事指出：「我們覺得如果讓工人參與整個治理過程，變成有權的管理者的話，就一定要打破她們在過去工作生涯裡對老闆跟工人關係的理解。」（女工協會訪談，2014/6/20）。也就是說讓女工當老闆，參與管理工作事務，如此一來便可以破除過去階級制度下的舊思維，和商業邏輯下的利益觀念，以此重新建立民主經濟的價值觀。這亦是協會充權於女工的生命，使之相信自己的價值，也改變她們的生活。過去忙碌於工作、家庭，現在她們不僅有一份經濟收入，亦開始自主瞭解社會議題，甚至參與上街遊行、爭取權益。

合作社之於大學生來說，女工在工作場域獲得工作尊嚴，亦與學生建

立伙伴關係，互動上不僅是買賣關係，透過互動、談天，過程中也推廣合作社運動和當今的社會議題。而學生也從女工身上學習，領悟生命意義，特別是合作社的「特更時間」，亦即晚間11點半至1點半，係由學生擔任志工，義務協助合作社營運，讓女工可以早點回家。女工合作社不但讓中大學生接觸社會底層的勞動者，女工們也有機會翻轉過去的勞動關係（管中祥，2016）。總之，強調人文精神的大學中有一合作社，其為校園捎來人與人之間的溫暖，也帶來人道精神的關懷。再者，在協會辦公室所設立的二手義賣商品，藉由開放場域讓社區居民都可以進到協會，亦即除了義賣二手商品之餘，也讓一些居民從中認識協會並獲得服務與接受協助，乃至於和街坊鄰居建立情感、談論社會議題，達到促進互助、發展社區網絡的社會目標。

　　在經濟目標的成就上，首先對於女工來說，協會提供就業機會給予有經濟壓力的婦女，但也強調合作社的工作並不是十分穩定，因為其設立於校園內，必然會面臨寒暑假的空窗期，以至於有些女工必須兼職兩份以上的工作來維持家計。另外，藉著工會、合作社、環保社區網絡，協會讓社會看到所謂的經濟不是只有一種可能性，而是可以想像另一種生活的經濟價值，總幹事強調：「合作社不單是女工，……我們覺得要介入香港的經濟發展，在香港經濟中，合作社可以不單是在資本主義或者社會主義中發展，而是說『以人為本』的一個經濟，經濟應該是這樣。」（女工協會訪談，2014/6/20）。在強調以利益導向為主的香港社會，女工協會一直在推動社會經濟，實踐經濟民主。他們盼望社會不需要服膺於資本主義，以人為本的合作社便可以為社會帶來良好的經濟改善，其精神理念重視人的價值，而不從中剝削、欺壓只求利潤，這亦是當今資本主義社會所應該反思的價值。

六、小結

　　香港女工協會誕生於基層社會，以溫暖又堅強的草根力量深深扎根於社會。女工協會的發展是以合作社型態經營管理，強調以人為本的精神理念，亦強調民主和平的管理制度。在合作社中沒有一個人是老闆，都是透

過民主協商過程共同討論營運方式和每位成員的工作內容。而協會以合作社為一場社會實驗與社會運動，過程中不斷挑戰資本主義下的經濟體制，讓社會看見另一種社會經濟的可能性，也從中反思所謂的商業邏輯，例如什麼是賺錢、什麼是利益？對於合作社而言，賺錢不只是金錢的收益，而是要考量到女工生活品質、環保議題乃至於社會資本。對於女工協會來說，組織工作是一條漫漫長遠的路，但是該組織終究為香港社會捎來一絲良善力量與草根的溫暖。

參、討論與意涵

　　關於女工協會與母嬰康逸，兩者皆是從婦女為出發點的NPO，合作社是其重要的社會企業組成的方式。女工協會組織勞動婦女，以爭取婦女勞動權益，而母嬰康逸則發掘婦女的優勢，藉此創造就業機會。因此，在組織治理上，婦女占絕大多數，但兩者對於加入合作社成為會員的規定，採取截然不同的作法。女工協會對於性別並無規範，凡認同協會理念者，經培訓即可加入，但由於協會強調民主合作精神且不以營利為目的，所以不鼓勵想要做生意、賺錢或害怕溝通協調的人加入。反之，母嬰康逸的會員皆為陪月員，需要經歷培訓與考試合格方能加入，講求會員的服務品質，以及對於合作社的向心力。

　　在董理事會的治理上，兩者的組成與治理方式也不同。女工協會底下擁有數個分支單位，彼此合作關係密切，但相互獨立運作且財務分立。在治理結構上，女工協會經由組織執行委員會，瞭解與協助各分支單位的狀況與訂定組織規劃方向，較無實質干預。反之，母嬰康逸強調群體的凝聚力，所以重視會員們的參與，在組織治理上，由五位董事依其主責領域，帶領所有會員參與其中的管理合作社事務。總而言之，在組織結構上，女工協會偏向於事業部式組織結構，由執行委員會扮演協調與整合的角色，各分支單位為自己負責任，自行獨立運作，擁有較大的自主權；母嬰康逸則偏向於功能式組織結構，採取專業分工，經由每一董事帶領各部門處理

合作社的相關事務。然而，兩個組織皆重視合作社會員的意見，透過各種方式集結彼此的聲音。女工協會分成兩種聚會，每月約會是所有會員皆可參加，討論各種社會議題；微聚會則是各小組代表進行交流與討論。母嬰康逸則每月均召開一次會員大會，討論與決議合作社的所有事務。透過群體聚會的過程，傾聽合作社會員們的聲音，即使想法大相逕庭，仍期望彼此相互激盪，學習溝通且尊重與聆聽他人的想法。

整體來說，母嬰康逸和女工協會皆係以合作社的形式運作，強調所有會員都能受益，重視團隊氣氛和凝聚力，皆不求效率也不求快速，只強調為婦女勞工提供就業機會，此帶來另一種社會經濟的想像。兩者雖然都是合作社，不過其中也因組織宗旨、組織發展而有所差異。首先，母嬰康逸和女工協會皆是看到香港社會經濟快速變動下，婦女在工作場域中遭到淘汰，淪為時代下的犧牲品，因此兩者皆從婦女勞工的工作機會起步以創造就業，也從中培力婦女勞工。但是，兩者使用的方式並不完全相同，母嬰康逸看到婦女照顧嬰孩的優勢，以此發揮婦女獨有的特質，重新包裝塑造專業形象，開發陪月員、褓母的工作。而女工協會則是想破除過往勞雇關係的刻板印象，讓女工自己當老闆，自主管理經營合作社，重新建立一套民主的社會經濟價值。

擁有工作、重返社會之後，婦女勞工因而獲得能量與能力，也從工作場域中獲得充權，因此她們開始關心其他事務。在母嬰康逸中，譬如，陪月員於陪伴產婦過程中，發現產婦生育完後會有伴隨而來的產後憂鬱症，開始幫忙與協助、尋找方法，並試圖解決產後憂鬱症。而女工協會則是讓女工關注家庭事務外，也留意社會議題，如與己身相關的退休制度、讓愛與和平占領中環運動；亦或因為在學校與學生有所接觸，返家後能夠和家中孩子聊天，懂得大學生的流行話語。這些都是因為工作而獲得的無價之寶，以此增加婦女的自信心，使其相信自己無限的價值。在這當中，合作社型態的經濟模式帶來的不只是顧客與店員之間買賣關係，而是彼此的協助與成長，如母嬰康逸的顧客因而信任陪月員，而陪月員亦將照顧的嬰孩當成自己小孩般照顧；又譬如女工協會於大學經營的合作社，是女工和學生之間產生伙伴、共生關係的地方，為校園捎來有別於連鎖集團式的人情

溫暖。歸納來說，對於女工協會，其不單創造工作機會，女工更在過程中得到知識上的成長，重新思考所謂的商業經濟，藉著合作社的社會實驗，反映出利益掛帥的香港社會，還是有多元文化的旺盛生命力。

參考文獻

母嬰康逸協會有限公司（2016a），《本會服務歷史》。檢索日期：2016/2/1。
　　網址：https://www.mbaby.org/zh_hk-history.html

母嬰康逸協會有限公司（2016b），《協會宗旨》。檢索日期：2016/2/1。網
　　址：https://www.mbaby.org/zh_hk-aboutUs.html

母嬰康逸協會有限公司（2016c），《服務內容及收費》。檢索日期：
　　2016/2/1。網址：https://www.mbaby.org/zh_hk-aboutUs.html

香港婦女勞工協會（2006），《工廠、廚房、垃圾房：香港女工十五年》。文
　　星文化教育協會。

香港婦女勞工協會網頁（2016），檢索日期：2016/1/30。網址：http://www.
　　hkwwa.org.hk/

女工同心合作社、中大基層關注組、中大學生報編輯委員會（2014），女工特
　　刊。檢索日期：2016/2/4，取自：http://issuu.com/kwanchaklee/docs/
　　coop_1-16_sf

阿離（2015），〈築路的人——專訪女工會總幹事胡美蓮〉（女工會系列之
　　一）。檢索日期：2016/2/3，取自：http://www.inmediahk.net/node/1031577

阿離（2015），〈蛇齋餅　以外的地區工作——向女工會取經〉（女工會系列
　　之二）。檢索日期：2016/2/3，取自：http://www.inmediahk.net/
　　node/1031580

管中祥（2016），〈原來香港中文大學是這樣對待女工和弱勢者〉。檢索日
　　期：2016/2/4，取自：http://www.civilmedia.tw/archives/43043

【訪談資料】

香港婦女勞工協會總幹事，2014/6/20，地點：香港婦女勞工協會。

循道衛理觀塘社會服務處總幹事，2011/4/8，地點：香港觀塘。

Defourny, J., and Nyssens, M. (2012), "Social cooperatives: when social enterprise
　　meets the cooperative tradition", paper presented at the Eurice – ICA
　　International Conference, Venice.

Thomas, A. (2004), "The rise of social cooperatives in Italy", *Voluntas: International
　　Journal of Voluntary and Nonprofit Organizations*, Vol. 15 No. 3, pp. 243-263.